上海市干部培训中心组织编写

《现代行政管理培训丛书》

上海市紧缺人才培训项目
现代行政管理培训丛书

丛书主编：毛大立

（第3版）

现代行政管理：工艺与实务

XIANDAI XINGZHENG GUANLI

Gongyi Yu Shiwu

主编·孙　荣

上海社会科学院出版社
Shanghai Academy of Social Sciences Press

总　序

丁薛祥

本世纪头20年，是上海建设社会主义现代化国际大都市和国际经济、金融、贸易、航运中心之一的重要战略机遇期。上海肩负着率先全面建成小康社会、率先基本实现现代化的历史使命。小康大业，人才为本。面对未来发展，上海要抓紧建设一支规模宏大、结构合理、素质较高的人才队伍，以此在新世纪新阶段，在世界多极化和经济全球化快速发展、科技进步日新月异、综合国力竞争日趋激烈的新格局下，更好地抓住机遇、应对挑战。

行政管理人才是宏大的高素质人才队伍中一个不可或缺的重要组成部分。他们无论在政府部门，还是企事业单位，抑或日益增多的社会组织中，都具有不可替代的独特作用。从宏观上来讲，现代行政管理人才是落实科学发展观，加强党的执政能力建设，构建和谐社会，加快形成行为规范、运转协调、公正透明、廉洁高效的行政管理体制的基础；从微观上来讲，现代行政管理人才在企事业单位、社会组织中，扮演着保证各部门之间相互协调、发挥组织成员的智慧和潜能、提升管理水平和提高组织效率的关键角色。随着经济社会的快速发展，行政管理人才的作用会日益凸显，社会对行政管理人才的需求也会不断增长，行政管理人才在未来可谓大有作为、大有前途。

我们必须清醒地认识到，与建设现代化国际大都市的要求相比，目前行政管理人才队伍的规模、素质、能力还有一定差距，视野

---

* 作者时任中共上海市委组织部副部长、市人事局局长。

开阔、观念超前、基础扎实、经验丰富、业绩卓著的现代行政管理工作者还是全社会比较紧缺的人才。因此，站在建设“四个中心”的战略高度，抓紧人才培养工作，造就一支高素质、专业化、复合型的现代行政管理人才队伍，成为当前一项紧迫的任务。

此次出版的《现代行政管理培训丛书》，涵盖了现代行政管理的原理与方法、组织与创新以及工艺与实务等诸多内容，具有丰富、系统、新颖的特点。作者在吸收、反映国内外行政管理学科最新的研究和应用成果的同时，在多年探索、研究基础上，还提炼出了许多新观点、新见解，对提升行政管理专业人才素质和能力，进而有效推进管理现代化、加快实现城市现代化发展具有参考和借鉴作用。广大行政管理人才既可以通过这套丛书概览现代行政管理基本问题的全貌，掌握和夯实基础知识和理论，同时，又可以通过这套丛书把握现代行政管理的学科前沿和未来发展方向，有利于其今后的实践和提升。

我相信，这套丛书的出版，有助于广大行政管理人才更新工作理念、增强工作能力、提高工作水平，有利于加快现代行政管理人才的培养进程。衷心希望立志从事行政管理工作的读者，能够结合工作实际，认真研读、潜心学习，以此更新观念、拓展知识、提升技能、练就本领，成为适应时代需要、推动经济社会发展的优秀的行政管理人才，为全面建设小康社会、开创中国特色社会主义事业新局面，为上海这颗“东方明珠”放射出更加璀璨的光芒作更大的贡献。

2005年9月16日

目　　录

第一章　导　　论

本章基本问题

工艺与实务是行政管理的重要组成部分。长期以来，我国各级行政组织，在行政管理工作上积累了丰富的实践经验，但系统的工艺与实务规范尚比较缺乏。当前，随着行政管理科学化、法治化、现代化的不断推进，行政管理工作专业化、规范化、电子化的重要性已日益凸显。为进一步加强行政能力建设，不断提高行政管理工作水平，更好地培养行政管理的专门人才，有必要对现代行政管理的工艺与实务进行理论总结，形成较为系统的操作规范。当前我国为克服行政管理中存在的官僚主义、效率低下等弊病，实施全面改革，采用科学的行政管理工艺实务具有非常重要的意义。本章内容主要界定行政工艺与行政实务的含义，区分传统与现代及其他行政工艺与实务的类型，明确学习行政工艺与实务的意义，以及掌握行政工艺与实务的方法。

第一节　行政工艺与实务概述

随着社会的发展、科技的进步，行政管理工作的内容日趋丰富复杂。如何改进行政管理工艺与实务，更好地为社会、经济、文化服务，是行政管理学研究的一个重要方面。

行政管理学是一门实践性很强的学问，它非常注重行政工艺与实务。它包括行政管理中的各种操作技巧，是管理者作用于管理对象的桥梁，也是人们在反复实践中积累起来的有关行政管理的经验和知识的具体应用。采用何种行政工艺与实务，往往标志着行政组织的管理水平以及行政人员的智力水平及基本素质。行政工作人员掌握了科学的行政工艺与实务，就能低消耗、高效率、高质量地完成行政任务；反之，则事倍功半，甚至会好心办蠢事。毛泽东同志曾深刻地说："我们的任务是过河，但是没有桥或没有船就不能过。不解决桥或船的问题，过河就是一句空话。"[①]可见，行政工艺与实务关系着政务、事务的兴衰成败。

一、行政工艺的含义

行政工艺是从工艺学中引申出来的一个概念，何谓工艺？何谓工艺学？关于"工艺"一词的定义，中国1999年版《辞海》将其定义为：利用生产工具对各种原材料、半成品进行加工或处理(如量测、切削、热处理等)，使之成为产品的方法。根据技术上先进、经济上合理的原则，研究各种原材料、半成品、成品的加工方法和过程的学科称为工艺学。

行政活动的优化，需要辅之以一定的技巧和条件，行政工艺就是行政活动中技术手段的总和，旨在改善行政流程中的技术条件，以提高行政效能。没有先进的行政工艺，优化行政管理和提高行政效能便无从谈起。行政工艺在一定程度上构成了优化行政管理的基础条件，应当予以特别的重视。

所谓行政工艺，就是指在行政管理过程中，运用自然科学和社会科学的研究成果，改善行政管理过程以达到行政高效化目的的技能和方法。

行政工艺最主要、最基本的内容可以概括为：研究提高行政效能的手段和条件。行政效能是行政管理的出发点和落脚点，是行政管理活动追求的最终目标，它贯穿在行政管理的各个环节、各个层次中，是行政管理体系中多种因素的综合反映。行政机关在组织人力、物力、财力等资源实现行政目标时，总要力求以最小的消耗、最快的速度，保质保量地完成任务。提高行政效能是加快国家建设步伐，减轻人民负担，实现国家富裕强盛的重要条件。因此，行政效能的高低，是衡量行政活动成功与否的一个重要标准，也是检验行政管理现代化、科学化水平的一个重要标准。在我国市场经济建立二十多年的时间里，行政管理方式逐步改善，行政管理效率稳步上升，但由于长期受到计划经济的影响，中国目前的公共行政效能还十分低下。中国各级政府机关和企事业单位的行政部门，存在着许多弊端，如组织设置不合理，机构臃肿重叠，职责不清，滥用权力，脱离群众；许多人员工作缺乏精神和知识，思想僵化，墨守成规，办事拖拉，不讲效率，不负责任，等等。这些弊病的根除，需要经过一个较长时期的努力，需要在这个时期内不断地灌输新观念、新理论、新方法，其中行政工艺理论和方法的灌输是必不可少的组成部分。

行政工艺处于现代行政管理学中的技术层次，其主要任务是为行政管理提供可行且可靠的物质和精神技术手段，改善行政管理过程中的基础条

① 《毛泽东选集》第一卷，人民出版社1991年版，第139页。

件，以提高行政管理效能。行政工艺是给行政管理的成功提供最佳技术条件和工艺条件，亦是建立在科学管理理论基础上的科学体系，而科学管理理论促进了政府行政效能的提高。

美国行政管理自威尔逊以来，一直视效率为其追求的终极目标，因而国内有人把效率作为美国行政管理主义范式的主要价值取向。泰勒管理理论之所以被冠以“科学”二字，主要是由于他对于效率的研究并把效率作为基础。泰勒靠科学的方法在不增加工人劳动的情况下提高工效的观点，突破了前人只能靠提高劳动强度和延长劳动时间来提高效率的思维界限。他认为，只有通过科学的管理包括确立目标、科学挑选培训工人、严格的规章制度和奖惩措施、合理分工、相互信任协作而不是凭经验的方法，才能真正提高劳动生产效率。提高效率的原则就是科学地确立每一个工作人员如何以最佳的方式完成各项任务，这与功绩制的原则是基本吻合的。“泰勒制”在贯彻这一原则的时候，主要是采用“工作分析”和“工作评价”的手段，当这些手段被嫁接到文官体制中来的时候，就很自然地转化为“职位分类”和“业绩考评”的手段。它对改善行政管理效率的影响是非常广泛和深入的。首先，以职位为核心而不是以人为核心，让职位选择合格的人，而不是因人设位和因人设事，使有能力的人获得合适职位，提高工作效率；其次，职位分类和业绩考评要求有科学的标准，即符合高效的原则，从而提高效率；再次，加速了行政管理的非政治化，使行政体系主要从属于效率的目标。

正是由于依托于科学管理理论基础，行政工艺有如下基本特征：

系统性。行政工艺的系统性表现在两个方面。首先，任何一种管理技术自身都具有其特定的系统性、关联性、层次性；其次，针对不同的管理客体，各种技术方法之间相互补充，互为条件，它有效地反映了管理客体的整体性、关联性、运动性。从而决定了行政工艺在理论体系及具体应用上的系统性质特征。

开放性。行政工艺是建立在行政科学与其他社会科学、自然科学相结合的基础之上的，行政工艺的发展是以其包含越来越多的新科学、新技术内容为其重要特征的。因此，科学技术的日新月异，事物矛盾的逐步深化，决定了行政工艺始终是在与其他学科相互借鉴、吸收、交换中而不断完善的开放体系。

主体性。以人为本始终是现代科学技术发展的核心价值。行政工艺的发展不是对人在管理过程中核心地位的否定，而是为管理主体提供实用而便捷的分析工具，它可以更充分地发挥人在管理过程中的积极性、主动性，并避免传统方法的随意性，使人的作用更趋模型化、规范化、精确化。

量化性。现代科学技术尤其是数学理论的发展，促进了行政工艺从经验到科学，从定性描述向定量分析与定性描述相结合方向发展，像行政目标的制定、行政信息的处理、社会调查结果的研究都需要借助现代数学分析方法进行定量分析。定量分析，具有逻辑上的严密性和反映事物的准确性，它可以准确掌握事物量的规定性，并在量的基础上进一步掌握事物质的规定性。

二、行政实务的含义

"实务"一词，按字面的解释，"实"是"实际"，"务"是"事情"，合在一起可解释为"实际的事情(务)"。行政实务，顾名思义，就是行政管理工作实际要做的事情。可以定义为：行政实务是关于行政管理工作实际事务的程序及其操作规范。

行政实务在中国行政管理学科发展的时候就受到极大的重视。早在1984年10月出版的《行政管理》中，周世逑就提出要在吸收国外一切有益经验和做法的同时必须密切结合我国行政管理的实践，"建设一门具有中国特色的社会主义的行政管理学"。张友渔在中国行政管理学会筹备组第一次会议上讲话时指出：行政管理学必须联系实际。要从中国的实际出发，主要是把中国的事情搞清楚。夏书章也指出，社会主义国家既有行政管理，为什么不能建立社会主义的行政管理学呢？……我国的学术界，有责任研究合乎中国国情、具有中国特点的中国行政管理学。因此，作为研究实际行政管理工作的行政实务，是依托中国的实际国情发展起来的指导管理实践的操作规范。

行政实务具有以下特点：

实践性。行政实务源于行政管理工作的实践，并与行政管理工作实践的现状和发展紧密相连。它既是行政管理工作实践经验的总结和提炼，又必然随着行政管理工作实践的发展变化而变化。同时，其重要作用又在于能够更好地指导管理工作实践。

操作性。这是行政管理工作实务最突出的特点。它是指导学习者弄明白行政管理工作"做什么"和"怎样做"，对管理的基本业务和工作范围有一定的了解和认识，以初步掌握行政管理工作的实际操作本领。因此，它侧重于对行政管理工作各项业务具体操作方法和办事规范的介绍和诠释。

规范性。行政实务虽具有较强的实践性和操作性，但又不是实际工作方法的简单记叙，而是一部系统的工作规范。长期以来，行政管理工作习惯于凭经验办事，许多工作的办事规则、程序、依据、惯例往往存在于会议纪要中或"老法师"们的头脑里。行政实务则将这些"纪要"和"头脑"中的办事规则和经验加以梳理、提炼，使之成为具有普遍指导意义的工作规范。

三、行政工艺与实务的发展趋势

行政工艺与实务，是指在行政原理指导下，在行政工作中所形成的一套技能、程序和方法的总称。当然行政工艺与实务也离不开工具,因为新的工具决定了新的方法和措施。工具的改进将影响实现整个目标的过程。从宏观上说,行政工艺与实务包含几个大的方面,如社会调查技术、预测技术、决策技术、计划技术、协调技术、控制技术,以及信息技术、激励技术等。从微观上说,许多具体行政工艺与实务又都有其具体的技术,如谈话有谈话的技术,组织会议有组织会议的技术,等等。至于某些具体业务人员还各有其独特的技术,如打字员的打字技术,等等。

行政工艺与实务在历史上处于一个不断发展的过程中。其发展的根本原因是生产力与生产关系、经济基础与上层建筑的矛盾运动。生产力发展了,生产关系就要改变,而经济基础的变更,又必然推动上层建筑发生革命性的变革,行政工艺与实务也就随之而发生变化。但作为行政工艺与实务发展的直接原因,应该说是科学技术在行政中的运用。这一点,在现代行政工艺与实务的进步中表现得十分明显。

传统上的统治行政在很大程度上依赖“权术”和“权谋”,而当今行政实务的进步则表现为对技术的依赖。从统治行政到管理行政的发展,是技术理性得到充分张扬的历史进程,也是政府文明化的进程。技术理性是现代行政管理研究的一个流派,其并不等同于科学本身,亦不等同于技术的有形产品。它有超越科学和科技的三个维度,而成为一种规范的意识形态。19世纪后半期的发展导致科学、工具理性和技术发展的有力融合,成为现代技术理性的标志。此间,技术理性被用于社会领域并纳入政治议程。在所谓“寻求秩序”的理念下,疾风暴雨般的思想和实践爆炸式地涌入社会和政治世界中。正是因为政府所从事的社会治理提出了技术需求,才使统治行政的“牧民”之术成为永不复返的历史,才有了公共行政科学。就此而言,技术主义既是工业文明的标志,也是政府社会治理科学化、文明化的成就。行政实务是适应工业社会的需要而产生的,它具有工业社会的基本特征,它的技术主义表现以浓缩的形式折射了工业文明。而现代科学的发展改变了人们的思维方式,促使人们用新的方法去研究问题和处理问题。而新的技术发明又给人们采用新方法提供了物质上的保证,解决了工具和手段的问题。于是,一系列现代行政工艺与实务也就应运而生了。

在现代社会中,科学技术不仅日益向社会领域渗透,而且社会科学与自然科学也在经历着前所未有的相互交融。在行政管理过程中,从组织到人事,从决策到执行,从机关管理到财务管理,无不与行政工艺与实务发生着密切联系。

第二次世界大战以后,以系统论、控制论和信息论为代表的新兴科学技术飞速发展,而且很快应用于企业管理,并逐步在公共行政管理过程中得以不断推广和充分应用。从而发展成为一系列有别于传统行政方法的新型行政管理技术，如系统管理法、目标管理法、全面质量管理法、ABC管理法、社会调查研究法、决策技术、预测技术、成本技术、网络技术、线性规划法等。在系统工程管理史上最有代表性的要算1961年由美国实施的“阿波罗登月计划”，此项工程为期长达11年，运用科学组织和系统管理技术，共组织了2万多家企业，120所大学，计42万人参加，耗资达300亿美元。之后，系统工程管理作为一项正式的管理技术日益被各国所重视。另外，概率论、模糊数学、离散数学、数理统计、数模技术等定量研究技术也不断应用于各级行政组织的管理活动中，在促进行政管理向客观性、精确性发展方面发挥着越来越重要的作用。它们与社会科学，如管理学、社会学、心理学、组织行为学、经济学等有机结合，形成了既不同于社会科学，又不同于传统管理方法的新型管理工艺与实务。进入20世纪80年代以来，作为第四代科技革命核心内容的网络信息技术，日益成为传统工业经济社会向知识经济社会转变的重要的技术杠杆。

目前，越来越多国家的政府组织主动运用电子计算机和网络通讯技术，以改善和优化政府的行政管理水平，并在20世纪末兴起了一场“电子化政府”的浪潮。到了21世纪，则是信息的世纪，行政管理的新概念是对于信息的管理。中国传统政府管理中突出的特征就是对于公共信息的高度垄断，政府的行政管理事务、方法、程序和操作过程不对社会公开，而是由政府的内部人员进行内部决定和实施。但在今天的行政管理中，对于知情权的强调被提升到了一个前所未有的高度。对公共事务的管理不但应当是合法的、有效的，还应当是透明的。透明政府使得整个政府的业务流程被展示，公民可以更大限度地监督和参与社会管理，有人甚至十分形象地将这种嬗变过程描述成是从“黑箱”行政到“鱼缸”行政。这就要求政府所掌握的个人与公共信息向社会公开，实行“阳光法”，即主张政府机关的所有活动，从立法、执法、提供资讯、社会服务，以及政府所掌握的个人信息，除了必须保密以及个人隐私的部分外，都必须向社会公众开放，保证公众的知情权和参与权，实现公共行政从“暗箱操作”到“透明管理”。显然，这在客观上推动了行政工艺与实务向规范性、实用性和高速、便捷方向发展，为行政工艺与实务现代化奠定了雄厚的物质基础，并通过现代政府依据“经济、效率、效能”原则进行的政府改革很快地发展起来。

第二节　行政工艺与实务类型

行政工艺与实务是一个综合性的概念，包括“软”、“硬”两个层次的内容。“软”的方法,是指行政管理主体所使用的定性分析、制度分析和政策法律方面的措施、手段。“硬”的方法,是行政管理主体在行政管理过程中运用自然科学与工程科学方面的技术并逐步实现量化的管理方法。如网络规划技术、头脑风暴法等决策技术、预测技术、目标管理法等,它属于微观层次的操作性较强的行政工艺与实务。上述两个层次的行政方法共同作用构成行政工艺与实务体系。行政方法则是能够保证行政活动朝着预定的方向发展,达到行政管理目的的各种专门的方式、手段、技术措施等。它是管理活动主体作用于管理活动客体的桥梁。行政机关对国家事务实施管理时,必须运用一定的方法。人们进行行政管理的活动过程,也就是各种管理方法的应用过程。

行政方法体系受一定的社会历史条件制约,并随着社会的进步和科学技术的发展而不断变革和更新,其内涵也不断丰富。从学科基础的角度来看,行政工艺与实务包括传统工艺与实务和现代工艺与实务。传统工艺与实务如调查研究法、思想政治教育方法等;现代行政工艺与实务如行为科学法、心理学方法、系统方法、控制方法、信息方法等。

总之,行政工艺与实务的种类繁多,其在不同条件下的选择和运用是为了最有效地实现行政目标。不论是传统的还是现代的、本国的还是外来的,只要能最有效地实现行政目标,都可以有选择地运用。由于在行政管理活动中各种客观规律的性质、作用、特点和条件的不同,因此行政管理的方法也具有多方面的内容和形式。行政管理对象的多样性,决定了行政管理方法的多样性。各种行政管理方法既互相区别又互相联系,各种行政管理方法的产生和发展,以及它们的具体应用,都是由社会事务管理活动的需要所决定的。采取什么样的合理方法,取决于管理对象的性质和发展规律。有什么样的管理对象,就必须有相应的管理方法。一旦社会管理活动的内容发生了变化,行政管理的方法及其应用也就要随之发生变化。管理方法如果不符合管理对象的性质和发展规律,那就不可能使管理对象沿管理者原定的方向发展,达到管理预期的目的,甚至出现某些无法预料的情况。因此,行政工艺与实务的综合运用效果如何,往往反映出行政组织或其工作人员的行政水平和工作能力。

一、传统的行政工艺与实务

我国行政管理中所运用的传统的工艺与实务,主要是我们党和政府在长期革命和建设的实践中概括和总结出来的。有认识问题的具体方法,有解决问题的具体方法,也有思想政治教育的具体方法。这些方法从总体上体现了辩证唯物主义和历史唯物主义方法论,又具有鲜明的中国特色。战后世界科学技术的发展,为行政管理工艺与实务提供了一系列崭新的科学理论与手段,如现代数学、系统论、控制论、信息论、预测学、决策论以及电子计算技术,等等。相对于体现了最新科学技术成果的现代行政工艺与实务而言,我国原来运用的这套工艺与实务称之为传统的行政管理工艺与实务。

传统的工艺与实务并不等同落后的、过时的行政管理工艺与实务。传统是指历史的连续性,传统的工艺与实务只是相对于现代工艺与实务,说明它是历史沿革中所总结和概括出来的,不能绝对地把传统和现代对立起来。对传统的工艺与实务要作具体的分析。总的看来,我国的传统行政工艺与实务仍不失为现代化建设中的一类重要的工艺与实务。首先,传统行政工艺与实务,是从中国行政管理实践中总结出来的,是中国共产党和人民群众运用马克思主义的世界观和方法论在解决中国的实际问题中创造出来的,其中许多工艺与实务符合行政管理的共同特征,反映了行政管理活动的规律,因而具有科学的价值。其次,传统工艺与实务在过去很长时期内,有效地解决了我国行政管理中各种各样的问题,广大干部和人民群众比较熟悉,对这些技术方法也有较深的感情,有助于一些工艺与实务的普遍使用。比如思想政治教育,我们党在长期斗争中,向来重视总结具体方法,调动和激发人们的主动性、创造性。总结这些具体方法虽然没有使用"行为科学"、"人际关系"等术语,但所取得的成就,是达到了很高水平的,对事业的发展起了重大作用。思想政治教育的许多具体方法至今在管理中仍发挥着积极作用,今后还要发扬光大。决不能由于现代工艺与实务的兴起,而把传统工艺与实务完全否定、抛弃。相反,我们应当努力将适合我国国情、行之有效的传统工艺与实务,与现代行政管理工艺与实务有机地结合起来,以适应世界科学技术发展和我国行政管理发展的要求。

二、现代行政工艺与实务

现代行政管理工艺与实务是指以辩证唯物主义为指导和以现代数学(如运筹学、概率论、数理统计学等)、系统论、控制论、信息论、管理科学、经济学、财会学、社会学、心理学、计算机科学等为基础而形成的一整套行政管理的工艺与实务。由于这些新学科产生时间不长,因而现代行政管理工艺与实务仅有几十年历史。但是科学技术的迅猛发展,推动着行政管理不断涌现出新的工艺与实务。至今现代行政管理工艺与实务的内容已极为广泛。据统计,仅行政预测、决策的技术方法就有两百余种。现代行政管理工艺与实务中有一些虽然并非在现代管理中才产生的最新方法,但它们是结合了某些新的学科知识,在原有基础上有很大改进,比如现代的调查研究方法就比过去的更丰富、更广泛、更科学了。

现代行政管理工艺与实务同传统的工艺与实务相比,具有以下特点:

技术性。现代行政管理工艺与实务包含的技术内容和成分越来越多越广，不仅有现代社会科学技术，如民意测验方法，在设计意见征询表、确定调查对象、了解被调查者的意见的途径（选择测验方式），对各种回答的统计、分析，等等，都具有越来越多的社会科学技术成分。又如网络规划技术，它要明确完成任务的时间、数量和质量标准，确定任务最终完成时所要实现的综合效果，将工作任务逐项分析及定量分析，设计工作明细表，用网络图形式把工作计划表现出来，这些步骤都有一定的社会科学技术。现代行政管理工艺与实务中包含的现代自然科学技术内容就更多，如自动化技术、信息技术、电脑技术、文献统计分析技术等等。

系统性。每一项现代行政管理工艺与实务，都具有它内在的系统特征，都渗透在管理活动的全过程的各个阶段。各项工艺与实务之间具有制约关系，互为条件、互相补充，形成相关联配套的技术方法。通过把各个管理活动组成一个行政管理系统，用系统方法研究各组成部分的相互关系，综合地选用各种工艺与实务。

量化性。现代行政管理工艺与实务的量化性是个突出的特点，即运用数学方法研究和考察事物之间的联系，掌握事物的量的规定性，以便更好地来分析把握事物质的规定性。行政管理中最常用的社会统计法，就是一种定量方法，它通过各种统计数字描述一种社会现象和揭示社会现象间的关系，并可推断局部和整体的关系。通过定量分析，具有逻辑的严密性和可靠性，推导出来的结论也往往十分精确。随着现代数学的发展，特别是电子计算机的广泛使用，促进了技术方法从定性分析到定量与定性分析相结合的转变，使定量分析的应用空前发展。无论是行政目标、公务员职责，还是行政信息处理等，都离不开量化分析。

主导性。现代行政管理工艺与实务与现代心理学、社会学、行为科学等融合在一起，极为重视调节人际关系，满足某种“需要”，激发人的积极性和创造性，从而提高行政效率。传统行政工艺与实务中有不少也注意发挥人员在行政管理中的主导作用，但不像现代工艺与实务那样具有显著的科学知识理论依据。

从深度而言，行政管理工艺与实务的发展过程也恰恰是行政管理现代化的发展过程。其发展过程可以分为三个层次：第一层次为物质层，包括行政设备、办公环境以及技术手段等；第二层次为制度层，包括行政组织制度、公务员制度和监督检查制度等；第三层次为思想及行为层，包括行政伦理、行政道德、行政意识、行政传统以及行政观念等。在行政管理现代化的三个层次中，思想及行为层居于核心地位，是行政管理现代化的内核，是灵魂。中国在洋务运动中向西方学习先进的技术，办工厂、兴实业，在物质层面开始了现代化。在随后的维新运动和辛亥革命中引进西方的政治制度，在制度层面开始近代化的进程。但是它们均以失败而告终,这也说明仅仅从物质和制度上进行建设是远远不够的,是不能够实现现代化的。20世纪初中国开展的轰轰烈烈的新文化运动可以说是思想领域的一场革命,它既是对以往的现代化运动进行校正,又是引导着现代化向更高的层次迈进。因此,现代行政管理工艺与实务所倡导的行政意识也应从控制型向服务型转变。以人为本,建设服务型政府,是行政管理法治化、民主化、科学化和现代化的内在要求、应有之义。传统的行政管理职能侧重于政治统治职能,在这种思维的指引下,行政官员内心往往产生无比的优越感,高高在上,极容易产生官僚主义倾向,脱离群众,忽视草根阶层的利益。其实,维护社会的稳定,政治安定,构建一个有序的社会只是行政管理的基准线。当前,社会主义民主理念已深入人心,公民的主体意识已渐渐觉醒。现代化的行政管理需要积极回应公民的利益诉求,这就要求政府在处理国家、集体和个人的关系时,以人为本,平衡多边利益。

随着社会主义市场经济体制的逐步建立,政府职能的转变一直是行政改革的主线。政府职能的转变,要求政府适应社会主义市场经济发展的要求,以市场为导向,尊重价值规律,使政府由划桨转为掌舵,为市场的良性发展保驾护航。另外,市场本身教会公民自立、多元化、宽容以及不要期望太高,所有这些态度都有助于维持一个民主制。随着市场经济的发育成熟,公民的参与意识也会大大提高,社会法制化的进程也会快速推进。因此,培养恰当的行政观念对于建立科学、民主的现代化政府具有很大的推动作用。

三、行政工艺与实务的其他类型

行政工艺与实务的种类,由于角度不同,有着不同的分类。

1. 从行政工艺与实务的属性区分

一类是我国特有的,符合我国国情的工艺与实务,如领导与群众相结合,走群众路线等。另一类是各国通用的具有共性的工艺与实务,如目标管理、系统工程、投入产出等。

2. 从行政工艺与实务的作用对象上区分

有各部门都能运用的具有普遍意义的工艺与实务,如控制方法;有社会调查的方法,如普查、抽样、观察等;有处理专门业务的工艺与实务,如决策、预测、反馈等。

3. 从行政工艺与实务的手段上区分

有行政指令的手段、经济的手段、法律的手段、说服的手段等。

行政指令的手段,是指采取决议、决定、命令、指令性计划、工作程序、标准、定额等行政措施,来直接指挥下级的管理活动或处理某件事情。这种手段建立在行政权力基础上,具有权威性。

经济的手段，是指按经济规律办事，运用价格、货币、信贷、税收、工资、奖金、利息等经济杠杆，调节各层次、各类型的主体之间的经济利益，使被管理者（包括组织）的行为与其经济利益联系起来，同时讲究社会经济利益。

法律的手段，是指由国家机关制定相对稳定的、带强制性的规范性文件，来调整国家各行政机关之间，以及国家行政机关同其他国家机关、企事业单位、社会团体和公民之间的法律关系。它是建立在法律制裁基础上的强制手段。

说服的手段，就是针对问题进行教育和沟通，施加影响。说服的目的不仅在于引导对方去理解所提出的问题，而且在于使对方接受符合真理的观点。采用说服手段时，要注意对方的感觉、情绪、动机。例如，可以结合物质福利（方便、舒适）和经济利益（工资、职业技能），或者结合群众的意见，循序善诱，耐心启发，以造成信任和舒畅的环境，使之愉快地接受正确的观点，顺利地解决问题。

4. 从行政方法的科学性上区分

以各学科理论为基础，则可分为心理学的方法、统计学的方法、社会学的方法、数学的方法等。本质上而言，理性决策模型是行政管理学的核心。它完全符合决策中政治中立的思想，因为行政行为的目的为政治系统所规定或赋予，政治系统则对规范性的政策决定负责。它也符合组织的官僚制模型，这一模型正是基于工具性思维和行动的理念而构建的。作为一项制度，行政管理工艺与实务在广阔的社会背景中有着永恒不变的工具思考和行为方式。

例如，数学中有许多内容都直接与寻找合理的行政决策有关。这些内容就是概率论、数理统计、博弈论、运筹学、模糊数学等。由于有了这些内容，行政目标和方案选择就有了严格的数量表示，就可避免各种主观主义和直觉。同时，探索行政目标是在特别复杂的条件下，即不确定性和冲突性中进行的，如果根据常识或凭直觉行事，就意味着侥幸行动，就很难达到确定的行政目标，也不可能对行政过程进行有效的控制。凭借概率论，则能够在统计学规律和知识的基础上，而不是个别偶然情况的基础上拟定行政目标了。如根据“大数定律”，某一系统的个别单位的行为反应是偶然的，而这些行为反应的总和则是有规律的、必然的。实践证明，数学日益运用于行政管理中，行政活动以客观规律为依据，将导致行政效率和效益的提高。

又如心理学方法，一切社会实践活动都是人的实践活动，而任何人的任何实践活动都是在心理活动调节之下完成的。因此，遵循人的心理活动规律以提高行政工作效率，就成了行政管理中的一个重要工艺与实务。掌握心理学提供的感觉、知觉、思维、意志、动机、情感和形成技能等方面的规律性的知识，就能促进行政工作人员掌握政策和法律，改进工作方法，完善人际关系，健全行政组织，防止差错发生，从而提高行政效率。同时，如果注意根据人的愿望、气质、能力、性格来合理安排行政人员，也能收到更好的行政效果。

再如统计分析方法，任何具体的事物都是一定的质和量的统一体。统计分析方法就是通过对事物量的分析来把握事物质的规定性。也就是用统计学中关于搜集、整理、计算、分析资料的方法来研究行政现象。统计分析的基本方法有对比法、分组法、联系法和指数法。行政管理学科自产生的时候起，就有着明显的技术主义特征，从这一学科在20世纪的发展来看，尽管有许多学者试图改变它的这一特征，但是，在实践部门的引诱下，技术主义特征却有增无减。当这一学科在中国恢复和重建的时候，也很快显现出了这一方面的迹象。正因如此，一切从实际出发，根据不同的工作目的、工作条件灵活地运用各种具体行政工艺与实务以提高行政管理效率，是我们学习行政工艺与实务、掌握运用行政工艺与实务的根本目的。

第三节　学习行政工艺与实务的意义与研究的方法

过去有人认为，行政管理没什么技术，行政干部是“万金油”，“行政工作不用学，领导叫干啥就干啥”。实际上，行政管理是一门综合性很强的特殊技术性的工作，它不仅涉及政治学、经济学、管理学、心理学、数学等学科知识，而且需经常采用系统论、信息论、突变论等现代管理理论。我国古代《礼记·五制》说：“凡执技以事上者，祝、吏、射、御、医、卜及百工。”即古代朝廷官吏和医生、百工一样，都有自己的技艺。可见，我国早就把行政管理人员当作技术人员看待，认为这是一种需要特定技能的职业。在现代社会，要从事并胜任行政管理工作必须要有一定的行政管理专业知识才行。行政人员不是社会的“万金油”，而是管理社会公共事务的“社会工程师”。

一、学习行政工艺与实务的意义

现代行政工艺与实务，在行政管理过程中，在保证现代化建设总任务的顺利实现中具有十分重要的作用。

1. 科学的行政工艺与实务是动员人民群众完成总任务的重要手段

为了更好地完成现代化建设的总任务，各级行政组织根据客观实际和人民利益，制订计划、发布命令和指示，以帮助广大人民群众明确目标、统一认识、统一纪律和统一行动，从而使科学的行政工艺与实务成为动员群众完成现代化建设总任务的重要手段。

2. 科学的行政工艺与实务是实现整体管理目标的必要条件

行政领导者在通过运用有效的行政工艺与实务，来指导、控制、协调各部门、各系统、各单位之间的行政活动。只有这样，才能保证更好地完成整个行政管理活动所需要的各种庞大而又复杂的组织工作，因此，科学的行政工艺与实务是实现整体管理目标的必要条件。

3. 科学的行政工艺与实务能够保证党和国家方针、路线、政策的有效落实

在行政管理中工艺与实务的科学与否往往决定目标任务的成败。有了正确的工艺与实务，就能以最快的速度、最好的质量分解行政目标，完成行政任务，贯彻落实好党和国家的方针、路线和政策。如果采用了不正确的工艺与实务，不仅不能很好地完成任务，甚至可能得到相反的结果。我们在落实计划生育、环境保护这两大基本国策，推行可持续发展、科教兴国等战略，解决国有企业问题，深入教育改革的同时，必须注意行政管理工艺与实务的研究、选择，以减少不必要的支出和不良影响。

4. 科学的行政工艺与实务能够促进政府机关高效率、高质量地开展行政工作

科学的行政工艺与实务，能够以高速、优质、低耗完成行政任务。先进的通讯、交通、数字、文字处理手段的运用，使政府工作效率大大提高，过去几天、几个月、几年才能解决的问题，通过电子计算机几分、几秒就完成了。一些省份实现了信息网络化，使行政首长能迅速、全面、真实地把握本区域内各方面情况，减少了决策失误，节省了人力、物力、财力和时间，提高了工作绩效。

5. 科学的行政工艺与实务是发展市场经济、加强政府宏观调控的必要条件

我国还处在社会主义初级阶段，政府的根本任务就是培育、完善社会主义市场经济，大力发展社会生产力。随着政府职能的转变，政府在组织和发展经济的过程中必须实行宏观调控，以保证社会各领域互相协调发展。然而要能有效地进行宏观调控，克服以往一放就乱、一抓就死的弊端，这不但需要健全政府职能部门，而且还需要选择科学的行政工艺与实务。各项调控工作要采用科学的技术方法去组织分配、实施，而不能仅凭个人意志或以往经验来推论。否则，将会阻碍国民经济的发展。

6. 科学的行政工艺与实务是各行政部门协调关系、调动各方面积极性，实现具体管理目标的重要途径

政府行政职能的实现，一方面要有社会公民的支持和信任；另一方面要协调关系调动全体公务员的工作积极性、主动性、创造性。只有政府工作人员的积极性调动起来，行政管理活动才可能规范高效，才能树立良好的政府

形象,赢得全社会的支持、理解。各级政府机构必须根据实际情况,采用科学的行政工艺与实务,制定公平的奖励制度,掌握人们的需要,协调好各方利益,鼓励工作人员争先向上,用科学行政工艺与实务考核、评价人们的行政和工作,以完成任务,实现目标。

7. 科学的行政工艺与实务是克服行政管理活动中各种弊端的需要

政府行政工作效率低,存在各种弊端,原因是多方面的。行政机构是影响行政效率的组织因素,人事管理是其人员因素,而行政工艺与实务则是技术因素。多年来,由于没有把行政工艺与实务作为一门科学来重视,缺乏理论探讨和认真总结、创新,再有一些行政人员,包括行政领导出于利益考虑,抱住传统工艺与实务不放,始终沿袭旧的一套,缺乏严密规范的管理工作程序。要提高行政工作效率,克服行政管理活动中的弊端,就要改革行政工艺与实务。要引进和吸收现代行政工艺与实务,运用现代科学技术,促使行政管理工作的量化和规范化。根据各地区、各部门实际情况,适当配备现代化办公设备。要严格实行行政工作程序化,并力求程序的最优化。对于一些行政管理中普遍存在的病症,如文山会海等,各行政部门可根据具体情况,对症下药,予以综合治理。

2007年10月,中共十七大提出了中国特色社会主义的道路、旗帜和理论体系问题,从政治上明确了中国各项事业发展方向。2008年2月,中共十七届二中全会审议通过《关于深化行政管理体制改革的意见》。《意见》提出:“深化行政管理体制改革的总体目标是,到2020年建立起比较完善的中国特色社会主义行政管理体制。”这为深化行政管理体制改革指明了方向,也为行政管理学更加自觉地研究中国问题提供了直接推力。作为密切结合中国行政实际的行政管理工艺与实务,在中国行政管理体制改革过程中也必然发挥应有的实际指导作用,使中国的行政管理体制改革能够更加顺利地推进。

二、研究行政工艺与实务的方法

行政工艺与实务是行政管理学中一块新拓展的领域。它涉及的面极其广泛,需要将生物学、心理学、物理学、数学、计算机科学等自然科学和社会科学的有关内容综合起来进行系统研究,需要吸收各相关学科的最新成就和方法。只有这样,对行政工艺与实务的研究才能得以深入和扩展。

行政工艺与实务的研究可从如下几方面入手:

1. 继承和发扬我国过去所创造的行之有效的方法

我国是一个有五千年文明历史的国家,中华民族灿烂的文化之中包含着许多宝贵的行政管理思想和方法。我们应努力发掘整理这笔历史财富,古为今用,结合现实需要创造性地加以发挥和运用。

中国共产党在领导我国革命和建设的长期实践中,总结和概括出一整套内容丰富、行之有效、适合我国国情的领导方法和工作方法,并在行政管理中得到广泛应用。如“解剖麻雀”的方法、“开诸葛亮会”的方法、“走马观花和下马看花”的方法、“心中有数”的方法、“抓中心环节”的方法、“弹钢琴”的方法、“抓两头、带中间”的方法、“蹲点、种试验田”的方法、“从群众中来到群众中去”的方法、“运用典型示范带动一般”的方法、“一分为二”的方法、“两条腿走路”的方法等,都是至今行政工作中仍然不可缺少的重要方法。我们应当努力将这些方法同现代科学技术最新成果结合起来,逐步加以改进,使行政工艺与实务不断丰富和完善。

2. 有选择地借鉴外国先进的行政工艺与实务

现代行政管理产生于欧美国家,兴盛于欧美国家。可以看到,西方国家已经历了公共行政的不同发展阶段,我国的公共行政改革则正在经历从计划经济向市场经济转变的发展阶段。与西方国家的公共行政改革相比,我们不仅苦于封建官僚制的各种弊端,而且更严重的是由于我国现代公共行政体制的恢复建立只有 20 多年时间,韦伯的官僚制的优势还远未发挥出来。韦伯的官僚制作为伴随着西方国家的工业社会的进程而发展起来的一种公共行政模式,对西方发达国家的工业化进程发挥过积极而重要的作用。就其本质而言,韦伯的官僚制体现了一种对理性化的规范性统治与管理体制的选择与追求,是属于目的合理性的管理行为,它体现了科学精神、法制精神和理性精神,抛弃了经验管理过程中的人为因素和人治因素,避免了任性专断和感情用事,带来了理性与效率。韦伯的官僚制的崇尚法理型权力、专业化、权力等级、规章制度和非人格化的基本特征,在我国远未得到完善。

中国的官僚制虽然延续千年,但其实质是一种建立在宗法、血缘关系上的形式化的前官僚制,与适应工业社会和市场经济发展的官僚制相比,发展程度严重不足,主要表现在缺乏现代理性精神。所以,我国行政改革必须摒弃封建行政制度和计划经济的影响,在适宜的范围内,建构适应工业社会和市场经济的现代型官僚制。对于西方行之有效的行政工艺与实务,我们也应加以研究引用,有选择地在实践中试用并改造,使之适合我国国情,消化吸收,提炼创新,加速我国行政管理现代化的进程。

3. 切合实际地引入现代社会科学研究工具

中国行政管理实践中有许多独特的概念、现象,如职能、编制、干部、人才、非领导职务、单位、事业、人民团体、群众组织、民办非企业组织、文化管理体制、国资管理体制,政府和政党关系,行政与立法、司法的关系,政府与市场、社会的关系,中央与地方的关系,民族区域自治制度,机构设置与机构改革，公务员定额与领导职数设置，等等。研究这些现象不应停留于“个人感觉＋简单归纳”的方式，而应广泛引入现代社会科学研究工具，做一番扎实的工作。可以运用问卷调查方法把握中国行政管理的总体情况，运用文献分析方法把握中国行政管理的基本要素，运用访谈法深度把握中国行政管理的过程性议题，运用案例研究法把握中国行政管理的具体行为。在概括中国行政管理的特色时则应借助比较的方法，不仅比较不同历史时期中国行政管理，更要把中国行政管理与外国进行比较，以此才能找到中国所独有的东西。研究不能局限于琐碎的事实，应发展具有原创性的概念、术语、理论。这样，获得的学术成果才有与世界对话的可能。

【知识要点】

1. 行政工艺的含义：所谓行政工艺，就是指在行政管理过程中，运用自然科学和社会科学的研究成果，改善行政管理过程以达到行政高效化目的的技能和方法。

2. 行政工艺有如下基本特征：系统性；开放性；主体性；量化性。

3. 行政实务的含义：行政实务是关于行政管理工作实际事务的程序及其操作规范。

4. 行政实务具有以下特点：实践性；操作性；规范性。

5. 行政工艺与实务，是指在行政原理指导下，在行政工作中所形成的一套技能、程序和方法的总称。

6. 现代行政管理工艺与实务同传统的工艺与实务相比具有的特点：技术性；系统性；量化性；主导性。

7. 学习行政工艺与实务的意义：科学的行政工艺与实务是动员人民群众完成总任务的重要手段；科学的行政工艺与实务是实现整体管理目标的必要条件；能够保证党和国家方针、路线、政策的有效落实；能够促进政府机关高效率、高质量地开展行政工作；是发展市场经济、加强政府宏观调控的必要条件；是各行政部门协调关系、调动各方面积极性，实现具体管理目标的重要途径；是克服行政管理活动中各种弊端的需要。

8. 研究行政工艺与实务的方法：继承和发扬我国过去所创造的行之有效的方法；有选择地借鉴外国先进的行政工艺与实务；切合实际地引入现代社会科学研究工具。

【案例及思考】

作为启动农村市场的突破口，小城镇的崛起在不少地方确实起到了牵一发而动全身的作用。不少沉寂多年、发展滞后的小城镇一下子变成了大工地，短短几年时间里，一座座旧镇换了新颜。红红火火的表象背后，也有少数像“中华果都”一样的乡镇脱离实际、盲目跟风，致使群众怨声载道。一些县把小城镇新增多少建筑面积当作一项重要指标来考核，层层下指标、级级压任务，要求乡进行城镇建设。有的甚至还定出了时间表，提出5年再造一个新城。小城镇建设基本上处于无序的、粗放的，盲目赶速度、上规模、扩总量的状态中。

A省F市下辖的一个县为了促进小城镇的繁荣，不仅强迫农民进城盖房，而且还把吸引农民进城的指标分解到机关干部的头上，要求每个干部帮助1—5户农民进小城镇盖房，并且一律要盖楼房。迫于无奈，县直机关只好四处筹资建房，有的机关干部甚至自己掏出上万元来完成任务。

这种急功近利的短期行为，致使不少地方的小城镇建设缺乏科学、长远的规划，即使一些有规划的，也多停留在纸上画画、墙上挂挂，建几条街，盖几栋楼，内部工业、商业、住宅等各种功能区分不尽合理，混杂现象普遍。在建筑风格上，许多地方更是千篇一律的二层小楼，没有任何特点。“一条街，两张皮，鸭舌帽子一样齐”的临街建设，以及“火柴盒式”的民房，成了一些地方小城镇建设的共同写照。这些一哄而上的低品位建筑，一时看起来还说得过去，可以写进某些领导的“政绩簿”，但几年或十几年一过，又要落后，随之而来的就可能是下一轮的大拆大建，这种社会资源的极大浪费，对农村经济发展有百害而无一利。

你认为案例中提到的A省F市下辖县建设小城镇的做法有哪些不对之处？分析说明其中的原因。某县领导的这种做法违背了行政管理工艺与实务的哪些基本原理？

分析提示：

某县领导错误做法的问题和成因以及违背的基本原理，可以从行政工艺和行政实务具有的特点进行分析。

【思考题】

1. 何谓行政工艺？行政工艺的基本特征有哪些？
2. 行政实务的含义是什么？行政实务具有哪些特点？
3. 如何界定行政工艺与实务的含义？
4. 现代行政管理工艺与实务同传统的工艺与实务相比具有的特点是什么？
5. 学习行政工艺与实务的意义体现在哪里？
6. 研究行政工艺与实务的方法有哪些？

【拓展阅读】

行政：艺术还是科学？(节选)[①]

［美］德怀特·沃尔多

让我们稍微留心一下在公共行政定义上的传统争论，以及这些术语使用上的常见结论的有关源流。这个冲突涉及公共行政是艺术还是科学。一些受自然科学尤其是物理学成就影响的研究人员和行政官员，坚持认为公共行政在这个意义上能够而且应该成为一门科学。其他对实际行政中的流动性与创造性、对判断和领导这种无形的活动印象很深的研究人员及行政官员，坚持认为公共行政不能成为科学，而只是一种艺术。

大量的废话产生于关于科学—艺术争吵的辩论，但也因此在实用中澄清了概念并取得了共识。在上述第二种定义的方法上，很时髦地谈到了公共行政的"艺术与科学"。这种用法反映出了通常的结论，即公共行政科学与艺术两者都有其重要的意义。而且，这也反映出一种回避定义问题的思想，反映出在两个方面放弃了这个问题，也反映出公共行政的研究与实践所取得的进展。毫无疑问，发展到这一步是正常的，而且减少了仅仅为词语而进行的微不足道的和浪费时间的争吵。但决不可忘记，这些定义对于卓有成效的研究和富于效率的行政来说却是相当重要的。比如，人们如何接受教育与训练以参与公共行政的问题，便是只有在公共行政的含义明确之后才能得到解决。

公共行政一词的双重用法

与科学—艺术争论密切有关的结论与错误的裂变源，是基于"公共行政"这个词有两种用法的事实。它们常常标明和表示：(1) 知识探索一个领域、一门学科或一种研究；(2) 一个过程或一种行为——管理公共事务。这两种含义紧密相关，但又各有不同，其区别类似于研究有机体的生物学和有机体本身。

现在，这种区别似乎是如此明显，却没有昭示出来，其理由仍然是由于这种区别没有被发现，追溯一下即可明了。关于公共行政是科学还是艺术的大量(不是所有)的争论，起源于在公共行政的讨论上没有取得一致意见。它到底是一门科学还是一种行为？显而易见，在公共行政的系统研究基础上很容易找出作为科学的例证来，而在公共行政的实践基础上又很容易找出作为艺术的例证来。

---

① 摘自彭和平、竹立家：《国外公共行政理论精选》，中共中央党校出版社1997年版，第183—186页。

公共行政的研究人员在这个术语的两种用法上必须具备一种敏锐眼光。有时这种含义从定义和内容上来看很清楚,但多数时候却是模棱两可和模糊不清。有时这是真实的,因为作者用把公共行政作为一个过程或一种行为来定义作为开始,并且在这个过程中,会出其不意地逐渐地使用这个术语来表示公共行政的系统研究。有时也试图在同一个定义中拥有两种含义,以便为结论铺平道路。(现在倒回去仔细考查前面的两个定义。定义中给予的区别,是否非常的明确?)

我们承认,阐明一个定义比事实更为重要。要说明这个问题,可以回想一下上面所说的研究有机体的生物学和有机体本身两者之间的相似性。在这个例子中,定义是很明确的,因为生物学包括对于作为有机体的人的研究,但这只是总体中一个很小的部分;另一方面,除了人类,没有别的有机体能对其他的有机体进行研究。但在公共行政这个问题上,从某些方面和某些关系上来说,研究中的中心要素是人本身。公共行政的许多研究是通过在公共行政中从事这种行为和过程的人来进行。奸猾的职员为他的需要构建了较好的文件系统,管理者在其职员的新工作贡献之上进行决策,由政府雇用的社会科学家们辛勤研究出如何保持住雇员的士气。就某种意义或某些方面来讲,所有这些都是在研究公共行政。

理性行为的概念

这个观点将通过对“理性行为”概念的论述而得到明确解释。理性行为在这里可以定义为实现特定目标而又对其他期望目标损害最小的正确行动。我们将尽量在其本来意义上运用这个概念,在这里并不只停留于考虑这种意义与重要性问题,不管是人们有所期望还是应该期望他的所有行动都是理性的。目前,我们还将满足于一般的观察或者相信人类通过运用智慧,通过正确地运用达到目标的手段,能够最大限度地追求其目标的实现。

现在,公共行政恰如其所限定的一样,在两种意义上都是理性行为。这种行为被设计为最大限度地去追求定义中公共目标的实现。作为“一种活动”的公共行政,将不断地谋求尽量实现公共目标,虽然目标意识、知识和这些东西的抽象程度在行动中会有巨大的时间与精力用于能动的和仔细的方法谋划上,以实现特定的公共目标。另一方面,具体执行者可以不知道和不了解他所从事的工作中的机构的“公共”目标,具体执行者的工作仍然将是理性的。在这种意义上,等于是达到最终目标的手段参与——就是说,为解决算术问题而对计算机的操作。理性可以引入机器操作,或者甚至引入职业。一个领导者或者行政官员的任务就在于他所追求的、能用最好方法来达到的目标中引入理性。

在作为“一种研究”的公共行政中,也有不断的手段的预测分析,以努力实现公共目标。事实上，这不仅仅是一个学科的中心问题，而且如许多人所认识的那样，也是唯一的合乎情理的问题。然而就在这个事实中，也有很多的变化——在方法的类型上、在抽象的程度上、在问题的范围上、在最大限度追求目标实现的一般性与特殊性上，等等。在公共行政中，机器操作的时间与动作研究、领导决策、影响行政的团体价值结构、审计程序、工会的特性——这些随机的例子便是研究的范围与变项。

为设想研究与行动会如何融会进理性行为的概念，让我们举一个例子。假设一个管理咨询公司根据契约合同受雇于州的公共工程部，其特殊工作是确定是否能在更理性的程度上使用机器设备。被指定从事这项研究的人应当调查和搜集资料，并且努力取得该部门中关心机器设备的雇员的兴趣与支持。最后，他们要通过该部门人员一起工作的顾问提出劝告，这些劝告要能够被接受立即得到执行。在这个事例中，研究与行动如此交融，以至于意义的另一端，区别又是十分的有用。有用的类比能揭示系列的亲近范围：在两个极端之间存在着的变量与层次。

阅读提示：

德怀特·沃尔多（Dwight Waldo，1913—2000）是美国政治学家和现代公共行政学者。20世纪60—70年代，以沃尔多和弗里德里克森为代表的新公共行政学派对传统公共行政模式价值中立和狭隘内视性进行批判。一方面，他们在传统公共行政的经典目标中增加了公平和民主的内容，主张突破价值与事实、政治与行政二分法，强调把效率与公共利益、个人价值、社会公平、平等自由等价值结合起来，以凸显政府行政的“公共性”；另一方面，他们对传统公共行政学“组织内部”取向和狭隘理性主义的研究方式也提出了质疑，主张发展分权和权力下放，建立动态、开放的组织观，以发现具有灵活性和变化能力的公共组织与政治形式。他被誉为公共行政学造诣最深的元老（The doyen of Public Administration）。美国公共行政学会（American Society for Public Administration）设立了“沃尔多奖”，成为公共行政学领域的最高学术奖项。

第二章 行政程序

本章基本问题

任何政府行为都无法离开行政程序而独立存在,行政程序也是检验政府行为是否存在瑕疵的要素。因此,建立公正、科学的行政程序制度是完善行政程序、促进依法行政的重要保障之一,其本身也是现代文明的重要标志。良好的行政程序能保证行政管理工作井然有序,会大大提高行政效率。然而,由于种种历史和现实的原因,我国的行政程序建设还没有达到应有的水平。当前,行政权力失范、行政效率低下、行政活动无序等一系列不良行政行为,无不与缺乏现代行政程序有着密切的联系。构架现代行政程序不仅是确保依法行政得以正常开展和深入的必然要求,同时也是实现建设法治政府目标、推进社会主义法治国家进程的题中应有之义。本章讨论了行政程序的含义、原则和要求,分析我国行政程序存在的问题,提出完善行政程序的路径建议。

第一节 行政程序概述

依法行政是建设社会主义法治国家的重要组成部分,是促使政府廉洁、勤政、务实、高效运行的基本前提。这其中,依程序行政则是依法行政的核心内容,它对于保障正确实施实体法、制约行政权力、保护相对人权利以及合理配置资源都有着十分重要的意义。国务院《全面推进依法行政实施纲要》也把依程序行政当作依法行政的基本要求之一。

一、行政程序的含义

行政程序是程序的一种。所谓程序,从中文的含义上有着这样几种理解:《新华词典》指出,程序是指(1) 事物进行的步骤、次序;或者是(2) 计算机在执行任务时,对它所处理的对象以及处理规则的一种描述,它是通过程序设计语言来实现的。[①]《现代汉语词典》(修订本)解释程序为：事物进行的先后次序：如工作程序、会议程序等。至于“程序控制”则是指“通过事先编制的固定程序实现的自动控制。广泛应用于控制各种生产和工艺加工过程”[②]。《辞海》中的程序也作类似的解释：(1) 按时间先后或依次序安排的工作步骤[③]；(2) 指“程序设计”，用电子计算机自动解算问题，需要事先确定解题过程，并用机器指令或机器所能接受的语言描述出来，描述的结果称为“程序”，编写程序的过程称为程序设计[④]。

行政程序，从行政(管理)学的角度看，有学者认为它是处理行政事务过程中必须遵守的一系列前后相连的工作步骤。简言之，它就是办公的次序，完成计划的方法。确定性是行政程序的一个重要特征。全国性重要的行政程序由法律规定；个别具体的行政程序由各单位的工作规章和各种责任制确定；有的程序无明文规定，但成为习惯性程序。连续性是行政程序的另一特征。没有连续性就谈不上程序性。一般行政程序的类型有下列几种，从横向分类看：(1) 手续性程序，即一般的执行手续及技术方面的程序；(2) 决定性程序，即具有决定意义的程序。从纵向分类看：(1) 掌握和运用资料，即在行政工作之前掌握有关资料；(2) 决定计划，即在多种计划中选出切实可行的计划；(3) 执行计划；(4) 检查督促，即计划下达后，检查执行计划；(5) 考核奖惩。行政程序的设计应当遵照下列原则：(1) 程序简化到最低限度，简化是设计程序的首要原则；(2) 确保程序的计划性；(3) 程序必须明确具体；(4) 程序是一个系统；(5) 预算程序的消耗；(6) 保证程序的实施。[⑤]

行政程序是国家行政机关(包括法律、法规授权的组织)及其工作人员实施行政行为的程序，行政机关及其工作人员只有依法为实现国家行政管理目的，行使行政职权和履行行政职责所遵循的相应程序，才能称之为行政程序。若行政机关及其工作人员实施的为非行政行为，即使也遵循一定的程序，但这种程序却不能以行政程序论，比如行政机关作为被告参加到行政诉讼中，即是这种情况。至于非国家行政机关及其工作人员，即使遵循完全相同的程序作出具体行为(显然不是行政行为)，该程序也不能称之为行政程序。比如在实施具体行政行为时，常常牵涉到行政管理对象的行为，该对象是否遵循固定的程序，遵循什么样的程序，均不影响行政程序的性质。

行政程序是行政行为在特定的时间和空间范围内的持续过程。从词源

---

① 《新华词典》，商务印书馆2001年修订版，第123页。

② 中国社会科学院语言研究所词典编辑室编：《现代汉语词典》(修订本)，商务印书馆2000年版，第163页。

③④ 《辞海》，上海辞书出版社1989年版，第1974、1975页。

⑤ 《行政管理学大辞典》，中国社会科学出版社1989年版，第235页。

学的角度来看，“程序”本身是指“按时间先后或依次安排的工作步骤”①。《法学辞源》则将其界定为“办事的方法、步骤”②。由此，行政程序就呈现为行政行为在时间和空间上的形式，并表现为完成某种行政行为的方式或方法，具有技术层面的工具性意义。因为任何行政行为都必须在特定的时间段内完成，现行的许多法律法规都规定某种行政行为必须在一定的期限内为或不为即是明显的例证；同时在空间上，行政行为也表现为依照一定的顺序依次实施的一系列活动，它有着固定的步骤和格式，一般也有相应的标准来衡量其是否符合法定的程序。

从法学意义上分析，所谓行政程序，是指行政主体行使行政权应遵循的步骤、方式、形式，以及实施这些步骤与方式的顺序和时限的原则和规则体系。它是行政活动在时间与空间上的表现形式。任何行政活动都必须经过一定程序才能完成，程序合理、公正与否直接影响到行政活动的效率与公正，因此行政程序是现代行政法的重要组成部分。国外有些学者认为，行政法主要就是行政程序法。作为行政程序法调整对象的行政程序，主要具有连续性、时间性、具体性等特征。③ 行政程序是一种特定的法律程序。由于对行政程序这一语词的理解不一，加之固有的传统文化以及新中国成立后相当一段时间法制建设本身的原因所致，在我国，行政程序作为一个专用的概念名词，往往并非限定于法律领域。随着依法行政的逐步深入和法治政府目标的确立，现在人们对行政程序的理解才基本上统一在法律的范畴，把行政程序作为规范行政权力运行的一种法律制度。这就表明，行政程序是法律所明确规定的内容，具有相应的强制性、规范性等特点，一旦违反，将承担相应的法律责任。从另一角度来看，既然作为一种法律程序，也就自然将行政机关内部的工作流程等非法律明文规定的内容排斥在行政程序之外。

行政程序是一个发展的概念。由于行政事务的纷繁复杂性，因此不同的政府行为必然要求不同的行政程序，不同的行政程序又规范着不同的政府行为。从不同的角度，我们可以对行政程序进行不同的分类：根据行政行为的内容，可分为行政立法程序、行政执法程序和行政司法程序；根据行政行为的实施顺序，可分为事先程序、事中程序和事后程序，等等。特别是随着行政管理现代化进程的不断深入和社会主义政治民主化程度的不断提高，原先不认为是行政程序的一些内容，比如实施行政行为的习惯性过程或步骤、行政机关及其工作人员的一些职业规则或职业道德性行为方式等，也

① 《辞海》，上海辞书出版社 1989 年版，第 1975 页。

② 李伟民主编：《法学辞源》，中国工人出版社 1994 年版，第 1134 页。

③ 《北京大学法学百科全书——宪法学行政法学卷》，北京大学出版社 1999 年版，第 534 页。

已纳入行政程序的范畴；而且随着社会的发展，也还会有更多的内容充实进行政程序，而又不断加快行政程序的现代化步伐。

综上所述，行政程序是指国家行政机关行使行政权力、实施行政活动过程中所遵循的方式、步骤、顺序的总和。行政程序一旦被法律所规范，即成为行政机关和行政对象在法律上的程序权利义务，具有规范性、强制性，行政机关必须履行法定的程序义务，否则要承担相应的法律责任。由于行政程序是设计好的法律规范，那么它就更侧重于对行政主体科以义务，赋予行政客体的权力。尤其体现在程序的设计上，大量的以行政主体为程序义务人、以行政客体为程序权利人的方法对行政主体进行控制，其中一个重要的部分就是对行政主体权力的控制。可以说，行政程序对公民体现了明显的法律保障作用。它符合人类文明的一般发展规律，契合了行政程序本身的应然要求。同时也体现了行政管理的各方在特定的时代背景下对行政程序的价值追求。

二、行政程序的作用

1. 公正配置资源作用

公正配置资源即要求行政机关应当尽其最善，做出有利于公民权利或者义务的具体决定，也就是对所有的行政管理对象一视同仁、不偏不倚。即通过行政程序的公正获得结果的公正；即使结果不公正，由于行政程序公正而使社会正义得到实现。随着政府对于社会生活各方面的积极干预，行政权力迅速膨胀，其负面效应导致了社会中个体权利受到侵害的可能性增大。通过规范行政权力行使的程序，即控制行政官员的专断与恣意，减少行政权力对民众合法权益的侵害，这既能保证行政管理的权威，又保证了权力的公正行使。行政程序的公正性能够使人们相信行政决定的事实基础是真实的，从而消除对行政官员的疑虑和抵触；即使有人很清楚他(她)被来源于虚假事实根据的不公正行政决定所冤屈，但由于已经给了他(她)充分的自辩机会，也促使行政机关作出充分的公正努力，人们仍然会给予行政机关理解，淡化与行政机关的对立情绪。反之，如果程序本身是不公正的，查明的证据事实即使与客观事实吻合且行政决定符合法律，人们仍然可以怀疑行政决定的不公正。可见，行政程序的不公正会引发行政主体与行政客体的矛盾，只有公正的行政程序才能够培育和恢复社会秩序，合理公正地配置资源。行政程序以程序规范和约束行政机关的形式，同时保护了公民的合法权利。

2. 民主参与作用

正是由于权力(power)不可避免的负面效应，迫使我们不断地寻找解决途径，同时权力又有着一整套行政工具作为支撑，能够与权力抗衡的，正是更多体现公共权力的“权利”(rights)，以个人的民主参与来保障公民自身的权利,我们也可以称之为行政程序的参与作用。程序的设定很重要的内容就是民众的参与,在参与的过程中,才能表现出行政程序的优化选择,并使结果有利。现代行政程序的切入点是控制行政权力,以达到保障公民权利的目的。在具体层面上,也就突出了行政对象不再是行政程序的客体,而扮演行政程序积极参与的角色。“参与原则的主要优点是要确保政府尊重被统治者的权利和福利。”①因为有了参与,才使行政管理对象能够在行政程序过程中获得平等的地位,使政府的行政行为在法律范围内有所约束。行政程序可以被看作是一种事先设定于行政系统内部的防错纠错机制,面对可能出现的行政权力的负面效应,不失为一种未雨绸缪的做法。

3. 对行政执行的控制

由于行政执行的运行最终离不开人的因素,为了尽量减少行政人员的主观意志,由行政程序为行政主体设定轨道,规范行使行政权力的环节,是必不可少的。当行政执行可能出现偏差的时候,行政程序能自动、本能地纠正或削弱行政执行的“恶性”,使之变为“良性”而作用于管理过程;当行政执行正确时,行政程序能自然、稳定地保证其融入管理过程,实现行政目标。当然,行政执行和行政程序都有一个正当与否的问题,行政执行的确有赖于公正的行政程序的实施,但我们决不可由此而一味强调行政程序,也就是说,公正的行政程序是产生公正结果的必要而不是充分的条件。在一般情况下,行政执行还得依靠行政决策的正确。总之,行政程序推动了公民的参与,在健全民主法制的过程中达到控权的目的,尽最大努力使行政权力的负效应得到降低。

第二节 行政程序的原则和要求

在社会主义市场经济体制逐步完善的条件下,人们价值追求理性选择的过程最为合适的保障机制莫过于现代程序。立足于社会主义市场经济的时代背景和建设法治政府、实现社会主义法治国家的宏伟目标,将公正、民主与效能列入我国现代行政程序建设的基础,无疑更有利于把依法行政全面推向深入。

一、行政程序的原则

1. 公正

公正本质上是公平、正义的代名词。从哲学的层面来看,它不仅强调目的符合正义的一般要求,同时也要保证手段不能违背公平、正义,它是过程

① 罗尔斯:《正义论》,中国社会科学出版社 1988 年版,第 219 页。

和结果的统一。在行政程序领域,它意味着行政程序本身和参加行政程序的各方当事人的活动都应当是公平、正义的产物;换句话说,是行政程序形式正义和行政程序实质正义的统一。程序公正的观念起源于司法领域,20世纪中叶以后,行政权力开始普遍涉入国家的社会生活领域和经济领域,为有效保护人权,维护人的尊严,保障公民的合法权益,行政程序的公正性也得到了越来越多的强调。诚如韦德所言:“程序不是次要的事情。随着政府权力持续不断地急剧增长,只有依靠程序公正,权力才可能变得让人能容忍。”①公正已成为现代行政程序的一个基本价值目标。人们一般认为,它一方面要求行政机关及其工作人员行使职权、履行职责以及所采取的步骤和方式必须有严格的法定依据,不能任意凭借自己的主观意志恣意妄为;另一方面,它要求行政机关及其工作人员在实施行政行为时,应当在听取各方意见的基础上,尽量排除各种事实的或可能的偏见,立足于客观的事实根据,公平地对待行政管理的主体和客体,同时不仅使相对方在同等条件下得到平等的对待,而且行政管理的主体和客体应该处于平等的法律地位,共同完成行政程序的整个过程。

2. 民主

民主的本质是“人民主权”,民主政治是“人民主权”的政治,是“多数人的统治”。按照列宁对马克思主义民主观的阐释,民主是国家形式,是国家形态的一种,“民主意味着在形式上承认公民一律平等,承认大家都有决定国家制度和管理国家的平等权利。”②当代美国政治学家罗伯特·达尔提出了现代代议制民主的六项制度:选举产生的官员,自由、公正和定期的选举,表达意见的自由,接触多种信息来源,社团的自治和包容广泛的公民身份。而其核心莫过于广大公民有效参与国家的制度。③ 正是在这种有效参与的基础上,公民与代表公民的政府之间取得了基本的共识。于是,民主的价值决定了现代行政程序应以保障广大社会主体的权利行使为己任,预示着行政程序的公开和透明以确保主体有效的参与。民主要求行政管理的主客体尤其是社会民众在这一开放的程序中充分参与整个过程,并有条件发挥各自的能力,实践自己的一切合法权利,切实维护自身的合法权益。公开性是现代行政程序的首要表征,具体说:一是政府行为依据公开。实施任何政府行为都必须有法定的依据,相关的法律、行政法规、规章与规范性文件以及不涉及国家秘密和个人隐私的有关资料都应当向社会公开;二是政

① [英]威廉·韦德著,徐炳等译:《行政法》,中国大百科全书出版社1997年版,第93页。

② 《列宁全集》第31卷,第96页。

③ [美]罗伯特·达尔著,李柏光、林猛译:《论民主》,商务印书馆1999年版,第94页。

府人员身份公开。这不仅可以表明实施活动的行政性质,更可以让行政客体了解行政主体而认同行政主体的行为;三是政府行为过程公开。政府按照什么步骤和方式,如何展开一系列的行政活动,最终得出怎样的行政后果,都应当在民众知悉的情况下进行;四是政府应当提供足够多的民众诉求机会。行政管理的主体在展开行政程序的全过程中,要保证民众有条件充分行使自己的权利,表达自己的意愿,使最终的行政决定,建立在充分尊重民众意见的基础上。可以说这一点最直接体现了现代行政程序民主要求的本质特征。

3. 效能

行政程序的效能是行政程序效率与行政程序效益的有机组合。效益统帅、制约效率,效率服从、服务效益。片面追求效率而忽视效益,行政程序就迷失了正确清晰的方向,不能达到行政程序的目的;片面追求效益而忽视效率,行政程序就失去了正确有效的手段,难以实现行政程序的目的。因而必须兼顾行政程序的效益与效率,强调在提高行政程序效率的同时,增强行政程序的效益,以更好地实现行政程序的总体目标。离开效能来谈行政程序,就使得行政程序成为一个虚幻之物,要么不能落实行政程序的客观社会效果,要么就是缺乏必备的条件和坚实的社会根基。具体而言,行政程序的效率是指特定的行政程序效果与产生该效果所花费的成本之间的比值,比值越大,效率越高;比值越小,效率越低。这一比值主要受行政程序成本、行政程序效果及花费相应成本达到相应效果的时间等三方面条件制约。行政程序的效益是指通过行政程序所作出的实际政府行为(实然)与理想政府行为(应然)的重合度。重合度越高,说明该行政程序的效益越高,反之则低。社会的法律意识水平、客观的物质基础、公众的心理认知程度等都会对其有不同的影响。因此,行政程序的效能提高首先要求程序的设计者能够在综合考虑民主、正义等各方面因素的基础上,尽可能设计出一套科学理性的程序规则,同时又要求程序的具体操作者必须具备相应的操作技能,善于在各种动态环境下寻找出效能最大化的平衡点,使效能原则在行政程序中得到落实。

二、行政程序的要求

1. 制度先行

制度先行是现代行政程序的一种现实的构建模式,也是依法行政的根本要求。以往中国行政管理建设常常是更多地发挥本土的习惯、惯例以及一些通行已久的非正式作法的作用,而不是首先制定法律制度。行政程序现代化所要求的制度框架的普遍性,是深深地扎根于人类本性的同一性和人类文明进化的共同性之中。法治理念、法治文明已为实践证明是更加适合人类社会的生活方式和制度模式。我们只有发挥制度先行观念的促导作用,引导行政程序现代化进程。制度作为一种人们行为方式的定型化模式,其形成一般是人们在社会生活中通过大量反复实践而归纳出来,体现的是一种内在化的生长方式。而对于后发型国家,作为一种社会变革的方式的制度借鉴则是演绎型的,是以外在的制度模式规范导引人们的行为,使之按照制度指向的目标进行。行政程序制度的先行建设就显得尤为必要。这种制度先行指导下的行政程序法治构建模式,正是首先通过引入诸如信息公开、听证会、说明会及有限强制等体现行政程序内在价值要求的现代行政程序制度,通过制度化规范对人们行为的引导和意识的切入,逐渐磨合、企求制度精神内在化,从而达到行政程序的法治化和现代化。

2. 公开透明

当下,人们已不再以结果公平正义作为追求的唯一目标,而是更多地将目光聚焦于公平正义的实现过程,渴求公平正义以看得见的方式予以实现。确保社会大众充分获知法律所规定须保密的事项以外的所有相关信息,不仅可使民众有效地参与和选择,其更深远的意义还在于为社会主义民主政治的实现提供实质内涵。行政程序公开透明,帮助人们将其在行政程序中获得的信息直接用于社会主义民主政治实践,以实现自己所享有的宪法和法律上的各项权益。行政程序公开透明体现在:有关行政程序的文件资料及行政程序运行的各个环节都应公之于众,置于公众的监督之下;政府必须将据以进行行政行为的程序规范主动公布,且在民众咨询时有义务准确及时地提供相关文件资料;行政程序的各个环节都公开进行,置于公众的监督之下,避免"暗箱操作"而导致行政腐败。

3. 相对稳定

稳定的政策制度能够给人以信赖和安全感。一个完全不具稳定性的政策制度,只能是一系列仅为对付一时变故而制定的特定措施。这样,人们在为将来安排交易或制订计划的时候,就会无从确定昨天的政策制度是否成为明天的政策制度。不但如此,人们甚至不知今天的合法行为到明天是否会违法。既然不断变化中的客观现实难于使政策制度一成不变,那么就更需要其中存在一些相对稳定的规则来维持稳定,而这些规则以行政程序规则居多。尤其是对于应对纷繁复杂的社会环境而具灵活多变特征的行政管理而言,行政程序规则更是其稳定性获得保证的不可缺少的基础性要素。行政程序规则稳定性的最大益处在于提供一个稳定的社会背景支持,为公众解除后顾之忧,使之全身心投入到现时的生活和社会活动中去。稳定性要求行政程序的规则不被朝令夕改、任意适用。尽管不能完全排除在一定情势下对于行政程序规则作出修订和变通性适用,但也应当有充足的理由并及时公布。当然,强调行政程序的稳定性并非意味着排斥制度的变革和程序理念的进步，应在动与静、保守与创新、僵化与变化之间谋求平衡。

4. 可预期性

变化无常、捉摸不定的行政行为极易藏污纳垢，而明确无误的行政程序则可以让行政管理各方对自己行为的结果、行政决定的内容等作出较准确的预期，不至于茫然无知而陷入听天由命的境地。从某种意义而言，行政程序制度就是为保证人们能够对未来合理预期而设定和存在的。只有这样才能消除人们“畏官”心理，凭借于行政程序对自身的权益加以维护，对前途命运加以控制。例如即使遭遇不公正的行政处罚，也可以变被动为主动，按行政复议和行政诉讼程序提起复议或诉讼。可预期性的特征是：行政程序的内容是稳定的，有规律可循，内容明确肯定，具有操作性。

5. 非强制性

非强制性是现代行政的必然趋势。行政程序必须奠基于非强制基础上方能获得其存在的合法性基础。强制性特征明显的行政程序其实是毫无价值的，注定会遭到民众的拒绝、排斥甚至激烈的反抗。行政程序只有突出其非强制性，才真正意味着可能彻底改变因行政主体强制性行政方式而形成的一元化的僵化沉闷的社会生活格局，创造出一个多样化的丰富多彩的生活世界。行政主体与行政相对方之间的平等对话、交涉、商讨、协议等也只有在非强制性行政程序中才可能存在。行政程序的非强制性，表现在所有程序的参加者均有选择是否参加程序，以及自主决定是否行使程序权利的自由，不受行政主体的强制。当然，国家利益、公共利益面临危急状态之际，行政程序也不排除以强制手段实现社会秩序，这只是特殊情况下迫不得已的无奈选择，而最终目的也是为了维护最大多数人的自由。

第三节　完善行政程序制度的方法

建立公正、科学的行政程序制度，是完善行政程序、促进依法行政的重要保障之一，其本身也是现代文明的重要标志。我国现有的行政程序制度还不完善，我们要通过完善信息公开的程序制度，推进公开方式的现代化；完善行政听证的程序制度，保证听证的公正性；严格遵守期限制度，完善行政责任追究制度等，从而建立公正、科学的行政程序制度。目前，我国行政程序制度虽然有了相应的法律、法规，但就总体而言，现代行政程序制度在我国还未全面确立，我国行政程序制度仍然很不完善，与法治比较发达的国家相比还存在着诸多缺陷。

一、我国行政程序存在的问题

1. 缺乏公开性

2007 年国务院颁布了《中华人民共和国政府信息公开条例》，条例的颁布使信息公开有了法律保障。但在具体操作层面对信息公开制度没有作出详细的规定，这使得公民的知情权无从落实，不仅不利于保障当事人的合法权益，也无益于行政权的公正行使。在行政管理实际中，我国地方行政机关颁布的规章的公开性还不够。主要表现在两个方面：一是地方政府的规章文本很难找到；二是提早公布规章文本还做得不够。此外，普遍性规范文件和其他行政措施及其执行程序的公开性不够。

2. 缺乏合理性

行政程序由若干相互衔接、彼此呼应的步骤组成，这些步骤的相互关系和逻辑顺序反映了行政活动在时间上的先后关系，目的在于保证行政活动开展过程的合理性。纵观我国现有的行政程序，多只注重保障行政管理的效率，而对涉及一定的权力制约、防止行政权滥用和保护行政对象的合法权益的程序制度却有所忽视。在行政行为实施过程中，由于在时间序列上的错位或倒置而导致行政程序的不公正和有偏私现象时有发生。

3. 缺乏统一性

我国传统的行政许可、行政强制执行和行政调查等行政行为缺乏统一的行政程序制度。比如说，行政许可行为，涉及的范围很广，包括海关、工商、公安和环保等各个领域，但每一种许可使用不同的程序。同时，伴随着我国社会主义市场经济的发展和政治体制改革的深入，行政指导、行政合同、行政奖励和行政调解等行为愈来愈广泛地运用，成为我国行政机关进行行政管理、实现政府职能的重要手段和有效方式。但是，这些行为的程序制度还不健全。

4. 缺乏时效性

我国现行行政程序中在时效的规定方面存在以下不足：第一，过分侧重于行政主体的便利，缺乏应有的时效规定。没有时效规定，表面看起来有利于提高行政效率，但容易损害行政客体的合法权益，并容易由此引起行政复议、行政诉讼，其结果恰恰会损害行政效率。第二，时效规定不统一。例如相关行为有的规定30天(是否包括休息日)，有的规定一个月(每个月的天数是不同的)，这既不利于行政主体的执法，也不利于行政客体合法权益的保护。第三，对行政客体的行为时效不够重视，时效制度不仅要对行政主体的行为给予时限上的限制，同时对行政客体的行为也要给予时限上的限制。第四，缺少对违反时效的法律后果的规定。有的法律虽然有明确的时效规定，但对违反时效产生何种法律后果则缺少明确的规定，这样使时效制度的规定形同虚设。

5. 缺乏责任追究的规定

许多行政程序法律规范只规定了行政机关应当怎样去做，没有规定行政程序违法上的责任(这种责任应当包括行政机关的责任和直接责任人员的责任),使得行政程序责任效率不明确。例如,对违反回避制度的法律后果没有作出具体规定。回避作为一项严格的程序制度,必须确立其严格的法律责任,尽管各国对违反回避制度的法律后果方面规定不尽一致,但均将其作为回避制度的重要内容。我国目前既无对违反回避制度所作的行政行为法律后果的规定,也无应回避人员未回避后应承担法律责任的规定。从这一方面来看,我国行政回避制度很不完善。

二、完善行政程序的路径

行政领域程序意识的欠缺及其导致的行政领域的非理想状况,显然不能适应全球化背景。为此,提出一个应然的底线性行政程序设计标准是合适的、及时的,希冀以此回应法治政府建设的变革要求。

1. 信息公开制度

信息公开制度,指行政机关应主动或依当事人的请求,公开或使其知晓一般的行政管理活动情况,尤其是与之相关的行政行为的有关材料的制度。内容主要有:(1) 每个行政机关均应使公众知晓其办公地点、机构设置、职权范围、活动程序等。(2) 提供给公众机会、条件,使之了解行政机关制定的行政法规、规章、基本政策说明及普遍适用的解释等。行政机关不得以任何理由和方式,强迫任何人服从应当公布而未公布的行政法规、规章,也不得使任何人因尚未公布的政府文件而受到不利影响。(3) 行政对象享有知晓掌握在行政机关手中的与己有关的情况(法律另有规定的除外),直至以其作为提出诉讼之际举证材料的权利。行政机关当应任何公民之正当理由的申请,迅速向其提供有关档案材料。除非这种档案材料属于法律规定的保密范围或涉及他人隐私。(4) 行政机关及其公务员将就其不适当地对行政客体封锁档案承担相应的法律责任。司法机关有权依法阻止行政机关封锁行政档案,并命令将之复印公开。

2. 告示制度

告示制度,指行政机关要将其行政行为实施中应当让公民了解的事项通过一定的方式对外通知告示的制度。具体包括:(1) 表明身份。即行政机关或公务员,以及得到授权的组织,在针对行政对象发出具体的行政行为之际,要佩戴公务标志,或向行政对象出示证件、证明或授权令等。(2) 事先通知。其中分为一般通知和利害关系人之通知两种。一般通知又称通告,以一般公民而不以特定相对人为对象,主要适用于行政法规规章、行政计划、行政政策的制定过程。利害关系人之通知,指行政机关在作出影响行政对象权益的决定或行为之前,将有关情况通知当事人。(3) 告示。即行政机关在针对行政对象采取行政行为时,告诉其所根据的法律条款;行政机关若要求行政对象为某种或不为某种行为,应告知其该行为的意义以及为或不为的法律后果;行政机关在驳回行政对象申请之行为或限制公民之权利及自由范围行为之际应详附理由;对有关行政对象利益的事项,行政机关应平等地告知所有利害关系人,而不能只将信息告知一部分人,这些事项包括告知行政对象在不服行政处理或处罚的情况下,享有查阅有关文件档案、保持沉默、为己辩护、聘请律师、提出申诉控告、寻求司法救济等权利;行政机关对应予告示而没有告示或作了错误告示的情况必须采取切实可行的救济措施。

3. 咨询制度

咨询制度,是公民就有关自己的合法权益等问题请求行政机关予以说明,行政机关有义务给予答复的制度。它与告示的区别在于,前者一般以行政对象的要求为前提,后者则由行政机关主动发出。其中分两种情况:(1) 行政对象向行政机关提出问题,要求了解情况与解释回答;(2) 行政对象要求查阅行政档案,如行政规范性文件、与其权利利益义务等有关的案卷材料等。

4. 听证制度

听证制度,指行政机关发出行政行为时,就有关问题听取有关行政客体评论意见,同时予以说明解释的制度。听证制度被公认为现代行政程序的核心制度,对行政公正起着根本的保证作用。重要的行政活动或行为,如制定行政法规规章、进行行政复议等,都必须经过听证程序,否则不能生效。

5. 回避制度

回避制度,指公务员在代表国家实施某一具体行政行为时,如与当事人具有亲属、爱憎、金钱等方面的利害关系就不能参与该行政行为的实施的制度。其基本内涵为:任何人不得裁决与自己有关的案件;公务员在已知自己与所处理案件存在利害关系时应自动回避,行政对象亦可提出请求由行政首长命其回避。

6. 复议制度

复议制度,是行政机关作出决定或裁决后,应给予行政对象提出复议、诉讼或申诉的机会,当行政对象提出申诉或诉讼请求时,有关决定或裁决应受到法院、上级行政机关或同级行政机关中专门机构重新审查的制度。复议制度应包括复议制度和司法审查制度两种。行政复议是由上级行政机关或专门的行政裁判机关裁决行政纠纷的行为。行政复议要为行政对象提供陈述意见、提供证据以至进行辩论和对质的机会。行政机关的复议裁决依准司法程序进行。司法审查是指行政对象若不服行政机关作出的行政决定或行政复议裁决,可依法向法院起诉,请求法院审查和作出判决。

7. 保护隐私制度

保护隐私制度,是为防止行政机关侵害个人隐私权的制度。行政机关出自公务、管理需要，有时需要了解掌握行政对象的一些私人情况，包括应属秘密或隐私的。诸如，某人的出身履历、经济状况、正在进行的发明创造、需要保密的某种身份、不宜公开的轻微劣迹等，并有权在必要的情况下予以“使用”。但行政机关同时又负有为之保密的义务，具体即指行政机关在提供或出示裁决意见、政策说明、解释时，可以删去暴露个人身份的细节；行政对象对属于个人生活范围内的秘密以及营业或业务之秘密有权请求保密；行政机关对其不遵守法律所规定的为私人保守秘密隐私的范围、内容、期限而随意披露行政对象秘密隐私的行为承担相应的法律责任，并负责损害赔偿。

8. 时效制度

时效制度，是政府行为的全过程或其各个阶段受到法定时间限制的程序制度。所谓时效，是指能够引起法律关系产生、变更或消灭的时间期限。依照时效制度，行政机关不得对行政相对人的申请请求无故或借口拖延；不得无休无止地实施行政调查或检查；行政机关在法定期限内不履行职责就可能引起行政责任；行政机关在法定期间内不行使职权就不得再度行使，如行政机关在一定期限内不处罚行政违法者，便不得再施处罚；行政对象在法定期限内不行使自己的权利就丧失权利；行政对象在法定期间不履行自己的义务就要产生与己不利的法律后果，如受到强制执行或交纳滞纳金等。

【知识要点】

1. 行政程序是指国家行政机关行使行政权力、实施行政活动过程中所遵循的方式、步骤、顺序的总和。

2. 行政程序的作用：公正配置资源作用；民主参与作用；对行政执行的控制。

3. 行政程序的原则：公正；民主；效能。

4. 行政程序的要求：制度先行；公开透明；相对稳定；可预期性；非强制性。

5. 我国行政程序存在的问题：缺乏公开性；缺乏合理性；缺乏统一性；缺乏时效性；缺乏责任追究的规定。

6. 完善行政程序的路径：信息公开制度；告示制度；咨询制度；听证制度；回避制度；复议制度；保护隐私制度；时效制度。

【案例及思考】

B市企业经营者评荐中心，是一个面向该市各大中型企业，为企业发现、培养和推荐高层次管理人才的事业单位。按照工作流程，中心设置了信息搜寻、考察评荐、综合配置、培训发展和监督管理五个部门。这种流水式的人才工作体制，一方面体现了人才工作内在的客观规律和要求，使各环节相互依存、环环相扣；另一方面，对人才选拔任用的权力与责任进行合理分解，在内部形成了相互监督、制约、把关的有效机制，为形成公开、平等、竞争、择优的用人环境，实现人尽其才、才尽其用，起到了积极的推动和促进作用。近几年，该中心先后向该市知名企业推荐了数百名包括营销、财务、金融、管理等不同专业的高级管理人才，对该市的经济发展，造就高素质的企业家队伍和经营管理人才群体，推动企业的创新发展，发挥了重要作用。

你认为应如何运用行政程序的基本理论来分析B市企业经营者评荐中心这种流水式的人才工作体制？

分析提示： 行政程序的原则和要求是B市企业经营者评荐中心这种流水式的人才工作体制产生的指导思想。

【思考题】

1. 行政程序的含义是什么？
2. 行政程序的原则和要求有哪些？
3. 我国行政程序存在怎样的问题？
4. 完善行政程序的路径有哪几个方面？

【拓展阅读】①

办公室工作程序，是指办公室内部制定的按部就班的工作日程计划，计划详细规定了做什么(工作内容)、怎么做(工作方法)、何时做(时间安排)、何处做(地点安排)、谁做(人员安排)。

制定办公室工作程序是办公室管理中有一定难度的工作。一个好的办公室系统会使办公室工作更加顺利流畅，办事简单，管理方便，各个部门之间能较好协调配合，能够增加新员工锻炼和培训提高的机会，而且还和办公室的以文件和文秘工作为主要特点的工作性质紧密衔接。好的工作程序保证了办公室工作井井有条，会大大提高工作效率。

制定办公室工作程序的原则是：简单，便于管理；要有明确的分工，最有效地利用专门的工作人员；应使工作流动最佳化，避免出现“瓶颈”现象(工作堵塞)；避免工作重复，特别是文件表格性质的工作；避免不必要的书写、走动或精力耗费；尽可能在执行规章制度时没有例外；避免不必要的审查批复；工作程序应该较灵活，易适应条件变化或易于调整；合理地划分由

① 摘自孙荣、杨蓓蕾、徐红等：《办公室管理》，复旦大学出版社2010年版。

低到高的工作职责，做到每件事都有专人负责；尽量使工作过程得到连续管理；最有效地利用办公室机器并采用最好的操作程序；文件性的工作应限制到最少；有效利用“例外原则”，即工作中采取必要而灵活的措施来应付新情况，而不是用习惯的工作方法来处理。

在一些大的办公室组织中，可以印发办公室工作程序手册，办公室人员人手一册，手册上可以列出下列一些内容：组织内每项工作的制度及其方法；手册发出的日期、准许使用的文件和文件使用方签发人姓名以及手册的有效期等。

这种手册有助于推广标准化方法来管理办公室具体事务，也有助于工作的平均合理分配，减轻办公室管理人员的工作负担。但也要注意到，照章办事有可能显得死板，不容易充分发挥工作人员的积极性和独创性，而且办公室工作常常是变化的，不可能用某种程序和方法长期固定下来。在人员较少的小型办公室组织里，管理工作相对简单，人们通过彼此间的默契就会知道自己的工作职责，因此，制定一个很严格死板的章程显得不太必要。

另外一种制定办公室工作程序的方法是画工作图表。画工作图表的主要目的是用一种简单易懂的图表，描绘出工作系统以及工作系统中各项工作的相互关系和流动状况。通过研究检查图表，就会检查出组织系统中工作的错误，例如明显的工作重复和多余，对照图表就可以发现；其他诸如文件来回周转，工作出现“瓶颈”状况等，都可以对照图表来检查。在系统论和控制论方法出现以后，有些人强调用主线路分析和网络分析的方法来分析办公室工作程序。主线路分析是指办公室工作流程中关键工作的连续运行线路的分析，这种分析略去了偶然的、对办公室主要工作无多大影响的琐碎事情。网络分析是指对工作中相互联系和相互影响构成的系统的分析。

在设计和调整办公室工作程序时，常常要涉及列制各种图表，这些图表大致有以下几种：

(1) 网络分析(主线路)图表(图 2－1)。

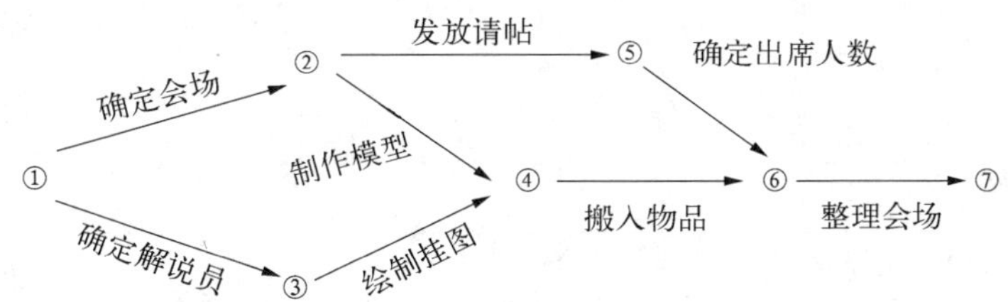

图 2－1　网络分析(主线路)图

(2) 程序流程图表(图2-2)。它表示出一办公室的文件及其他数据是如何从这一部门流动到另一部门去的。

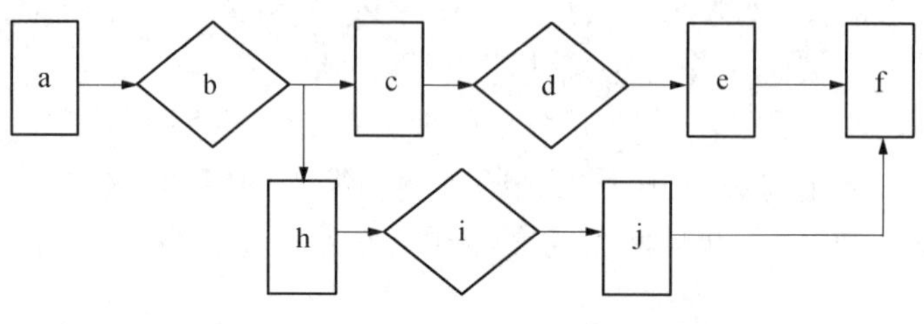

图2-2 程序流程图

(3) 工作分配表(表2-1)。它表示如何将不同种类的工作分配给不同的工作人员。

表2-1 工作分配表

项 目	负责人	完成指标	时 间	备 注

(4) 操作图表。这种图表表示个人在从事某项具体工作时左右手将移动的距离和所需要的时间。

(5) 工作进度图表(表2-2)。表示办公室总的工作和各部门工作的进度情况以及还存在的差距等。

表2-2 工作进度表

序号	工作事项	时间划分											完成人	责任人
		1	2	3	4	5	6	7	8	9	10	11		
1	活动申请报批													
2	活动场地落实													
3	开始招商工作													
4	活动场地规划完成													
5	广告资源落实													
6	印刷品制作完成													
7	活动现场布置完成													
8	活动正式执行													

还有一些图表,例如办公室机器以及需用的操作人员配备图表等,可以根据办公室工作的需要自行制定。

办公室工作控制是办公室管理的基本内容。这是一个连续发展的过程,办公室主任通过这一过程来了解办公室工作运转中的工作现状,将现在的活动与计划制订的活动相比较,寻找计划与执行之间的差异。例如同预算规定的支出相比较,看现在的支出是否和预算相符,并考察影响支出的原因。

办公室工作控制涉及的内容包括工作执行的数量控制、质量控制、时间变量控制(一般通过拟定时间表来控制)。

1. 数量控制

只有对那些循环和反复的办公室工作,数量控制才十分有效。因为这可以通过确定单位时间内输出的处理数量来制定一种标准工作时间,达到数量控制。由于办公室工作的范围较广泛,很多工作都无法达到理想化的数量控制(大量工作是偶然和不重复的),所以,只能有限地采用数量控制的方法。

对于那些能够定量化的办公室工作,确定一个一般的工作标准量。例如对于连续处理文件的工作,可以通过给文件编号来进行控制,工作结束后检查头尾上的号码来确定一个人一天的工作量;对于打字工作,也可以根据中等水平的打字员的打字数量来确定打字员的工作标准。总之,数量控制在于确定数量标准;标准确定之后,才有可能检查工作的优劣。否则,数量控制就只是一句空话。

把数量控制的方法运用于个人的工作,尤其是带创造性的个人工作,显然是不太合适的,但把它运用于某部门内的某些工作,则是完全有效而且必要的。

在办公室工作中,还经常遇到这样的现象:某一时刻某一部门的工作突然堆积起来,以至于延误或影响办公室组织内其他部门的工作正常流动。例如,某一工作人员一下子要处理一大堆不同往常的工作,或者遇到了不容易解决的隐伏的问题,这种工作堆积引起的工作堵塞,称为“瓶颈现象”。“瓶颈现象”的发生,对提高办公室的工作效率是不利的,必须引起高度重视并制定相应的措施。

防止“瓶颈现象”发生的必要的预防措施如下:

(1) 尽可能合理地设计办公室工作程序,使工作能流畅运行;

(2) 对能够进行定量控制的工作,要做到有效的定量控制,以防积压;

(3) 对于大量重复性的工作,要尽量用办公机器代替,机器的工作效率很高,但也要注意机器可能出现故障,应该有保证机器正常工作的应急措施;

(4) 避免办公室工作人员的工作过于专门单一化,注意培养“多面手”

或适宜其他工作的人员,使得在某位员工生病或缺勤时,可以较容易地找到顶替人员;

(5) 错开可能集中在一起做的工作,例如月底集中制作月统计报表等,应该把这些工作分开在一个月内的各个时期(如果以一年计,则分散在一年内的各个时期),以此减少月底工作的压力。

2. 质量控制

办公室工作质量控制的概念和企业生产的质量控制概念在内容上有很大差别,但实质上都是为了提供优质的产品或服务。对办公室人员来说,个人素质、工作道德以及情绪的保持是十分重要的。办公室管理人员应当记住:只有有了优质的员工,才能有优质的服务或优质的工作成果。所以,应该在办公室人员中进行下列教育:

(1) 办公室工作人员须知。工作中应保持性情平和,切忌粗心或急躁,这些往往是工作出错的原因。应该给员工传授必要的工作方法,并保证员工真正理解和灵活运用它们。注意在公文书写和数字填报时应整洁工整,以免因看不懂或误认而造成工作失误。工作中应集中精力,但同时也要注意休息,做到"一张一弛",消除身体疲劳,这可以减少出错的可能性。在办公室工作人员中,应提倡学习,不仅向周围的同事学习,还应学习必要的专业知识和理论知识。注意因病或意外事件(如亲人亡故)对个人精神造成巨大刺激而影响工作情绪。办公室管理人员应善于及时发现这些情况,体察他们的痛苦并做出妥善安置(例如暂时安排他们做一些较轻松、较少责任的工作)。严肃告诫工作人员要树立服务思想,对某些粗暴的服务一定要给予纪律处分。

(2) 办公室主任须知。知人善用,安排合适的人到其能胜任的岗位。广泛宣传管理方针以及质量控制的重要性,使人人明白并引起重视。对员工要有物质上和精神上的关心,保持和他们的友善关系来激发他们的工作情绪。制定工作检查制度并严格执行。

(3) 文字工作的质量控制。办公室工作涉及大量的文字工作(例如打印、抄写、拟写文稿、文字编辑等)。打字文件出现一些文字错误是不可避免的,但要力争把错误降到最低程度,而且要通过严格的校对检查办法争取将它们检查出来。控制打字质量的通常做法是订立一个允许打字员出错的百分比。打字员每打1 000字不超过5处错误的规定是比较合适的。打字员出错可能是多种原因造成的,即使是一个优秀的打字员,也可能因为琐事而无法集中精力,或者原稿字迹太潦草难以辨清而使打字出错率上升。对于文件抄写、文字编辑等工作,也可以规定一个和打字类似的允许出错的范围和标准。

(4) 质量检查。为了保证工作完成的质量,应该建立工作检查制度。工作质量的好坏应用工作执行的完成程度来评定,也就是说要看在多大程度上完成了工作,所取得的结果怎样。检查工作就以这些内容为主。此外,检查工作不仅仅是要知道工作完成的情况,更重要的是要从检查工作中了解情况和资料,再将这些资料反馈到领导层,从而影响或修正决策。检查工作,一般可以视工作的相对重要程度,采取逐一检查或者抽样检查两种方法。对于那些比较重要或者需要逐一了解情况的工作,一般采取逐一过关的全面检查方法。但是,如果检查量很大,例如存在大量要检查的单位以及人和事,逐一检查则是十分辛苦的工作,有时几乎不能办到。较为行之有效的办法是抽样检查,也就是在一大堆工作中选取样本,从样本的检查结果中来推算整批工作的结果。抽样检查之所以有效,是因为已从理论上证明,在整批的工作中,每一项工作的出错率和完成情况都与样本中相等。

在抽样检查中,可以根据了解的情况,对认为是典型代表的工作进行主观决定的抽样检查。但是主观认为是典型的并不能保证就一定正确。检查人员可能因为相信好的样本而检验通过了一批质量差的工作。所以,在抽样检查中,主观抽样并非完全可靠,它的有效性有限。在我国党政机关企事业单位里,主观抽样检查的事例很多,它造成了一些假象,给我们的工作带来很大损失,这是我们应该吸取的教训。

最好的办法还是实行完全随机抽样,即撇开检查人员的主观因素,而把随机抽样的样本尽量增大,这样,可靠性的程度就较高。

3. 时间控制

时间控制通过事先估计在一定时间内的工作完成量,然后将实际完成的工作量与事先估计的工作量相比较,从而达到控制的目的。

阅读提示:

行政程序是指国家行政机关行使行政权力、实施行政活动过程中所遵循的方式、步骤、顺序的总和。办公室工作程序是指企事业单位以及社会组织的办公室内部制订的按部就班的工作日程计划。两者都有很大的实用性,因此了解办公室工作程序,对学习者来说有其必要性。

第三章 行政工作量化管理

本章基本问题

本章旨在初步探讨在行政管理工作中,如何采用量化的方法对工作效率进行评价,并形成一些规范化的制度和模式,使之能适应不同部门的行政管理需要,并达到推广应用的目的。行政工作量化管理体系的建立,有其内在合法性和存在的特殊语境。行政管理部门的量化管理只是对工作成果的评价而非对人员的评价,而对于成果的评价只是工作评价而非水平评价,是单位评价而非社会评价,是具体评价而非总体评价,是短期评价而非长期评价。把行政工作量化管理当作长期评价、人员评价、水平评价,就把其"神圣化"了。行政工作量化管理是在布置行政工作的时候,将工作的全过程以量化的形式提出要求,是提高工作效率的有效管理方法,也是行政管理应用广泛和比较成功的方法。本章的主要内容有:行政工作量化管理基本概念、行政工作量化管理的基本原理、行政人员职业能力测评、行政工作量化管理模式。

第一节 行政工作量化管理概述

行政管理是一个巨大的系统工程,头绪纷繁,又相互配套,牵一发而动全身。如何提高行政人员的工作效率,对工作进行公正、有效、合理的评定,提升行政管理水平,是困扰管理者的一大难题。要解决好这个难题,最好的方法之一就是量化管理。

一、量化管理的概念

1. 行政工作量化管理的含义

在现代行政管理中,工作量化管理问题是行政管理的基础工作之一,与物质生产的量化管理是配套项目,即扩大工作定额考核的覆盖面。公共行政中的量化管理，从狭义的方面说涉及两部分：一是针对管理人员自身的管理工作的量化，即内部效率；二是针对所处理事务的效率评估量化，即内部外部效率的综合评价。针对不同的部分，应有不同的量化管理对策。目前，国内一般量化考核指标，倾向于量化工作量本身，或赏罚的量化，而不是针对工作本身。

行政工作量化管理是指在布置工作时，将工作的全过程以量化的形式提出要求的一种管理方法。量化主要包括三个方面的要素，即时量、数量和质量。“时量”主要是指完成工作的时间量；“数量”是指完成工作的数量；“质量”是指完成工作的标准。

行政工作量化管理是指在组织行政管理过程中，采用科学方法（如预测、概率估算、实测、预定动作时间法等）对各个工作项目，制定出工作定额来实行定量考核的管理方法。行政工作量化管理可分广义和狭义两类：

广义的行政工作量化管理是指凡是用数据来进行工作量考核的，不论采用何种形式，均属于这一类。

狭义的行政工作量化管理，一般是指依据工作定额来进行工作量考核。此种量化较为精细，有一定的科学依据。

2. 行政工作量化管理的相关词语

关于行政工作量化管理有些相互联系的用词，其含义有一定的区别。

(1) 工作定额。工作定额是指在一定的生产、技术、组织条件下，按照正常作业速度，进行某项业务工作所需的社会必要劳动消耗量。工作定额是劳动定额的一种。可以用某个工程（业务）项目需要多少工时来表示，也可以用单位时间内（天、周、月）完成多少工作量来表示。工作定额是行政工作人员实行定量考核的一个标尺或衡量工具。没有工作定额，就无法实行定量考核和精细的业绩评价。

(2) 定量考核。定量考核是指用工作定额作为标尺，来衡量行政人员的业绩多少，贡献大小，用事实和数据说话，而不是单纯凭主观印象来评价。在目前情况下，由于脑力劳动尚存在许多难以计量的因素，因此，考核时，定量、定性两种方法要综合使用，但定量描述是行政管理的发展方向，应逐渐扩大其比重。

(3) 定员定编。定员是指按工作定额来确定人员配备的标准，它是组织劳动、编制劳动计划的依据。合理的定员可以精简机构，提高效率。定编是指规定各个单位各类人员的编制，包括组织机构的设置、人员的定额和岗位的分配。

(4) 优化劳动组合。优化劳动组合是指人与人、人与工具的最佳结合。即人在所分配的岗位上，学以致用，能够做到人尽其才，才尽其用，能出较大成果；行政工具也因有了合适的人使用，而发挥了更大的功能。优化劳动组合的关键是用人问题。

需要强调的是，量化管理不是最终的目的，而是为了达到目的而使用的方法手段。通过精确地测量个人和部门的绩效，确定每个行政人员和部门的优势和弱势，从而对行政人员和部门的工作完成情况进行评估、改进、控制、奖励和完善，提升行政管理的水平和效果。

二、量化管理的动因与主导思想

1. 量化管理的动因

量化管理是行政管理工作迈向规范化、现代化的第一步。量化管理的理念要深入到每个行政人员心中，成为自我考核、自我管理的行为准则。

如何实施有效的绩效管理，如何最大限度调动和激发行政人员的积极性、创造性和最大潜能，一直是困扰行政领导的一大难题。以往的考核，由于对行政人员的组织管理行为、思想态度、工作作风等难以实施绩效量化考核，而是简单的凭印象定性评估，对行政人员没有公正、合理的绩效考核，不利于激发行政人员的积极性。

量化管理即通过其完成岗位目标结果是否符合工作要求、是否按时保质、是否有效、各方面协调是否畅通、是否有工作失误等来进行量化，要强调"以制度管人、指标管人，分层考核、分级管理，一级对一级负责，最终达到自我管理的目的"。总起来讲，一方面，要全方位地抓制度建设，向管理要效率、要效益；另一方面，注重"严、实、细"的要求，实行量化管理。并且要对全部管理规范和管理行为进行指标量化，和行政目标一起构成行政组织的量化管理体系。

2. 量化管理的组织及主导思想

一般来说，量化管理要由行政组织的专职部门(如人事管理部门、办公室等)或指定人员牵头组织，制定量化管理办法和标准，分三大部分。第一部分：按有关量化管理要求，确定量化管理关键指标，按不同权重进行加权考核。第二部分：制定各级各类行政组织量化管理通用考核标准，并正式实施。第三部分：为加强量化管理领导工作，还需由行政领导者分管。要突出量化管理的分级考核、目标管理、全方位监督的立体管理模式，使量化管理更加公正、严格、求实。而建立管理信息系统，基本实现办公自动化，全面实现无纸化办公，建立量化考核自动化管理平台，完善各类量化考核指标，是做好量化管理的基础。

量化管理的主导思想是：强化以量化管理为主要依据的考核体系，围绕行政管理总体目标，实施量化目标管理，权责层层分解并落实到岗位和个人层次，通过量化指标、分级管理、逐级考核，实现指标量化、责任量化、时限量化、行为量化，全面提升行政组织的绩效和管理水平，形成行政人员与行政组织互动激励，以保证实现总体行政目标。

三、行政工作量化管理的条件

在行政管理中，既要承认“量化”的作用，选择合适的量化工具，又要从全局出发，以人为本，多方实施，深入沟通，方能利用好量化的“利器”。

1. 优秀的行政组织文化

建设优秀的行政组织文化是行政工作中运用量化工具的前提和必需，可以淡化“量化”的“刚性”，提高量化管理的柔性和准确性。同时，也更容易调动行政人员的积极性，更能增加行政人员对“量化”的接受度。行政组织在引入量化管理之前，就应具备优秀文化的基础，把系统合作、良性竞争、挑战创新等作为组织文化的主要内容，并渗透到行政人员工作价值观里，进而能够抹平量化工具带来的“不择手段”、“相互拆台”、“故步自封”的芒刺。

2. 有效沟通

行政工作量化管理工具的使用效率，涉及如何确保量化指标(包括量化目标和量化考核依据)制定的科学性和公平性；同时，行政人员的主观能动性决定了刚性的量化有时候并不能反映行政人员行为对组织的贡献度，这就需要通过沟通来解决。量化管理中量化指标的制定，不能主观臆断，必须科学地调查、有效地沟通，通过上级和下级的沟通、不同部门的沟通、同级的沟通，来制定量化的依据和量化指标，确保量化指标对不同行政人员或部门的权威性和公平性。此外，在量化管理过程中，还必须通过有效的沟通来修正或辅助量化数据，使量化管理效果更加真实、客观、公正，降低形式主义滋生几率。

3. 激励艺术

行政管理是科学，也是艺术。行政工作量化管理对行政领导者的管理艺术能力要求更高，特别是激励的艺术。激励艺术可以凸显行政工作量化管理的“人性”，容易激发行政人员的内在积极性。此外，行政领导者的激励艺术可以大大增加行政人员创造力的迸发，保证行政组织的创新力，维持行政管理的发展活力，从而确保行政工作量化管理的柔性和效率，顺利地应对多变的内外环境。

4. 认同量化，取得共识

行政工作引入量化管理工具后，如果能把参与量化管理的工作变成一种愉快的体验，就能很好地解决量化管理和行政人员行为的矛盾。要以人性化为导向，转换工作方式，使行政人员在实施量化管理的工作中体验到量化的效率和乐趣，而不是觉得自己仅仅是量化的对象，把“人是量化的工具”观念转变为“量化是工作的工具”、“工作是可以享受的”，通过新的工作评价获取工作体验，从工作体验中获取满足。根据环境的变化和行政工作的协调性发展，不断完善量化工具和量化方式，最终保证量化管理本身的客观性(刚性)和应对行政管理需求的“人本性”(柔性)。

四、行政工作量化管理的陷阱

量化管理以往在企业管理中获得了较大的成功。量化管理这种激励机制与奖惩制度、升降制度、薪酬机制等有着紧密的联系。在现实生活中，由于企业的最大目标是实现经济效益最大化，而非社会效益最大化取向，因此，其员工的绩效相对容易得到量化，也较容易考评出相对客观的结果。这样更能实现其与后续机制，即奖惩制度、升降制度和薪酬机制等之间的良性循环，在现实中，便能更为有效地调动员工的积极性，这是实践中企业实行绩效考评获得成功的最根本原因。而这种客观结果上的成功，吸引了公共部门的目光。世界各国的公共部门尤其是政府部门，针对普遍存在的行政低效的事实，纷纷引进了起源于私有部门的这种激励机制，希望能收到同样的效果。然而，出乎意料的是，越来越多的案例表明，这一激励机制并没有收到多少实效。明显的一个例子，美国联邦政府于1994年结束了其执行16年的公务员绩效工资实验，直接原因是它并没有增强对雇员的激励或提高绩效，反而造成了组织内部的冲突。在公共部门，绩效考评是与以功绩制为基础的人事管理体制密切相连的。从一个角度来看，绩效考评是“功绩”的主要考评手段，换言之，在现实中，公共部门的功绩制主要也是通过定期的绩效考评来实施的。这样，引进了量化的因素，使得行政人员尤其是领导人更加趋向于追求所谓的“数字政绩”，而丝毫不顾资源的耗费、社会民众的呼声，甚至与事实相违背。换言之，他们转向了追求单纯的成绩而忽视了公共部门所更应追求的社会效果——社会公平正义以及社会进步等。这种现象在我国相当突出，不胜枚举。当越来越多的“量化”工具成为行政管理领域的“利器”时，也出现不少需要我们解决的问题。

1. 难以量化

例如品格、能力、勤奋程度等主要反映行政人员自身素质和自我修养的因素，本来就是定性程度较高、相对难以量化的内容，需要细分到一定的程度，才可能较为客观地反映实际情况。然而，我国大部分的行政组织却在这些方面笼而统之，制定了具有很大随意性和主观性的考评内容，这样的考评无法收到实际效果。如果行政人员注重组织内部“团结”，那么即使他在各方面都表现平平甚至不合格，他还是会得高分；而如果他在工作中坚持原则得罪了人，那么即使他在实质上各方面都非常优秀，他还是无法得到相应的分数，甚至可能在行政管理中被边缘化。可见，这种难以量化的特征产生了两个具体问题：(1) 高度的主观随意性；(2) 行政人员的行为导向出现偏差。它必将使得行政工作量化管理走向低效甚至无效。

2. 目标导向错误

这主要体现在政绩上。反映行政人员的行政效能，它要求行政官员在其任期内、在其职权范围内做出相应的业绩来表现。这产生了另一种行为导向：千方百计出政绩、出“数字”，而不管资源的耗费、成本的增加、群众的实际成本受益甚至是否与事实相违背。简言之，它导致行政官员背离了其应有之义的追求社会效益尤其是长远的社会效益、服务公众的社会目标，而是积极从事短视行为和欺诈行为。行政官员往往“竭泽而渔”，甚至寅吃卯粮；更有甚者，为此不顾该行政区域、该主管领域的长远规划。而同时，由于上级组织的指标是综合考量各种现实因素提出的，基层组织要实现指标必然出现了相当的难度，这在条件不甚成熟甚至非常不成熟的地区，只能有两种选择：要么实事求是，要么搞形式主义或虚报。相比较而言，选择前者比后者更可能导致丢掉“乌纱帽”，而达不到指标首先便是“不称职”的表现。这样，大部分行政官员选择了后者。这直接导致了“数字经济”。

3. 监督不力

由于难以形成强有力的、全国范围的、系统的监督体制，所以形式主义和“数字经济”一再得到纵容。值得一提的是，正是这种形式主义和“数字经济”已经在全国形成一定的“气候”，很多部门便睁一只眼闭一只眼，因此形成了恶性循环。

4. 唯量化主义

“量化了才好管理、量化了才有效率、量化了才见公平、量化了才能信息化”，这是不少量化管理的时髦判断。这就很容易盲目地引入量化管理系统，强化量化指标，滥用量化工具，陷入“唯量化主义”。“唯量化主义”的恶果：(1) 它会降低行政人员执行力。把行政工作量化成一个个简单的指标，容易覆盖完成目标的方式和正确性，忽视工作长远责任性和真实性，滋生形式主义。同时，与信息化关联的量化工具使用的相对自由性，可能演变为随意性甚至是恶意性(如计算机网络定量考核)，歪曲信息的客观性或者导致信息的片面性，致使形式主义流行。(2) 限制行政人员创新力。“唯量化主义”往往把量化指标的完成情况作为考核和薪酬支付的直接依据，很容易使行政人员单纯为了报酬或升职而工作，从而压低工作的激情，限制行政人员的创造力。为了下一段考核时完成任务，行政人员会在这个阶段完成量化指标后就宁愿“止步”，翘首等待，无疑就封杀了行政人员的挑战性。

5. 削弱团队意识

量化管理的运用往往把工作量化到每个人、每个部门，别人或其他部门的完成任务情况与我无关。而在行政组织中，很多时候资源是共用的，即是稀缺的，是需要合作才能完成得更好。但一味地追求个体指标的量化，会导致每个行政人员或每个部门为了完成自己的量化指标而相互拆台，甚至有恶意竞争现象，最终会导致合作分裂，损害团队精神和合作意识，浪费行政资源，影响行政组织总体目标的实现。

之所以会导致上述问题，究其原因，在于行政管理本身的性质。其一，具有主观能动性的人是行政管理的主体要素，在实际的管理中除了存在可量化的工作外，不可量化的工作也是大量存在的，所以“量化工具”不容易触及整个管理过程。其二，我们在从事行政管理过程中，一般情况是工作结果容易被量化，而工作过程则相反，那么工作过程和结果哪一个才能真正反映行政人员的工作态度和状态，不能一概而论，因此，量化工具的泛用甚至是滥用无疑会增加唯结果的糟糕状态，长远来看可能失去行政效率。其三，行政管理过于注重量化指标和量化方法，很容易忽视非量化手段，把量化管理演化为仅仅用数据来量化人，削弱行政人员的主动精神，会遭受到行政人员的不满。明白了量化的破坏机理，我们才能更好地把握好使用量化管理的度，发挥其效用。

行政工作量化管理是我国改革开放以后引进的评估方法，它力图借鉴在企业中应用的量化优势，来达到同样的效果。但决不能忽视公共部门所特有的公共性，只有这样，才能使得这套激励机制充分实现其效能。

第二节　行政工作量化管理的基本原理

行政工作量化管理需要掌握的基本原理包括：脑力劳动与体力劳动的关系，定性与定量原理，静态与动态原理，测量与评定原理等。

一、脑力劳动与体力劳动的关系

人们一般认为，体力劳动易于量化，而脑力劳动不宜量化。那么脑力劳动如何量化，如何考核，脑力劳动与体力劳动相互之间是什么关系呢？

1. 体力劳动与脑力劳动不能分割

任何社会产品都是社会劳动的结晶，任何社会劳动都是由蕴藏在人体内部的体力和脑力劳动所构成。世界上不存在不付出智力的体力劳动，也不存在不付出体力的脑力劳动。用嘴说话，用手绘图，用脚走路和保持人的姿势体位，都要引起能量消耗，都属于体力劳动。然而，人的劳动是受大脑指挥的，无论是何种操作活动，都是有目的的活动，都是有计划的部署，都要事先经过决策。这种目的、决策、计划、控制，则属于脑力劳动。脑力劳动成果的有形化、外在化和物化创造性劳动，首先通过大脑的思维过程，包括探索、推论、转移经验、形象思维、侧向思维、联想、记忆和评价能力，然后构思出新的概念、新的事物图案、新的方针决策，而后通过体力劳动的形式将其表达出来，产生社会效益。表达的形式，可以通过一系列动作，写出文稿，绘出图像，做出实物，也可以言传描述，指点途径等。

2. 脑力劳动的成果必须通过体力劳动表现出来

如果将脑力劳动的成果秘而不宣，藏于脑中，不通过体力劳动去表达，那是无形的、潜在的东西，不会产生价值，也不会有社会效益。人们能看到的听到的工作业绩、新产品和研究成果，都是由体力劳动表达出来的智力创造。量化管理要研究体力劳动时间消耗中含有脑力劳动的比重。

3. 体力劳动与脑力劳动之间比重的转化

科技的发展，尤其是电子计算机的运用，正在使机器由简单到复杂，由单一功能到多项功能，由微小作用到巨大作用，由人手操作到高度自动化，由代替体力劳动到代替部分脑力劳动，证明体力劳动的比重正在不断减少。

4. 体力劳动的局限性

人的器官，包括视觉、听觉、手的操纵力、足的蹬力，有一定的功能范围。肉眼的视力看不到微观世界和宏观世界，耳朵的听力听不到超声波和次声波，手的力量操纵不动几百公斤重的机器。人在劳动过程中容易疲劳，不可能昼夜不停地连续从事劳动。因此，要借助工具和设备。体力劳动所支出的只是体力。人们的劳动与思维是不能分割的，但当思维一旦超过经验应用的范围，而进行创造性的劳动，特别是将经验上升为科学原理的时候，就超出了体力劳动的范围，而进入脑力劳动了。

因此，要克服体力劳动的局限性，必须有效地发展脑力劳动，设法由机器来代替手工劳动。由于机械化、自动化、电子化的作业在不断发展和扩大，手工劳动的比重在缩小，体力劳动为主体的作业在缩小，脑力劳动为主体的作业在增长，这就决定了只有对脑力劳动为主体的作业实施精确的时间管理，才能更大限度地提高社会生产力。行政工作量化管理正是适应这种客观要求的产物。

二、定性与定量原理

行政工作的量化管理，衡量脑力劳动与体力劳动两者的比重，需要应用定性与定量相结合的原理和方法。绝对地用定量考核，某些岗位的计量条件还不够成熟；单纯地用定性方法考核，无数据作依据，难以符合实际，因而避免不了“设虚岗”、“人浮于事”、“机构臃肿”之弊。这就需要一种兼有定性、定量分析的双重方法。

历史上有许多事物，大都经历了从定性到定量的发展过程。对以脑力劳动为主体的工作，也是如此。然而定性通常注重的是“质”的方面的内容，而作为科学合理的定性，是不能脱离定量的。

所谓定性，就是对人与事的特性进行鉴别和确定。在工作量的衡量中，定性就是考察工作人员所承担的目标系统中的各项指标的完成与否，岗位责任制中的条款履行与否等。在传统的劳动人事考核中，定性一般都建立在经验和印象的基础上，这固然也是一种鉴别的方法，但毕竟带有较强的主观成分。科学合理的定性是现代工作测评的重要环节。

所谓定量，是通过一种数字符号显示人的功能特性或人的效率特性。测量可分四种水平，即类别、等级、等距和比值。这四种水平产生四种尺度和四种量表。

类别尺度，是测量水平中最简单最基础的一种。类别尺度又可分为标记和类别两种。标记中的数字只记载事物而已，并不作数字分析。例如小组中有十个人，给予十个号码，只是一种代号，并不代表某种属性多少，不是业务水平排号，也不是地位高低排号。类别中的数字代表事物的集体，它与标记相异之处是每个数字代表一个以上的人或物体。在类别中，分派到相同数字的所有物体的某些属性都是相似的，这就是一种尺度。

等级尺度，要求一个集合体的人或物能够依规定的特征或属性的大小而排列次序。这种规定的特征或属性具有同类性质。例如有三个会计员，他们的工作经验分别为1年、2年、5年，只是根据年限排序，而不能将这些数字进行运算。等级量度，一般可分为等第顺序法、配对比较法、常恒刺激法和连续性类别法。等第顺序法是依某种属性将事物由最多排列至最少，最大排列至最小。配对比较法是在一个时间内对每组配对的刺激(事物、现象或行为)按大小排列次序。常恒刺激法与配对比较法类似，其不同点是以一种标准的刺激，连续地同一组常恒刺激中的各个成员相配对比较。连续性类别法是把一群刺激分成若干不同的类别，再按指定的属性进行顺序排列。这些尺度和量表所得的数字所表示的不是绝对值，只是顺序信号。

等距尺度，它具有类别和等级尺度的特征，而且测量单位相同，尺度上的等差代表所测量事物的量的等差。例如甲、乙、丙三人的创造力分别为90、80、70，可以说甲与乙的差异为10，乙与丙的差异为10，两者的差异相等，但不能认为甲与丙的差异为甲与乙的差异的两倍，因为创造力没有绝对零点，每个劳动者只要从事劳动，便或高或低地表现出创造力。

比值尺度，即比例尺度，它除了含有上述三种尺度的特征外，还具有实际意义的绝对零点。数字“0”作为起始点，表示事物特性的零量或中性点。例如，某甲完成工作定额为200 h，某乙完成工作定额为140 h，可以说甲比乙完成定额多30%，或乙只完成甲的70%。尺度是构成法则的重要因素。

定性与定量原理，要求将劳动人事管理的丰富经验与数学领域的新老成果相结合，使测量标准和计量方法有机地统一起来。行政工作定额的制定，必须定性与定量相结合。

三、静态与动态原理

在行政工作量化管理中，静态概念是指在某一特定阶段中，在标准条件下，影响时间的因素变化与时间消耗呈对应稳定状态。

动态概念则往往是以与静态相对应的概念出现在不同范围中。量化管理的动态概念，就是影响时间的因素结构及其变量、时间消耗的结构及其变量都在不断变化中。

任何一种静态都是有条件的、暂时的、过渡性的，因而是相对的。世界上不存在任何一种绝对静止的状态。许多研究对象的探索，大多是从事物相对稳定的静态状态出发，达到动态的彼岸的。对于时间标准的研究，往往也是如此，先将许多影响时间的因素变量，假定其固定不变，只研究其中某一影响因素的变化与时间消耗的关系。从动态的角度来看，静态结构随时空关系的变化而变化。但处于特定条件和特定时空关系中的人的功能、业务工作内容、工作定额等又是相对稳定的。

随着时间关系和条件的变化，行政工作量化管理中静态和动态关系的处理大约有以下几种：

1. 动态

(1) 行政组织内部条件在不断变化。

(2) 行政环境在不断变化。

(3) 行政工作内容在不断变化。

(4) 行政工作方法在不断变化。

(5) 影响时间消耗的因素，包括“质”和“量”两个方面在不断变化。

(6) 工作时间标准和数学模式要随时空关系和前述几项的变化而变化。

2. 静态

(1) 在标准条件下，在固定的办公场所，在时间标准规定的有效期内，工作定额和数学模式是相对稳定的。

(2) 在不改变工作的方式方法前提下，例行时间是相对稳定的。

(3) 制度规定的授权时间是相对稳定的。

四、测量与评定原理

1. 测量

行政工作中，有些时间消耗是比较模糊的，有必要采取测量与评定相结合的方法，而且测量有其局限性，许多要素（如团结协作、工作态度、工作质量高低）需要用评定来做结论。但是测量是十分重要的，要不断创造新的量度方法。决不能因为过去未曾量度过而否定了今后开展量度。

随着现代科学技术的进步，测量技术成为一个边缘概念。人类社会发展的历史说明，世界任何现象，只要有质的存在，就必然有数量。没有一种数量是不能测量“质”的，也没有一种质是不能被测量“量”的。

行政工作，客观上存在着“质”和“量”，如何测量？就是我们要研究的对象。

测评的概念，包括测量和评定两个含义。人的工作时间的测量是用数学对人的功能和动作进行描述；人的业绩和贡献的评定是应用这种描述来全面确定功能和动作的价值。评定和测量是事物的两种衡量方法，相辅相成，互为一体。客观的描述测量离不开主观的判断评定；主观的判断评定要以客观的描述测量为依据。在量化管理系统中，无论是确定人员功能素质，还是制定工作定额，以及考核评定，都要应用这一原理。物质生产的量化管理如此，行政工作的量化管理也是如此。

业务工作测量的定义为：根据法则，用数学对劳动者的动作进行描述。它的要素包括：法则、数学、动作三者。

(1) 法则。无论何种测量，最关键的要素是法则。所谓法则就是指导人们进行测量的准则和方法。在对人的动作测量上，确定人的某种作业效率的法则，可以分派1—10的数字。若该操作者的效率很高，给予数字10；如该操作者的效率很低，给予数字1；其余则介于2—9的数字范围内。对于某种事态发生或未发生的描述，其分派数字只牵涉到0(未发生或已发生)。

法则被使用后，往往会产生不同的效果。假设测量的各种条件都相等，好的法则可以得到客观可靠的测量结果，差的法则就会得到无效或偏倚的测量结果。一般说来，对稳定的可见现象，测量的法则容易建立；对变化的潜在的事物，测量法则的建立会有一定难度，特别是关于人的功能和脑力劳动测量，法则的建立不是轻而易举的事。但不管容易还是困难，只要具备了以下三个条件的，就可以测量。这三个条件为：其一，现象或动作的存在性。其二，现象或动作的共性与个性。其三，现象或动作的时空关系和等距性。

不存在的现象或动作行为是无法测量的，而无法测量的对象则无法建立法则。人的功能和脑力劳动总要通过动作表现出来，它是一种客观存在的现象。事物既有共性，又有个性，共性是归类的依据，个性是区别事物的标识。事物一旦产生，便有个特定产生的空间和波及范围，也需要有从开始到终结这样一个过程，无论过程长短，都要消耗时间。

(2) 数学。是指使用数学的方法和手段，研究人的功能和工作时间。由于既存在共性和个性，又有一定的模糊性和复杂性，便要应用现代数学中的模糊数学和多元统计、非参数统计等手段，以解开其中的难题。

(3) 动作。指人所表现的工作行为。这种行为是由精神支配的，具有内在动机和意义的行动。人的行为有一般行为和关键行为，有显露行为(动作)和潜在行为(思维)。潜在行为如不通过显露行为表达，自然无法计量。

法则、数学、动作三要素是一个有机整体，其中动作是前提或基础，数学是手段或符号,法则是中介或关键。离开了人的动作行为,法则就是一句空话;没有良好的法则,就不可能使作业的劳动量通过数学得到反映。

2. 评定

评定泛指衡量人与事的价值,具有与测量相对应的三要素。

(1) 定量描述。定量描述是测量的结果,也是评定的基础。例如,在处理数据中,常用平均数、标准差和标准误差来表示事物的情况。平均数能说明事物的本性和特征,可用来衡量在一定条件下的测量水平和概括地表现测量数据的集中情况。标准差可表明一系列变数距平均数的分布情形,常用来确定某一范围的界限,也就是说,某一“标准”数值,不只是恰巧等于这个数值才符合要求,一般都有一个上下幅度的范围,凡在规定的幅度范围内,都属正常值。标准误差又称抽样误差,即全部样品平均数的标准差。在测量统计或抽样研究中,总是通过部分资料来推测全体的。在一般情况下,样本与总体不可能完全相同,彼此或多或少有些差别,这种差别就是由于从全部资料中抽取一部分而引起的,其差别就是标准误差。业务工作量的测定,常采取实体测定、工时抽样和模拟分析,其数据处理多采用数理统计、非参数统计和回归分析法等。

(2) 价值。它是与测量三要素中的法则相对应的概念。价值源于定量描述,高于定量描述,是评定的重要因素。在量化管理研究中,价值可视为人所起的积极作用和劳动时间量。它为人事决策、能力平衡、业务考核提供了依据。

(3) 权衡。指衡量与比较。事物通过权衡,就可分出高低、轻重,可以分型分类,得出客观的公正的评价。

第三节　行政人员职业能力测评

行政人员测评是指对工作人员的德、智、能、绩诸功能进行定性与定量相结合的测量与评定。这种评定在优化劳动组合、调配人员时是一项重要的依据,它是行政管理现代化的基础工作。

一、行政人员测评要素

行政人员职业能力的概念,可以理解为工作人员的素质结构、智力结构、能力结构和绩效结构诸要素的有机组合及其相互作用的表现。

要素是构成事物的基本因素。在人员测评工作中,要素就是构成人员功能的基本因素。一个要素可以反映人员功能的某个侧面,多个要素则能反映人员的“立体功能”。考察一个人,不是凭一个要素的功能来做结论,而应考虑对系统的立体功能的综合评价。能力级别高的要素为其所长,能力低的要素为其所短。

行政人员的素质要求主要有：

1. 业务技能要求

行政人员的一个重要任务就是从事大量的文字工作，文稿的草拟和修改，所以必须具备扎实的文字技能，掌握一定的写作规律；还有熟练的计算机应用技能，如熟悉OFFICE办公软件的使用和熟悉计算机网络；另外还要掌握一门以上的外语；了解行政工作的相关工作流程和方法。①

2. 各种能力要求

(1) 组织协调能力。行政机构是上传下达、联系群众、协调各方的神经中枢，工作繁多而又复杂。所以行政人员必须具备在上下之间、部门之间、领导之间进行协调的能力，解决日常工作中这样那样的各种矛盾和问题。

(2) 文字处理能力。文字处理能力是行政人员的基本能力。扎实的文字功底不仅要精通语法、修辞、格式和逻辑等知识，还要掌握一定的写作规律。要注意日常的积累和表达能力的训练。

(3) 语言表达能力。行政人员要组织各种会议，协调处理上下级和部门间的各种问题，辅助领导工作，组织基层工作等，这些都需要良好的语言表达能力。语言不仅要精炼，更要合体和清楚。

(4) 适应能力。行政人员要有准确的观察、判断和适应的能力。

(5) 应变能力。行政工作的复杂性和突发性，要求其具备良好的应变能力和处理危机的能力。

(6) 公关能力。行政组织是各级、各部门的神经中枢，不仅要处理组织内部的人际交往，还要面对外部的公众和媒体。处理好各种复杂的关系，就必须要具备较强的社交能力和公关能力。

(7) 心理承受能力。行政人员不可能把每件事都做到尽善尽美的程度，有很多不能控制的因素会导致工作的不顺，难免领导的批评、训斥和其他人的责怪。行政人员要学会用乐观的心态去面对问题，看到自己工作中积极的一面，在错误经验中总结进步。

(8) 倾听理解能力。良好的倾听能力可以帮助工作人员更好地理解对方的问题和需要，更快、更好地解决工作问题。

(9) 创造能力。创造能力是创造性思维方式的体现，它可以大大提高工作效率，使人从中获得满足感和成就感。

3. 综合素质要求

(1) 谨言慎行。开会发言、汇报工作、处理日常公文、接待来访、现场处

---

① 戈秀萍：《办公室管理实务》，辽宁大学出版社2006年版，第20—21页。

理问题,是行政人员经常性工作,说话办事要得体,有根有据。

(2) 诚实互信。诚信是中华民族的传统美德,是我们为人处事的基本准则。不弄虚作假,诚信待人,既是尊重他人也是尊重自己的表现。

(3) 勤奋好学。活到老,学到老,要永远保持对知识饥渴的心态,丰富知识,拓宽视野,养成一种学习的习惯。

(4) 认真细心。不仅对重要事务要认真细心,对日常工作中的小事也要同样认真,把它当作一种做事的态度,形成自己的做事风格。

(5) 科学求实。实事求是是职业道德,也是工作作风。学习科学方法,应用到工作中,提高自己的工作效率和效果。

(6) 爱岗敬业。行政工作是锻炼人各方面素质和能力的岗位,只有热爱工作,全心地投入到工作中,才能在工作中得到成长,获得乐趣。

上述内容是对行政人员的素质要求,用人员功能要素体系对各要素进行组合,形成以下行政人员素质结构:

(1) 素质结构是指行政人员的政治素质、思想素质、品德素质。通常包括政策性、事业心、廉洁性、责任心、协调性、相容性、服务性等内容。

(2) 智力结构是指行政人员的一般能力和知识结构,是先天因素、社会因素、教育因素和个人努力诸方面相互作用的结果。通常设计为知识面、认知能力、观察能力、思维能力等要素。智力结构注重人的知识广度和深度,随着科技的发展,智力结构的比重将不断上升。

(3) 能力结构是指行政人员的特殊能力和专业能力,是完成社会活动的本领和各种心理特性的总和。通常指工作经验、处事能力、组织能力、表达能力、创造能力等要求。

(4) 绩效结构是指通过行政人员行为表现出来的成果。通常指工作成果、工作效率、工作负荷等。

二、测评要素设计的原则与方法

1. 要素设计的分类

要素设计共有三种类型,按测评要求选择使用。

(1) 总体设计。是指全面设计,目的是得到行政人员的全面功能信息,故要进行四个结构的要素设计。

(2) 局部设计。是指对某类行政人员的某个结构及其要素的设计,或者对原有总体设计某一结构的强化。

(3) 单项设计。是指对某类行政人员的某项或某几项要素进行设计。

2. 设计的原则

(1) 注意要素特性原则。确定一项要素必须达到测评的有效度。它应该有下列特性:内涵明确;词意清晰;直观性强;有针对性。

(2) 少而精的原则。要素的设计要尽可能简单,只要能达到既定目的并获得所需功能即行。一切不必要的复杂化内容都应避免。少而精可提高测评效益,缩短评定过程,减少费用。因此要善于从多要素中选择有代表性的最有特征的要素。

(3) 逐层分解原则。要使要素达到较好清晰度,有必要逐层分解,把一些综合性的要素分解成子要素,并分别予以定义解释,适应测评的需要。

(4) 界限清楚原则。要素与要素之间,措词要得当,避免产生模棱两可或含糊不清的理解。

(5) 综合性的原则。就是以少量要素反映多量信息。

(6) 可比性原则。在要素设置上,应将有可比性的要素放在相近的邻边,使测评者自然而然地产生比较思路。例如"知识面"可以与"专业知识"放在一起,就可比较知识的广度和深度。

3. 设计的方法

常见的方法有:

(1) 问卷调查法。是指设计者将需要设计的要素和要素体系,以问题形式编成表格,分发给有关人员填写的一种搜集信息的研究方法。这种方法适用于总体设计。问卷表必须达到以下要求:提问要准确;表格要精炼;填写要简单;要说明调查目的、方法、处理形式和注意事项,并请求合作等。

问卷调查可以采用开放型和封闭型结合法,即先将要素项目列出,让被调查者选择打"√",最后请其补充要素。

(2) 功能图示法。就是将某类行政人员的功能特征,用图表描绘出来,然后加以分析研究,选择测评要素。这种方法一般先将某类行政人员的品德素质、智力、能力、绩效诸要素,按需要程度分档,再根据少而精原则选定。分档可以是三档,亦可以是五档。这种方法的优点是直观性强,能够形象地展示行政人员的功能特征,比较简便。

(3) 典型研究。就是通过对少数有代表性的典型人物功能特征的系统研究来确定测评要素的方法。典型研究分为典型人物研究和典型资料研究,根据研究情况而定。如果两种形式同时具备则更好。首先确定研究的目的要求,其次是选择典型人物(成功的和失败的),对成功型典型人物进行正向研究;对失败型典型人物进行负向研究。负向研究就是归纳总结他们失败的主观因素和客观因素,从而得出功能要素。它的优点是针对性强,重点突出;缺点是典型较为难选,可能产生主观性倾向。

三、测评标准

测评标准是指衡量行政人员功能的数量和质量的准则和尺子。一个时期的测评标准,往往会影响这个时期人才的流向和努力目标。

测评标准主要由三个因素构成:标准的强度和频率;标号;标度。

标准强度和频率是指测评标准的内容,也就是各种规范化行为和相对次数。它是测评标准的主要组成部分。

标号是指不同强度和频率的标记符号,可用字母或数字来表示,如甲、乙、丙;1、2、3。标号无独立意义,只有赋予其意义时才具有意义。

标度是指测量的单位标准,它可以是数量化单位,也可以是非数量化单位;可以是定量的,也可以是定性的。

1. 测评标准的特征和实例

(1) 静态测评标准。其中,分段式标准就是将每个要素分成若干个等级,然后赋予该要素分数,分为相应的等级,再将每个等级的分值,分成若干个小档。

例如判断准确性要素,可赋予分值 3 分,按优、良、中、差四档定为“从无差错”、“基本正确”、“时有差错”、“经常出错”,再将每档上下限之差折为上、中、下三档,数据相等。这种测评标准的特点是简易方便;运用小数可以将人与人之间差异客观地反映出来。

评语式标准。运用文字描述每个要求的不同等级。这种形式运用较广,可归纳为积分评语标准和期望评语标准。期望标准的特点是以岗位责任制、职责、上级要求为准则,通常分为三档或五档,每档必须有具体规则可循,否则较难掌握尺寸。

量表式标准。指利用刻度量表的形式,直观地划分等级的一种标准。在测评之后,就可在表上形成一条曲线。这种标准是图文兼有,形象直观。

对比式标准。将各个要素的最好的一端与最差的一端作为两极,中间分为若干等级。它是量表式标准的一种派生,既有量表的特点,又有可比的特点,可以将功能强与弱的人员明显地表示出来,有利于区别和对比。

隶属度标准。是指以模糊数学中的隶属度函数为标度的测评标准。

(2) 动态测评标准。其中,行为特征标准就是通过观察分析,选择一例关键行为作为测评标准。行为特征标准的最大特点是强调描述工作行为,而不是评价工作行为,它比其他方法更易摆脱个人偏见的影响,但编制行为特征要有一定的技巧,难度较大,花时间较多。

目标管理标准。指以目标管理(Management by objectives,简称 MBO)为基准的测评标准。所谓目标管理是指由领导者提出方针目标,从上到下,再从下到上,上下结合,反复协商,根据组织的总目标,确定短期的工作目标,一般有一年或三年,并为了实现这个目标而进行的组织管理和控制工作。目标内容大体上是,优先保证执行国家政策和计划,再根据行政组织的主观和客观条件,参照社会预测的有关情报信息来制定具体行政目标。目标自上而下层层展开,又自下而上层层保证。目标管理的测评标准,就是分解到个人的目标,是将它按人员测评原理加以规范化。这种标准的特点就是将现代管理方法与人事考核制度结合起来,有利于开发各类人员的能力。

情景评估标准。这是对行政领导者进行测评的标准。行政管理学认为,领导是一个具体情景中的功能,可以用一个简单的公式来表示：领导＝领导者×被领导者×环境。一个行政领导者的功能同被领导者及环境有着密切的关系。情景评估标准就是从行政领导者及被领导者和环境的相互关系出发来设计问卷调查表,由下级对上级进行评定,然后按一定的标准转化为分数。

工作模拟标准：它是通过操作表演、文件处理和角色扮演等工作模拟,将测试行为同标准行为进行比较,从中作出评定。

2. 测评标准编制的一般程序

行政人员测评标准的编制,要依据上级颁发的标准,结合本单位实际情况,提出自己的具体测评标准,其一般程序如下：

(1) 建立标准编制小组,提出工作计划。为结合量化管理的实施,小组成员应包括行政领导者、专家、有经验的行政人员及定额工程师。工作计划应包括以下内容：编制标准的目的和要求;国内外同类人员已有的水平;工作步骤、计划进度和分段目标;预测可能出现的问题和对策;效果预测。

(2) 编制标准草案。调查研究,预试验证。即在学习上级标准和弄清国内外已达到的水平后,提出试行草案,物色有代表性的部门试点;起草征求意见稿,广泛征求意见,对分歧大的重要标准要组织讨论和修正;根据修改意见,形成送审稿。

(3) 标准草案的审定。先由人事部门初审;意见分歧的标准,邀请专家评审;再送单位领导审批。报审时,要附上编制说明书、意见处理情况、专家评审结论。

3. 编制测评标准的原则

编制标准要保证测评的客观性,不能脱离科学原则和方法,不能脱离实际,防止形式化倾向,并应遵守下列原则：

(1) 先进合理原则。符合国家对各类行政人员的要求,突出开拓、创新、知识能力等要素中的关键内容;技术和手段要先进合理。

(2) 客观严谨原则。对标准内容和分级要反复推敲,反复提炼,切忌草率。

(3) 使用方便原则。内容和形式尽量要简化,不要繁琐冗长;用词要通俗易懂,不要模棱两可。

(4) 协调一致原则。标准要注意上下衔接,左右平衡,局部和全局协调。一个组织之间、标准各要素之间,格调要一致。

(5) 适时性原则。标准符合时代特色,及时建立,及时修订。

四、计量与评价

1. 计量的原则

计量,指用一个规定的标准已知量作单位和同类的未知量相比较而加以检定的过程。计量通常由三个基本因素构成:计分、加权和误差调整。计分是指根据标准和等级给予某人某个要素打分数的多少;加权是指根据要素的重要程度给予加分或减分(可用绝对权数或相对权数);误差调整是指对测量过程中出现的系统误差和随机误差进行调整。计分、加权和误差调整三者形成一个有机整体,叫做计量体系。计分是计量的主体,加权是重要补充,误差调整是合理校正。

计量的原则如下:

(1) 简便性原则。在未具备电脑的条件下,要便于手工计算,简捷灵便,易于掌握;有电脑的单位,也可以上机计算。

(2) 可比性原则。测评所得数据,要借助数理统计和数学手段,对原始数据进行处理,使不同类型人员的测评得分和不同要素的测评得分,都具有可比性,以便对不同类型人员和不同要素进行对比评价。

(3) 客观性原则。测评的目的,是通过测量评价弄清人员之间功能差异及其原因。人员的客观存在决定了功能的客观差异,计量过程就是如何客观地表现它们。

(4) 测量与计量相分离的原则。为使测评过程少受人为因素的干扰,测量与计量过程应分离。即计量与考核不要集中于一人身上。例如,测量由领导授权的测评人员进行,计量则由劳动人事部门进行(转换、加权和调整),以避免某些弊病。

2. 计分的方法

计分方法有多种类型,如按要素数目分,有单要素和多要素;按量表体系分,有非标准化量表和标准化量表;按综合方式分,有纵向综合计分、横向综合计分、纵横向综合计分等。现介绍按要素数目分类的计分法。

(1) 单要素计分。对单个要素的得分进行计量,分自然数法和系数法,也可以有多个可供选择的自然数。

(2) 多因素计分。是指对两个以上要素合计得分的计量,或者说,两个以上的要素所得分相加求出总分。这必须在测量尺度达到等距水平的情况下才有意义。通常对于绩效结构中的技术经济指标,可以进行四则运算,但对素质、智力、能力结构诸要素,必须通过统计处理后,才能进行加减运算。多要素计分法,大体有简单相加法、系数相乘法、连乘积分法和百分比法四种。

3. 加权的方法

在测评各个要素中，其重要程度并不是相等的，加权的目的是要区分要素的重要程度。加权的方式有自重权数和加重权数之分。自重权数预先已加进到分值之中，以区分各要素的重要性不是等同的。加重权数就是在要素已知分值之前再设立权数，实质上是双重权数，或谓权上加权，以体现各种差异。

加权方法大体有两种：

(1) 经验加权法。通常由有经验的人事管理干部和有关研究人员参与商定，也称定性加权，是加权法中常用的方法。

(2) 数学加权法。运用数学原理和方法，赋予权数，使之趋向精确化，也称定量加权。它是以经验为基础，数学原理为依据确定的权数。

4. 误差调整的方法

测评时，产生误差是避免不了的。例如，测评者由于对被测对象的情况了解不全面，或者情绪不佳，在计分时偶有疏忽，便会产生随机误差。由于测评者缺乏测评常识，偏离了测评标准，属于系统误差。系统误差可使测评失误。调整误差有事先调整和事后调整两种方法，以事先调整为主，以事后调整为辅。

(1) 事先调整方法。要素设计时要分解明确，定义得当；标准的编制要做到等级界限清晰，分等合理；适当进行计量加权；对测评者加以培训，使其掌握测评常识和基本方法，最好是先试点练习，确实掌握了要领以后再铺开。

(2) 事后调整方法。事后调整法有多种，现介绍比较简单的平衡系数调整法。平衡系数调整法是运用一个系数来修正测评数据。平衡系数实质上是加权的一种形态，它可以调节总分，也可以调节结构分和要素分，看具体情况而定。误差调整后，仍应保持原来的记分，平衡系数适应于测评过程各个阶段。

在实施调整前，应对测评过程的各个环节进行认真检查，找出产生误差的根源。对调整所得结果，应反复进行验证，并征求有关领导者的意见，最后确定。

5. 几种评价方法

测评主要方法有以下六种：

(1) 平均分法。各个测评者对被测评者按规定标准提出分数，将所有测评者的打分按要素分别相加，除以测评者人数，可得平均分。这种方法可降低某些主观因素的影响，缩小误差。

(2) 集体讨论法。就是由测评小组集体讨论，对被测评者逐个评定。这种方法在看法一致时，进展顺利，但在意见分歧时，就不易统一。

(3) 样板比较法。按考核标准先确定各类人员的“样板”,以增强可比性,这样既提高测定效率,又能节省时间。

(4) 实地观察法。观察被测评者的处理业务方法和效果,对照参考标准,讨论确定分值。

(5) 个案分析法。通过被测评者的关键事例或行动,加以分析来确定评分。这种方法的准确度高,但比较麻烦。

(6) 问卷调查法。有些要素可以通过问卷调查表向被测者了解,使被测者进入自我评定的角色。问卷结果按一定标准折合分数。

五、测评步骤

整个测评工作可分五步进行。

1. 准备阶段

确定测评要素、测评标准和计量方法;设计测评表;做好被测人员的思想工作,消除其疑虑;培训执行测评的人员等。

2. 测评阶段

由测评人员对照标准对被测评者进行测评。测评可按自我测评、组织测评、领导测评、同级测评、下级测评等几层依次进行。

3. 数据处理阶段

将各层测评数据输入计算机进行处理。

4. 汇总分析阶段

把处理后的数据进行分析、比较,得出测评结果。

5. 测评反馈阶段

将测评结果告诉有关人员,使被测者知道自己的长处和短处,从而进一步确定努力方向。

行政人员职业能力测评对于实施量化管理有重要意义和参考价值。

第四节　行政工作量化管理方法

行政工作量化管理的具体方法有许多,这里简要介绍模型计算法、综合定额法和打分法三种。

一、模型计算法

工作时间的长短与其影响因素之间存在着某种函数关系。一切函数都可以用相应的数学解析式来表达。然而管理业务工作的不确定因素较多,采用什么方法,通过什么途径,方可准确、迅速地找出工作时间与其影响因素之间的变化规律,从而建立起有效的工作定额数学模型,是要经过不断探索的过程。当然,不是每种行政工作都可以采用这种方法,只有那些业务比较固定,影响因素比较集中,容易规范化、标准化、程序化的作业,才可采用数学模型来计算工作定额。有的业务工作也可以部分用数学模型计算,部分用其他方式定额。

为了使模型便于操作,尽可能做到:

(1) 变量(影响因素)不宜定得过多;

(2) 综合程度要尽可能大;

(3) 通用性要广;

(4) 计算方法要简单,使绝大多数人能掌握。既可用手工算(包括算盘、计算器和笔算),也可输入电子计算机计算,都能获得工作定额数据。

二、综合定额法

综合定额法是一种简便易行的方法。这种方法可适用于各种行政工作的工作定额制定。综合定额有五种方法,可分别选用,亦可综合运用,现分别介绍如下。

1. 经验估算法

这种方法是聘任行政部门的业务专家(业务领导或业务骨干),根据其多年的实践经验,以该项工作的业务内容、技术要求、特点、工作标准、工作条件为基础,参照以往完成该种工作的数据,通过对比分析,估算出来的一种定额。

经验估算法是推行工作定额初期或资料累积不多的情况下普遍采用的一种方法。

经验估算法易于掌握,计算速度快,工作量小,但受估算人员主观因素的影响,技术依据不足,缺乏说服力。为提高这种定额的准确性,一般可以采取以下措施:由两个以上业务专家估算;将作业细分,估算后汇总;参考统计资料;寻找更多的客观依据;综合部分测定。

2. 概率估算法

概率论的理论与经验估算相结合,可以提高估算的质量。美国的北极星导弹、阿波罗飞船、哥伦比亚航天飞机这样的复杂系统的制造都是采用概率估算法来制定劳动定额的。概率估算法运用网络计划技术中确定工序时间的原理,请内行人估出三种工时消耗量。

(1) 最小工时消耗量,指在不遇到较大困难、不出现特殊情况、各项条件具备、工作进展顺利的情况下,业务水平较高的行政人员积极工作所需的工时量。

(2) 最大工时消耗量,指在遇到巨大困难、工作进展不顺利时,业务水平较低的行政人员努力工作所需的工时量。

(3) 最有把握的工时消耗量,指在正常情况下,大多数行政人员所需的工作量。

估算出三种时间消耗量后，采用加权平均法求其期望值。

3. 统计分析法

统计分析法，是指利用以往积累的统计资料，在分析比较的基础上，结合目前行政定额的一种方法。这种方法是以大量统计资料为依据，它比经验估算法更为可靠。统计分析法简便易行，计算速度快，有统计资料为依据，说服力较强。但统计资料必须符合实际，如果填写时掺入某些虚假因素，或者不管每天做多少事，用多少时间，一天都写 8 小时，便失去应用的价值。因此，统计资料必须去掉那些非定额时间、无用的虚功时间，去伪存真，才能保证统计分析定额的质量。用统计分析法制定工作定额有以下三种方法：

(1) 算术平均法。将相同的统计资料相加求和，再被统计资料的个数去除，即得算术平均值。

(2) 加权平均法。运用概率估算法的原理，将工时统计资料划分为三组，即最小工时消耗组 a，最大工时消耗组 b，最有把握的工时消耗组 c，然后求出各组的平均工时消耗量，再代入公式，得出工作定额的期望值。并按公式求出均方差，最后确定满意的工作定额 t'。

(3) 概率计算法。用概率计算法制定工作定额，可提高用统计分析法制定定额的质量。

4. 类推比较法

这种方法是以同类型作业的工作定额、统计资料、典型定额作为参考资料，进行分析比较的一种方法。应用类推比较法，必须工作内容相同、技术要求相同、作业结构相同。先将同类型的作业归类分组，从各组中挑选出具有代表性的项目，然后进行定额。这种代表性的项目叫做“样板项目”，或“典型项目”，其定额就是样板项目工作定额。以样板项目为基础，即可比较其他类似工作项目。应用类推比较法，一般有三种做法：

(1) 直接估算出对比项目的工作定额。

(2) 采用公式推算。

(3) 运用要素分析法原理，将典型项目分解成工作元素，赋予各元素定额，而后将类似项目的工作元素与之相比，得出系数来推算工作定额。

5. 工作抽样法

工作抽样法是在较长的时期内，以随机方式，观测操作者的作业，它适用于某些行政工作的时间研究。工作抽样法的基本原理引自概率论和数量统计，即从母体中随机抽取样本，如果这个样本足够大，则从样本的性质便可推断母体的状态。随机抽取样本具有三个特性：

(1) 在相同条件下，随机取样可以重复地进行。

(2) 每次抽样的结果可能不止一个,并且能事先明确抽样的所有可能结果。

(3) 进行一次抽样之前无法确定哪一个结果会出现。

工作抽样因为不是全数调查,便会产生一定的误差。为了保证误差在允许范围内,则所取的样本数量要大到能达到一定的可靠度和精确度。通常取误差的范围两倍于标准差,其可靠度为95%,其含义是平均取样100个数据,有95个数据落在误差的范围内。

三、打分法

行政管理工作中,有些工作不确定性因素很多,一时难以用简便方法制定工作定额。如何进行量化管理,一般可以采用打分法。

1. 制定工作标准

工作标准的基本结构分四个部分。

(1) 质量标准。指工作的优劣程度,通常用质量指标来衡量。各个岗位的一切工作首先要有“质”的要求,没有“质”就谈不上“量”。行政工作的质量,必须有基本要求,达不到基本要求,就应判定未达到质量标准;业务工作要精益求精,超过了规定的质量标准,应予嘉奖。一项工作是否产生了价值,就看是否实现了质量指标。工作质量不好,引起了许多连锁反应,影响到相关工作的质量,影响到系统工作的质量,影响到组织的声誉。这种损失,不易弥补。

(2) 通用部分工作标准,是指各类人员应共同遵守的标准。

(3) 专业部分工作标准,是指针对每个岗位的具体业务所确定的标准。这种工作标准因岗位而异。

(4) 目标任务,是指从组织的总体目标中分解到各个岗位必须按期完成的分目标。此种目标,每年不一样,一般都比上一年有所提高。

工作标准的建立是量化考核的基础。工作标准的内容,既要符合客观要求,又要切合实际,主观上能够办得到。

2. 工作标准中额定分数

(1) 工作标准的考核分数采用百分制,额定总分为100分。

(2) 额定分数分配比例原则是:通用部分30分,专业部分70分,目标任务结合专业部分,质量标准用系数来表示。超过标准,系数增加0.1—0.3;符合标准的,系数等于1;低于标准10%,系数为0.8;质量在90%以下,系数为0。主要项目、难于完成的项目、工作量大的项目分配的分数宜多;反之,分数宜少。

3. 考核方法

量化管理的成败,关键在于能否严格考核。如果不抓考核,量化管理将流于形式,起不到提高效率的作用。

(1) 考核的组织系统。考核的依据是工作标准。行政人员由中层行政领导考核;中层行政领导由单位行政领导考核。

(2) 所有考核按规定打分,增减分用事实与数据说话,以书面材料为凭,避免情况不实、以印象或人际关系好坏定论。

(3) 要有一定部门和专人做此工作,建立考核档案。

(4) 要制定打分与增减分的原则:

第一,凡是按质按量按进度按要求完成的工作项目,应给予额定分数。如提前完成任务、超额完成任务(超额要加以分析,有的超额不一定有利),提高了工作质量,提高了工作效益,为单位增加了荣誉声望者,应予增加分;反之,如完不成规定指标,达不到预定要求,与标准相比有差距者,则按规定扣分。打分应秉公办事,一视同仁。

第二,增减分的尺度。有重大影响的项目,增减分数从多;主观因素所能决定的项目,增减分数从多;效益或效果大的项目,增减分数从多。所有增减分数,都要预先在标准中作好规定,避免扯皮。

(5) 考核的程序:

第一,先由个人对照工作标准提出年度工作总结,如实反映情况,交给主考核人。

第二,有些项目和指标专门有人负责考核时,将考核情况用文字报告形式交给主考核人。

第三,主考核人以个人总结、分项考核资料,加上个人亲自考核的资料,对比工作计划完成情况,给出个人年度总分数。

第四,以年度总分数为基础,计算奖金。

四、注意事项

1. 在制度层面

(1) 改革压力型体制,推进务实的行政风格。

(2) 强化监督机制。

(3) 把行政工作量化管理切实纳入到行政部门激励机制中:适当增加其频度,增加其在奖惩、升降、薪酬等激励机制中的权重,逐步弱化其他方面的牵制作用。

2. 在操作层面

(1) 进行合理的量化。对于难以量化的“德、能、勤”,可以通过多层次的细化指标来实现。细化的程度,以能相对客观的操作为标准。

(2) 实行任后追究机制。应把任时的政绩、任后带给继任者的负担和收益情况,以及该行政区域的群众的反映(可以通过随机抽样调查进行量化的调查———诸如满意度、信任度等)综合考量。在考量的过程中,应合理地设置权重,最后形成一个相对客观的结果。

(3) 增加行政工作量化管理的参与方并合理配置其权重。应该把上级考评、自我考评、下属考评和群众考评综合起来。一般说来,群众考评可以采用上面的方法,而且其权重最大。中共中央办公厅在《深化干部人事制度改革纲要》中就曾经指出:“在干部考核中,普遍运用民意测验、民主评议的方法,并在实践中进一步完善。探索将民主推荐、民意测验、民主评议的结果适时适度公开的做法。凡是多数群众不赞成的,不能提拔任用。”其次是下属考评,再者是上级考评,最后才是自我考评。

(4) 针对不同的行政机关,具体内容、权重应具体问题具体分析。不能千篇一律。

综上所述,只有在宏观和微观的方面都加以改革、改进,才能逐步实现我国行政工作量化管理的应有之义。

【知识要点】

1. 行政工作量化管理的含义:广义的行政工作量化管理是指凡是用数据来进行工作量考核的,不论采用何种形式,均属于这一类。狭义的行政工作量化管理,一般是指依据工作定额来进行工作量考核。此种量化较为精细,有一定的科学依据。

2. 量化管理的主导思想是:强化以量化管理为主要依据的考核体系,围绕行政管理总体目标,实施量化目标管理,权责层层分解并落实到岗位和个人层次,通过量化指标、分级管理、逐级考核,实现指标量化、责任量化、时限量化、行为量化,全面提升行政组织的绩效和管理水平,形成行政人员与行政组织互动激励,以保证实现总体行政目标。

3. 行政工作量化管理的条件:优秀的行政组织文化,有效沟通,激励艺术,认同量化,取得共识。

4. 行政工作量化管理的陷阱:难以量化,目标导向错误,监督不力,唯量化主义,削弱团队意识。

5. 行政工作量化管理的基本原理:脑力劳动与体力劳动的关系,定性与定量原理,静态与动态原理,测量与评定原理。

6. 行政人员测评要素:业务技能要求,各种能力要求,综合素质要求。

7. 行政人员素质结构:素质结构,智力结构,能力结构,绩效结构。

8. 行政人员职业能力测评的主要环节包括:确定行政人员测评要素,明确测评要素设计的原则与方法,制定测评标准,进行计量与评价。整体测评工作可分五步进行。

9. 行政工作量化管理的方法有:模型计算法,综合定额法(经验估算法、概率估算法、统计分析法、类推比较法、工作抽样法),打分法等。

【案例及思考】

据新华社报道，前些年，A省行政审批手续繁杂、迟缓令人头痛，它严重影响了该省经济发展环境。曾有这么一件事：某港商要在该省投资兴办一家企业，结果，跑了半年，项目书上盖了上百个大红公章，还被告知公章只盖了一半，这位港商无奈地摇摇头，只得放弃。省长曾在全省政风建设会议上，严辞痛斥不合理的行政审批制度带来的种种不良现象："官僚主义严重，衙门作风十足，群众观念淡薄，门难进，脸难看，事难办，推诿扯皮，工作效率低下。有的部门利益至上，有令不行，有禁不止，不给好处不办事，给了好处乱办事。极个别人甚至以权谋私，搞权钱交易、权色交易。"从2000年7月起，省政府正式着手省级行政审批项目清理工作。这年10月，省政府第一批取消省发展计划委员会等12个部门149项行政审批、审核、核准、备案事项；2001年1月，第二批取消省教育厅等19个部门和单位224项行政审批、审核、核准、备案事项；2002年1月，第三批取消省政府规章和规范性文件设定的行政审批事项57项；省政府常务会议后又研究通过，拟取消和合并、下放100项行政审批项目。在取消大量行政审批项目的同时，省政府又于2001年12月正式建立了"政务服务中心"，首批进驻中心的有31个部门233个审批项目，"政务服务中心"的业务运作实行服务内容、办事程序、申报材料、承诺期限、收费标准"五个公开"。对资料齐全、符合规定的审批事项当场办结；需要审核、现场踏勘等不能当场办结的，在承诺时限内办结；对不符合办理规定的事项，迅速给予明确答复。这是行政审批制度改革的进一步深化。2001年10月，专门成立了省级行政审批制度改革办公室，由省监察厅、省政府法制办、省计委等单位工作人员组成，集中办公，切实加大工作力度。针对某些部门的搪塞，省政府明确指出，凡不符合政企分开原则、妨碍市场开放和公平竞争，以及实际上难以发挥有效作用的行政审批，坚决予以取消。省政府大刀阔斧打破部门之间的利益关系，用量化管理的新方法重新构建一个简政、勤政、高效的行政审批格局，优化了投资环境。C市一块农用地转用、征用文件报到省国土资源厅，仅用1天时间，就在该厅有关处室会审完毕，这种新气象在过去想都不敢想。

请你谈谈行政工作量化管理对提高行政效率有什么重要意义？

分析提示：行政工作量化管理的主导思想和条件是提高行政效率的基础。

【思考题】

1. 请简述行政工作量化管理的含义。

2. 行政工作量化管理的条件是什么？
3. 行政工作量化管理的陷阱有哪些？
4. 行政工作量化管理的基本原理是什么？
5. 行政人员测评要素有哪些方面？
6. 行政人员素质结构如何？
7. 行政工作量化管理模式有哪几种？

【拓展阅读】

公务员两年不称职将辞退

连续两年年度考核被评为“不称职”等级的公务员将被辞退，“公务员队伍将建退出机制”的说法终于首次落到了“纸面上”。2008年，国家公务员局连发《公务员培训规定》、《公务员奖励规定》、《公务员考核规定》三个试行规定，并于即日起生效实施。

根据《公务员考核规定(试行)》，“德、能、勤、绩、廉”五方面表现和工作实绩是考核一名公务员是否称职的主要标准。公务员年度考核的结果作为调整公务员职务、级别、工资以及公务员奖励、培训、辞退的依据。年度考核的结果分为“优秀”、“称职”、“基本称职”和“不称职”四个等次。考核包括个人总结述职，主管领导给出评语和考核等次建议，由本机关负责人或者授权的考核委员会确定考核等次，将考核结果以书面形式通知被考核公务员，并由公务员本人签署意见。对拟定为优秀等次的公务员还要在本机关范围内公示。

公务员年度考核累计两年被确定为“称职”以上等次的，对应工资标准可提高一档工资；累计五年被确定为“称职”以上等次的，在所任职务对应级别范围内晋升一个级别，并享受年度考核奖金。公务员年度考核被确定为“不称职”等次的，要被降低一级职务，该考核年度不计算为上述晋升级别和级别工资档次的考核年限，不享受年度考核奖金。尤为引人注目的是“连续两年年度考核被确定为不称职等次的，予以辞退”的明文规定，这意味着被视为“金饭碗”的公务员岗位首次出现落在“纸面上”的退出机制。

《公务员奖励规定(试行)》明确，公务员或公务员集体如有“为增进民族团结、维护社会稳定作出突出贡献”，“爱护公共财产、节约国家资财有突出成绩”，“在对外交往中为国家争得荣誉和利益”，“在抢险、救灾等特定环境中作出贡献”等情况，应予以奖励。对获得奖励的公务员，按照规定标准给予一次性奖金。对于因同一事由已获得上级机关奖励的，下级机关不再重复奖励。各地各部门不得自行设立该规定之外的其他种类的公务员奖励，不得违反该规定标准发放奖金,不得重复发放奖金。

据统计,1993 年至 2002 年的 10 年中,全国共计处分公务员 149 929 人,平均每年约 1.5 万人。每年受处分人数约占公务员队伍总数的 3%左右。2006 年,26 个省、自治区、直辖市(除北京、福建、湖南、广西、西藏)行政机关公务员受处分人数为 8 327 人,其中开除的 914 人;中央国家行政机关受处分人数为 169 人,其中开除 36 人。这是迄今为止人力资源和社会保障部发布的较新一组有关公务员作风建设的数据。

各国公务员考核规定:新加坡公务员考核办法非常细化和明确。譬如政府甚至规定公务员用公款喝 100 元钱以上的酒就要被视为“不廉”,予以处罚。美国目前比较关注公务员的具体行政行为。美联邦设有一个专门的部门把联邦级公务员的工作能力、数量、质量和适应能力等分解成详尽的多项因素,以此作为考核公务员的依据。对工作表现不良者,提出警告直至予以解雇。法国公务员的考核内容除了专业知识、个人能力和公共服务意识外,“敬业精神”也要考评,比如是否积极主动、工作是否有创意以及突发事件的反应程度等。

专家建议细化量化考核指标。“这是《公务员法》实施以来第一次对公务员考核做出如此细致的规定。”不过,国家行政学院公共行政教研室主任竹立家教授认为,还应尽量细化和量化考核指标,避免流于形式,被外界指责为“还不是领导一句话的事”。竹教授解释说,公务员“德、能、勤、绩、廉”五项考核中,除了“绩”较易量化外,其余指标都难以衡量。“比如‘廉’怎么界定? 跟人吃了两顿饭,算不算不廉? 政治学习几次没去,算不算无德?”他举例说,“北欧国家和新加坡,公务员公款喝了 100 块钱以上的酒就被视为‘不廉’,要受处罚;此外,发达国家广泛应用的公务员家庭财产申报制度在我国也是一项空白。”他建议对公务员考核必须配合相关具体的制度建设,使考评尽量客观化科学化,避免领导的“印象分”。

阅读提示:20 世纪 90 年代以来,我国行政科学的定量研究越来越兴盛,在这种背景下,有的研究者开始贬低定性研究。然而,我们认为,所谓定量研究优于定性研究的想法只能是一种无知的傲慢。在我们看来,只有“好的研究”与“差的研究”之分,而这与两种研究方法之高下无关。实际上,在国外公共行政学研究中,许多原创性的理论都是来自定性研究。再说,不是所有的行政工作都能进行量化管理的。因此,行政工作量化管理的研究与实施应配合相关具体的制度建设,掌握并正确地结合使用定量与定性方法尤为重要。

第四章　行政调研统计与分析

本章基本问题

开展行政调研，有助于提高行政工作的科学性、有效性。在本章中，在介绍实际行政工作中常用的非全面调研组织方式和全面调研方式的基础上，还介绍了做好行政调研方案的步骤和方法。

对于行政工作者来说，掌握调研方法是行政工作者的基本功。本章介绍了在具体行政工作中经常运用的行政调研方法。

数据整理是统计分析之前的必要步骤，本章介绍了不同类型的数据整理和显示方式。还介绍了在统计分析阶段常用的统计指标，包括总量指标、相对指标、平均指标和标志变异指标。

第一节　行政调研统计与分析概述

行政调研是行政人员了解行政对象、获得行政对象的信息、分析和解决问题的根本方法，是提高行政工作的科学性、有效性的前提。在行政工作中，采用适当的调研方式，做好合适的行政调研方案，采用恰当的行政调研方法，是提高行政工作科学性、有效性的基础。

一、行政调研的含义及组织方式

行政调研是指搜集、记录、整理、分析、研究行政对象的各种基本状况以及影响因素，并得出结论的活动与过程。

开展行政调研，要根据调研的目的和要求以及调研对象的特点，选用适当的调研方式。从调研范围的大小和被调查者的多少来划分，市场调研的组织方式可以归纳为全面调研和非全面调研两大类。

在实际行政工作中，常用的调研组织方式主要为非全面调研方式，有抽样调查、典型调查、重点调查、文献调查法。普遍调查法是经常使用的全面调研方式。

1. **抽样调查**

抽样调查,是实际工作中应用最广泛的一种调查方式和方法。它是从调查对象的总体中随机抽取一部分单位作为样本进行调查,并根据样本调查结果来推断总体数量特征的一种非全面调查。抽样调查具有经济性、实效性强,适应面广,准确度高的特点。

抽样调查的目的或主要任务在于推断或估计全部及总体的数量特征,而抽样推断或估计的基础就是样本。因此,科学地组织抽样调查,就是按照随机原则从全部及总体中抽取样本单位,合理有效地取得所需样本。根据随机抽样原则,结合具体研究对象的性质以及调研工作的目的和条件,在行政工作实践中,抽样方法可分为四大类。第一类是随机选择,即从总体中随便选择调查对象;第二类是非随机选择,即根据调查者的需要,选取具有某些特点的对象进行调查。如按职业或者学科分层,则可选择从事不同工作或不同专业的人作为调查对象。这种分层选择用于情况复杂、人数众多、相互差异较大的集体,是行政调研常用的抽样方法。行政调研中的非随机选择往往采用推荐选择。这种选择就是根据调查者的目的,经组织群众推荐而确定的调查和调查对象。如发现和总结某个单位的先进工作经验,发现和了解某人的生活困难,某个单位工作的失误等,都是一种推荐选择。

2. **典型调查**

典型调查是对考察的对象在初步了解的基础上,从中选取少数具有代表性的单位或个人,进行周密系统的调查,借以认识事物的本质以及发展变化规律性的一种调查研究的方法。典型调查是行政工作中十分重要而行之有效的调研方法,它能够通过考察个性特征,充分地、突出地、集中地表现总体的共性的重要特征。

作为调研组织形式,典型调查是按照行政调研预定目的,在被研究对象中有意识地选取具有典型意义的或富有代表性的少数单位进行调查研究,是一种专门组织的非全面调查。它具有调查单位少、调查范围小、省时省力、方法灵活多样、重点深入的特点。

典型调查能否成功,关键在于选择的典型是否具有代表性。在使用典型调查这一方法时,一是要通过比较,选准典型;二是要明确只有具有共性内容的个体,才是共性和个性的统一体。在从典型中概括出一般性结论时,往往受到主客条件的限制,难以保证概括得完全准确,因而还要把这种一般性结论放到调查对象的总体中加以检验。这就需要在采用典型调查的同时,还要根据实际情况灵活运用其他调查方法,以弥补典型调查的不足。

3. 重点调查

重点调查就是在研究对象的总体中,选择其中的重点单位进行调查,借以了解总体基本情况的一种非全面调查。如果调研任务只是要求掌握调研对象的基本情况,就可以采用重点调查的方式。重点调查的重点单位的数目只是全部单位数中的一部分,但就调查的标志值来说,它们在总体的标志总量中却占很大的比重,因此可以从数量上反映总体的基本情况。例如某企业为了了解其产品的市场销售的基本情况,只对上海、杭州、南京、苏州、宁波等城市进行调查,以取得所需的基本资料。因为这个企业在这几个城市的市场销售量在其总的市场销售量中占了绝大的比重,足以反映总体的基本情况。

4. 文献调查法

文献调查法又叫历史法。它是间接收集思想信息的一种方法,是利用第二手材料的方法。在许多情况下,行政决策者往往不可能亲自去做调查,所使用的数据大多数是别人调查的第二手材料。

第二手材料主要是公开出版的或公开报道的材料、数据,当然有些是尚未公开出版的调查材料和数据。在我国,第二手资料的主要来源包括公开出版的国家和地方统计部门以及各种报刊媒介报道的社会经济统计数据,一些渠道尚未公开的统计数据和调研报告以及广泛分布在各种报刊、杂志、图书、广播、电视传媒中的各种材料和数据。随着计算机网络技术的发展,我们也可以在网络上获取所需的各种数据、资料。

5. 普遍调查法

普遍调查简称普查,或叫全面调查,是对所要调查的总体,逐一不漏地进行调查。普查的特点是涉及范围广,工作量大。它的优点是对所要调查的内容能够全面了解,准确度高;其缺点是时间性强,不可能对情况了解很深很细。所以普查选择的指标为数较小,主要用于必不可少的基本情况的调查。一般来说,基层组织普查用得较多,而领导机关用得少。有时为了全面系统掌握情况,或是为了对一部分人作出客观正确的评价,或是对某些情况进行评价、对比分析,行政领导部门可以选择几个点,或在一个地区、一所院校,集中时间进行较大范围的全面调查。这样的调查,常常可以取得大量的信息和各种资料,为进行系统分析、掌握事态发展规律提供基础。

二、行政调研方案

行政调研方案又称行政调研计划,主要包括以下几项内容,亦即组织统计调查必须要解决的基本问题。

1. 确定调研目的

确定调研目的,就是要明确通过调查需要解决什么问题,搜集哪些资料。这是行政调研的首要的问题。有了明确的目的,才能有的放矢,确定向谁调查、调查什么、采取什么方式和方法进行调查等一系列问题。

2. 确定调查对象和调查单位

调研对象就是根据调研目的确定的、需要进行调查研究的某一社会经济文化现象的总体。调查单位就是构成该总体的个体,是在调查过程中应该登记其标志的具体单位。例如,调查目的是要了解上海市育龄妇女健康状况,则调查对象是上海市所有的育龄妇女,而每个育龄妇女都具有所要调查的各种标志(如身高、体重、血压等),所以是调查单位。在统计调研阶段,除了要确定调查单位外,还要规定报告单位,即规定日期、表式、负责提交统计资料的企事业单位和部门。确定调查单位,是为了明确向谁调查所要研究的各种标志;规定报告单位,即明确由谁负责提交统计资料,以确保调研工作顺利进行。

3. 拟定调查提纲和调查表

按照调查目的确定调查对象和调查单位后,应拟定调查提纲。调查提纲是在调查前所确定的调查项目,包括需要向调查单位了解的有关品质标志、数量标志和其他情况。调查项目直接关系到调查资料的数量和质量。因此,调查项目的繁简和选择标志的多寡,应该根据调查目的和对象的特点,贯彻少而精的原则,妥善处理。

为使填表者正确填写调查表,可以编制填表说明,内容包括调查项目解释、填写方法和有关注意事项。说明应力求确切、简明扼要、通俗易懂。

4. 制定调查组织实施计划

调查的组织实施计划是从组织上保证调查工作顺利开展的重要依据,主要内容包括以下几个方面:

(1) 确定调查时间。亦即要确定资料所属的时点或时期以及调查期限。调查期限是进行调查工作的起讫时限,包括搜集资料和报送资料的时间。

(2) 规定调查地点。调查地点是指登记调查资料的地点。通常调查地点和调查单位所在地点是一致的,例如企业的报表是在企业所在地编制的。但在两者不一致的情况下,必须明确规定进行调查的地点。例如,进行人口调查登记时,如果调查“常住人口”,不论被调查者是否暂时外出居住,都应在每个居民的常住地点进行登记。

(3) 做好各种准备工作。在确定调查的组织机构、参加调查的单位和人员的同时,要做好调查的各种准备工作,包括培训人员、印制调研表格和开支预算等。对于规模大而又缺少经验的统计,需要进行试点调查,以便取得经验,来验证原定的调查方案。有时还可以根据试点工作中发现的新问题和新情况,对调查方案做必要的补充或修正。

三、行政统计与分析的含义及方法

行政统计与分析,就是行政工作者将在调研过程中收集到的有关信息数据进行整理归类并进行解释的过程。在行政调研过程中,如果没有行政统计与分析工作,就会降低前期的行政调研工作的作用,行政调研就会失去活力,没有发展。

根据行政统计与分析的功能标准来划分,统计分析可以分为描述统计和推断统计。

1. 描述统计

描述统计是将研究中所得的数据加以整理、归类、简化或绘制成图表,以此描述和归纳数据的特征及变量之间的关系的一种最基本的统计方法。描述统计主要涉及数据的集中趋势、离散程度和相关程度。

2. 推断统计

推断统计是指用概率形式来决断数据之间是否存在某种关系及由样本统计值来推测总体特征的一种重要的统计方法。推断统计包括总体参数估计和假设检验。

在行政调研中,采用统计分析方法可以分析行政工作的状态,影响行政对象及行政绩效的各种因素,行政工作之间的因果关系、比例关系和平衡关系,以及预测行政工作的趋势等。但是,在利用行政统计分析方法分析行政对象和行政工作本身时,行政工作者也应认识到统计分析方法有其自身的局限。首先,应认识到现实行政工作非常复杂,诸多因素常常纠结在一起,仅靠统计分析方法去控制和解释这些因素及其相互关系是不全面和深刻的;其次,统计分析方法的运用是有条件的,它依赖于数据资料本身的性质、统计方法的适用程度和行政工作者对统计原理和统计技术的理解、掌握程度与应用水平,如果方法选择不当,就容易得出错误的结论;最后,要看到统计决断是以抽样和概率为基础的,既然是抽样和概率,就会存在误差,所以说统计决断的结论也并非是绝对正确的。

第二节　常用行政调研的方法

行政工作者在调研工作中搜集到的信息既受主观因素的影响,也受到客观因素的影响,特别是关于人的思想信息,往往隐蔽在千变万化的现象后面不易外露。因此,行政信息的复杂性要求行政工作者花费探幽索微的工夫。对于行政工作者来说,掌握调研方法是行政工作者的基本功。可以说不会做调研工作的行政工作者是一个不称职、不合格的行政工作者。行政工作者经常运用的具体行政调研方法包括：观察法、访问调查法、问卷调查法、态度量表法。

一、观察法

观察方法，就是人们有目的、有计划地在自然发生的条件下对现象进行考察的一种方法。这里所说的现象是指被观察者的言行和活动的状态和结果。“在自然发生的条件下”是不直接影响被观察者的思想情绪，不干涉被观察现象的发展状态和过程。在这种条件下所获得的现象和材料是第一手的，是十分珍贵的。按照观察的手段、内容和方式的不同，可以分为直接观察与间接观察、定性观察与定量观察、描述性观察与分析性观察。正确使用观察的方法必须坚持两个基本原则。第一，坚持观察的客观性。就是要养成尊重客观事实，避免凭空捏造和主观偏见。第二，坚持观察的全面性原则。就是为了保证观察材料的全面性和准确性，从整体出发，全面地观察、系统地观察、动态地观察。

人的观察活动不是机械式的摄影或录像，而是一个始终受到思维支配的能动过程。思维指导观察，观察启发思维。观察在思维的支配下一般有两种程序，一种是循序程序，一种是递进程序。循序程序一般用于较简单现象的观察，基本过程是：选择观察题目，设想观察方案，确定观察的具体方法，进行实地观察，处理观察资料，做出观察结论。递进程序一般用于复杂现象的观察。对于复杂的现象，我们不可能一下子观察很清楚，要把它分解为一系列细小的部分或层次，有顺序有系统地进行。这样观察可以借助思维，发现现象各个部分之间的联系，从而逐步深刻地感知事件，正确揭示行政对象的实质。

二、访问调查法

访问调查法在行政调研工作中运用范围最广，运用时间最长，是行政工作者所熟悉的一种方法。这种方法最大的优点是灵活性强，富有弹性，它可以把问、听、看三者结合起来，即可以根据当地的具体情况和被调查者的特点，听其言，观其行，随时改变提问方式，采用不同的谈话技巧。如果被调查者对所调查的问题不甚明白，或心有疑虑，调查者可以向他作必要说明，并可与被调查者作长时间的深入讨论。访问调查法的调查效果受调查者的经验、个性等主观因素影响大，所以在采用这种方法时，调查者要事先对调查对象的基本情况有所了解，并要认真掌握有关理论知识和政策精神，还要有一定的访问调查经验。

访问调查主要有开调查会和个别访问两种方式。

1. 调查会

调查会也叫座谈会或叫集体访问。它是根据调查提纲，选择部分代表，围绕中心进行讨论发言，从而获得相关信息的一种方法。这种方法不受时间、地点和调查内容的限制,也不受调查条件的限制,适应性广,简便易行;它可以听取多种意见,集中群众智慧,做到集思广益。

召开调查会,首先要有明确的调查提纲。调查提纲是进行成功调查的"导游图",调查题目、大纲、细目要清楚明了,富有科学性。其次,要挑选熟悉情况、经验丰富、思想敏锐的人参加调查会。不要挑选对所调查的内容不了解或无关的人参加。在调查过程中,还要做好组织工作,引导被调查者围绕中心问题进行讨论,使他们能够畅所欲言。

开调查会的方法也有一定的局限性：一是参加调查会的人数是有限的,代表性往往不充分;二是受调查者的地位、身份或权威的影响大,调查者或权威人士表现出来的某种倾向,或一发表意见,其他人容易顺其思路议论开来,出现随大流的情况。有的人碍于情面和权势,不敢发表不同意见,不敢说心里话。因而在采用这一方法时,要尽量消除人们的主观因素对调查的影响。

2. 个别访问

个别访问也叫个别询问、个别谈话。这是调查者围绕某个调查内容单独访问被调查者,从而获得相关信息的一种方法。这种调查控制在很小的范围内,减少了群体压力,消除了相互间的牵制,易于被调查者讲真话,也利于对调查内容开展深入讨论,因而这种方法多用于调查行政工作中的敏感性问题、相互间发生厉害冲突或产生隔阂等方面的问题。个别访问有无结构谈话和有结构谈话两种方式。无结构性谈话就是预先缺乏准备,谈话内容松散,没有统一评价标准,谈话内容、方式由谈话者临时决定。如行政工作者为了发现个人的特长,了解个性,观察仪表,分别同个人进行结识性谈话多是无结构性谈话。有结构谈话就是采用一系列预先准备好的问题,有目的、有序列地进行询问。

在访问调查法的运用中,访问技巧的成功运用是访问调查成功的关键。在访问调查中有两个困难环节：一是如何巧妙地接近被调查者,为调查创造良好的前提条件;二是怎样灵活地谈话,有效进行当面调查。

接近被调查者是进行调查的第一步。第一步走不好,调查开端就会受阻,难于进行。要走好这一步,就要根据被调查者的特点选好时机,采取适当的方式接近他们。一般来说可以采用交友式接近方式,自然式接近方式,迂回式接近方式,与被调查者寻找共同点接近方式,开门见山打开天窗说亮话的接近方式等。

同被调查者谈话,向被调查者提问是调查的第二步,也是能否取得可靠调研信息的关键环节。当面谈话能够听话听音,察言观色,随时把握被调查者的情绪变化。要使谈话成功,除要有甘当小学生的态度外,还要讲究谈话技巧。这些技巧包括了解对方,寻找心灵窗口;语气亲切,态度平易近人;言之有物,问话具体明确;注重启迪,用心广开言路;循序渐进,注意问话程序;体察情绪,保持和谐气氛等。

三、问卷调查法

问卷调查是在行政调研中一种以表格形式了解调研对象状况、有效搜集行政信息的工具。它一般适用于这样一些情况的调查:群众中一些带有普遍性的问题(如对人生观、前途、理想等的看法,对形势、政策、方针的看法,对人们所关心的人和事的看法等);一些大家看法不一,有争论性的问题;对单位的领导、干部、普通工作人员的评价等。

1. 问卷调查法的优缺点

问卷调查比访问调查广泛,它可以由调查人员现场调查,也可以邮寄表格调查。问卷调查可以避免调查人员在与调查对象直接接触时对调查对象产生影响;调查对象可以不受他人的牵制,有充分时间独立考虑所要回答的问题。但是问卷调查也有其缺点:一是被调查者对所调查的问题不感兴趣,或者是调查的问题过多或不好回答时,被调查者往往会采取不负责任的态度应付差事,甚至不交调查表,这样势必影响调查情况的真实可靠性;二是思想认识方面的问题十分复杂,不是可以用表格或简要的文字就能表达出来的,受到调查表篇幅限制,被调查者不能对所调查的问题作充分的阐述,因而了解的情况不会很深刻。所以,问卷调查法只能对某些情况做出一定的数量分析或趋势估测,在多数情况下,它是一种调查的辅助方法。

2. 问卷调查表设计程序

问卷调查法能否成功实施,调查表的科学设计非常关键。为了使调查表的设计科学化、程序化、高效化,设计调查表可按下列程序或步骤:

(1) 明确调查目的,把握调查主题。这是设计调查表最基础、最关键的一步。

(2) 确定调查项目。调查项目即具体的调查内容。在充分分析调查主题的基础上,拟定所要调查的项目,要全面考虑,把各种与调查主题相关的内容一一罗列出来。

(3) 依据调查项目,拟定初步调查表。在确定调查的具体项目后,针对每一个调查项目,设计若干问题,确定问句的类型,形成调查表的主干部分。最后设计调查表的其他组成部分,如被调查者本身情况,说明词、编号等内容。至此,一份调查表的初稿已经形成。

(4) 对调查表初稿小范围试验,修改调查表。为了使问题调查能顺利进行,达到调查目的,常需对调查表初稿在少数被调查者中进行试填,检验调查表初稿的可行性如何。因此，试填对象应具有充分代表性。依据试填效果，对调查表初稿某些不合理的部分进行修改。最后形成正式调查表。

3. 问卷调查表的构成

一份完整的调查表通常是由调查说明、填表说明、被调查者基本情况、调查内容本身、计算机编码五个部分组成。

调查说明一般是在调查表的开头，这部分包括两个方面的内容：一是向被调查者说明进行此项调查的目的、意义；二是请求被调查者的合作。这一点非常重要。因为行政调研往往是一种协商性的调查，只有真诚合作才能取得最佳效果，为此需用婉转请求的方式，取得对方的配合。

被调查者的基本情况虽与调查内容本身没有直接联系，但在进行分类分析调查资料时，常常用到这些资料，这是调查表中不可缺少的内容。被调查者分个人和单位两大类。若是个人，其主要特征是姓名、性别、年龄、文化程度、职务或技术职称、个人或家庭收入、所在地区、民族等项目。若被调查者是企事业单位，则应包括行业类别、资金总额(固定资产、流动资金)、所有制形式、职工人数、经营范围、营业额、营业面积等。对于一份具体调查表究竟需列出哪些项目，应视调查目的而定。

调查内容本身是调查表的主体，也是一份调查表的核心部分。这部分内容通常是由一系列问句组成。

在进行行政调研时，计算处理的工作量一般比较大，尤其是一些大规模的调查。因此调查表可以设置计算机编码，以便对调查资料用计算机进行分类、排序、汇总、分析和综合处理。有时这部分内容可以省略。

四、态度量表法

在行政调研中经常会涉及有关对某些现象、政策、规定所持态度的研究。态度是个人的心理反应。从测量角度来看，它是一种内隐变量，不易察觉。如何把人的这种复杂的心理反应表达出来，并给予量化，有必要借助态度量表。

所谓态度量表，是通过被调查者回答某些问题或填写问卷的自我报告形式，将态度转换为可以度量的数字或等级的测定表格。它是通过逐个问题的提问，获取整个态度的总分，是量化主观态度的有效工具。它可以反映两个方面的内容：一是态度的方向，如满意、不满意的基本倾向；二是态度的深度，即被调查者所持某种态度的数量程度。目前，较常使用的态度量表有以下几种：

1. 利克特量表

利克特量表也称加总量表，它是一种根据被调查者的意见来确定问题或语句的量表，它的制作过程是：

(1) 由调查者拟出大量问题或语句，通常为 30 条或 30 条以上。然后对每个问题或语句按照肯定—否定的程度分为五个等级，并给每个等级确定分数。表 4－1 是一个简单的利克特量表的形式。

表 4－1　利克特量表

语　句	非常赞同	赞　同	一　般	不赞同	非常不赞同
薪 酬 高	5	4	3	2	1
有 前 途	5	4	3	2	1
专业对口	…	…	…	…	…
…	…	…	…	…	…
…	…	…	…	…	…

(2) 选取部分被调查者，按规定标准给每条语句评分，并将它们按高低顺序排列，然后从最高端和最低端分别抽取 25％的人所给予的分数，组成高分组和低分组，并分别求出两组的平均值，两者之差即为“平均值差值”。

(3) 保留那些“平均值差数”较大的语句，剔除“平均值差数”较小的语句，即保留辨别能力强的项目，剔除辨别力弱的项目。

利克特量表的测量原则是：让被调查者回答每条问题或语句，然后再将他的每题评分的总分相加，总值愈高说明这个人对所有的态度倾向于肯定，反之则倾向于否定。

2. 定格评分量表

定格评分量表用于测量人们对某属性重要性的态度。它使用词组而不使用陈述，在这一点上它与利克特量表不同。它对每个项义上只使用一个词组，它的标格是单向的而非对称的，每格的分值从 1 分、2 分依次升高。

表 4－2　定格评分量表

	不重要	有些重要	相当重要	非常重要
服务周到	□	□	□	□
店址便民	□	□	□	□
等候不长	□	□	□	□
环境良好	□	□	□	□

3. 满足感量表

满足感量表是测量被调查者对于某种服务的满意程度的各种量表的总称。满足感量表是把对服务感受从欣喜到极度失望分为 7 个格子，由被调查者回答。如：

您对政府机关的办事效率做如何感受?

我感到：

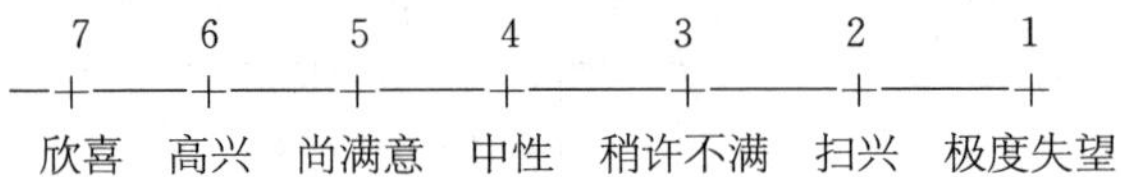

第三节 行政统计整理与显示

统计数据收集上来以后，首先应对这些数据进行整理加工，使之系统化、条理化，以符合分析的需要。数据整理是统计分析之前的必要步骤，通过加工整理可以简化数据，使我们更容易理解和分析。否则其结果会如列宁所说："总是只见树木不见森林，只见一大堆数字不见各种现象的经济类型。"①不同类型的数据，所采取的处理方式和所适用的处理方法是不同的。分类数据和顺序数据主要是做分类整理，数值型数据则主要是做分组整理。数据经过整理后，可以用图形将其显示出来，以便对数据的特征有一个初步的了解。

一、分类数据的整理和显示

分类数据本身就是对事物的一种分类。根据统计研究的目的和任务，按照选定的变异标志将总体进行统计分组后，还要计算出每一类别的频数、频率或比例、比率，同时选择适当的图形进行显示，以便对数据及其特征有一个初步了解。

分类数据的整理通常要计算频数、频数分布、百分比、比例、比率等指标。

1. 频数与频数分布

频数也叫次数，它是在各个类别中的数据个数。把各个类别及其相应的频数全部列出来就是频数分布或称次数分布。将频数分布用表格的形式表现出来就是频数分布表。

例如，在某市对空调器顾客满意度调查中，通过统计得到了频数和频率表如表 4－3 所示。该数据表示该市 85.02%的家庭已经拥有空调。

① 《谈谈关于地方自治政局统计任务的问题》,《列宁全集》第 20 卷，人民出版社 1958 年版，第 72 页。

表 4－3　某城市家庭是否拥有空调的频数分布

是否拥有空调	家庭数(户)	比　　例	频率(%)
是	4 251	0.850 2	85.02
否	749	0.149 8	14.98
合　计	5 000	1	100

2. 比例

比例是一个总体中各个部分的数量占总体数量的比重，通常用于反映总体的构成或结构。假定总体数量 N 被分成 K 个部分，每一部分的数量分别为 $N_1, N_2, \cdots, N_K$，则比例定义为 N_i/N。显然，各部分的比例之和等于 1，即

$$\frac{N_1}{N}+\frac{N_2}{N}+\cdots+\frac{N_K}{N}=1$$

比例是将总体中各个部分的数值都变成同一基数，也就是都以 1 为基数，这样就可以对不同类别的数值进行比较了。

3. 百分比

将比例乘以 100 就是百分比或百分数，用%表示，它表示每 100 个分母中拥有多少个分子。比如上例中频率一栏就是将比例乘以 100 而得到的百分比。当分子的数值很小而分母的数值很大时，可以用千分数(‰)来表示比例，如人口的出生率、死亡率、自然增长率等都用千分数来表示。

4. 比率

比率是各个不同类别的数量的比值。它可以是一个总体中各个不同部分的数量对比，比如在上面例子中，有空调的家庭与没有空调的家庭的比率是 4 251∶749。为了便于理解，通常将分母化为 1 来表示。有空调的家庭与没有空调家庭的比率是 5.68∶1。

如果用图形来显示频数分布，就会更形象和直观。一张好的统计图表，往往胜过冗长的文字表述。分类数据的常用图示方法有条形图和圆形图。

条形图是用宽度相同的高度或长短来表示数据变动的图形。条形图可以横置或纵置，纵置时也可以称为柱形图。此外，条形图还有单式、复式等形式。

在表示分类数据的分布时，用条形图的高度来表示各类别数据的频数或频率。绘制时，各类别可以放在纵轴，称为条形图，也可以放在横轴，称为柱形图。例如，根据表 4－3 中的数据绘制的条形图如图 4－1 所示。

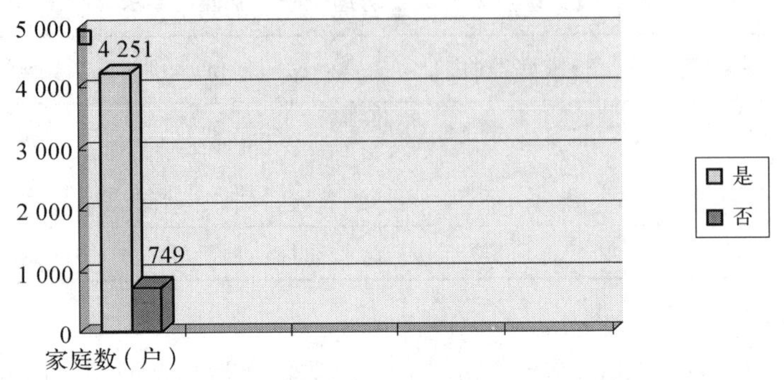

图4-1　某城市家庭是否拥有空调的频数分布

圆形图也称饼图,它是用圆形及圆内扇形的面积来表示数值大小的图形。圆形图主要用于表示总体中各组成部分所占的比例,对于研究结构性问题十分有用。在绘制圆形图时,总体中各部分所占的百分比用圆内的各个扇形面积表示,这些扇形的中心角度,是按各部分百分比占360度的相应比例确定的。例如家庭拥有空调的户数占总调查户数的85.02%,那么其扇形的中心角度就应为360度*85.02%=307.07度。

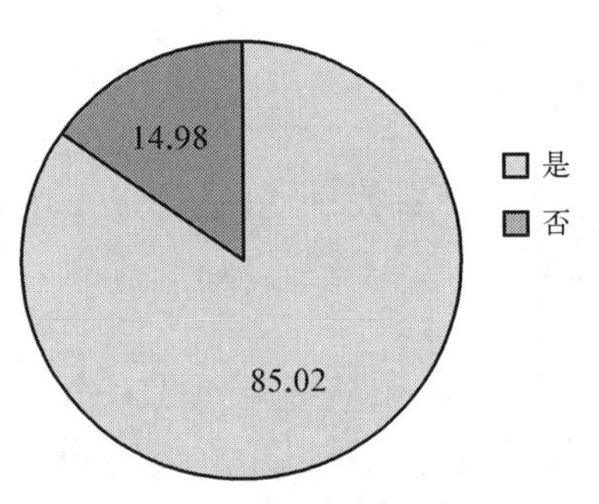

图4-2　某城市家庭是否拥有空调的频率分布

例如,根据表4-3中的数据绘制的圆形图,如图4-2所示。

二、顺序数据的整理和图示

分类数据的整理和图示一样也适用于顺序数据的整理与显示。除此外,对顺序数据还可以计算累积频数和累积频率(百分比)。

累积频数就是将各类别的频数逐级累加起来。其方法有两种:一是从类别顺序的开始处向类别顺序的最后一方累加频数(数值型数据则是从变量值小的一方向变量值大的一方累加频数),称为向上累积;二是从类别顺序的最后一方向变量值小的一方累加频数(数值型数据则是从变量值大的一方向变量值小的一方累加频数),称为向下累积。通过累积频数,可以很容易看出某一类别(或数值)以下及某一类别(或数值)以上的频数之和。

累积频率或百分比就是将各类别的百分比逐级累加起来,它也有向上累积和向下累积两种方法。

例如,在一项城市家庭收入问题的研究中,研究人员在某城市抽样调查300户,其中的一个问题是:“您对您家庭目前的年收入状况是否满意?”

A. 非常不满意　B. 不满意　C. 一般　D. 满意　E. 非常满意。

调查结果经整理如表 4－4 所示。

表 4－4　某城市家庭对年收入状况的评价

<table>
<tr><th rowspan="3">回答类别</th><th colspan="6">某　城　市</th></tr>
<tr><th rowspan="2">户数（户）</th><th rowspan="2">百分比（%）</th><th colspan="2">向上累积</th><th colspan="2">向下累积</th></tr>
<tr><th>户数（户）</th><th>百分比（%）</th><th>户数（户）</th><th>百分比（%）</th></tr>
<tr><td>非常不满意</td><td>24</td><td>8</td><td>24</td><td>8</td><td>300</td><td>100</td></tr>
<tr><td>不　满　意</td><td>108</td><td>36</td><td>132</td><td>44</td><td>276</td><td>92</td></tr>
<tr><td>一　　　般</td><td>93</td><td>31</td><td>225</td><td>75</td><td>168</td><td>56</td></tr>
<tr><td>满　　　意</td><td>45</td><td>15</td><td>270</td><td>90</td><td>75</td><td>25</td></tr>
<tr><td>非 常 满 意</td><td>30</td><td>10</td><td>300</td><td>100</td><td>30</td><td>10</td></tr>
</table>

顺序数据的图示方法通常与分类数据的图示方法相同。这里不再重复。

三、数值型数据的整理和图示

数值型数据的结果表现为数值，因此在整理时通常是进行数据分组。它是根据统计研究的需要，将数据按照某种标准化分成不同的组别。分组后再计算出各组出现的次数或频数，就形成了一张频数分布表。分组的方法通常是进行组距分组。

组距分组是将全部变量值依次划分为若干个区间，并将这一区间的变量值作为一组。在组距分组中，一个组的最小值称为下限，最大值称为上限；上限与下限的差值称为组距；上限与下限的平均数称为组中值，它是一组变量值的代表值(参见表 4－5)。

表 4－5　某商场 50 名营业员日销售额　（单位：元）

1 176	1 224	1 244	1 298	1 399	1 077	1 176	1 300	1 299	1 222	1 255
1 088	1 311	1 255	1 178	1 221	1 331	1 265	1 222	1 177	1 189	1 088
1 100	1 187	1 231	1 265	1 330	1 343	1 276	1 233	1 265	1 189	1 122
1 123	1 342	1 279	1 232	1 197	1 130	1 200	1 232	1 232	1 275	1 355
1 379	1 142	1 200	1 286	1 240	1 155	1 399	1 289	1 289	1 243	1 210

对以上数据进行整理，首先需要对数据进行组距分组。采用组距分组需要经过以下几个步骤：第一步是根据标志变量变化的不同的特点，分别选用等距分组或异距(不等距)分组。等距分组适用于标志变量的变动比较均衡的情况，例如按人体身长、体重的分组。等距分组的各组单位数只受标

志变量的影响，所以各组单位数(即出现的次数)可以直接比较。但有时在调研的统计总体中，有一部分现象性质差异的变动不均衡，必须采用异距分组，借以从各组的量的变化中反映现象性质的差异。由于采用异距分组编制的异距变量数列，其中各组次数值受组距大小不等的影响，需要计算次数密度，以消除次数的数值受不等组距的影响，从而可以准确地反映实际的次数分布状况。次数密度又称频数密度，其计算公式为：

$$\text{次数密度} = \frac{\text{次数}(f_i)}{\text{组距}(i)}$$

第二步是确定组距。组距大小与组数多少存在密切的联系，组距愈大，组数愈少；组距缩小，组数就增多，两者成反比例的变化。由于分组的目的之一就是为了观察数据分布的特征，因此组数的多少应适中。如果组数太少，数据的分布就会过于集中，组数太多，数据的分布就会过于分散，这都不利于观察数据分布的特征和规律。组数的确定应以能够显示数据的分布特征和规律为目的。在实际分组时，可以参考斯特奇斯(H. A. Sturges)公式确定其组距：

$$K = 1 + \lg n / \lg 2$$

其中 n 为数据的个数，对结果用四舍五入的办法取整数即为组数。例如，对上例的数据有 $K = 1 + \lg 50 / \lg 2 \approx 7$，即应分为7组。当然这只是一个经验公式，实际应用时，可根据数据的多少和特点及分析的要求，参考这一标准灵活确定组数。

第三步是确定各组的组距。组距是一个组的上限与下限的差，可根据全部数据的最大值和最小值及所分的组数来确定，即组距＝(最大值－最小值)/7＝(1 399－1 077)/7＝46。为了便于计算，组距宜取5或10的倍数，而且第一组的下限应低于最小变量值，最后一组的上限应高于最大变量值，因此组距可取50。

第四步是根据分组整理成频数分布表。比如对上例中的数据进行分组，可得到下面的频数分布表，见表4-6。

采用组距分组时，需要遵循“不重不漏”的原则。“不重”，是指一项数据只能分在其中的某一组，不能在其他组中重复出现；“不漏”，是指组别能够穷尽，即在所分的全部组别中每项数据都能分在其中的某一组，不能遗漏。

为了解决“不重”的问题，统计分组时习惯上规定“上组限不在内”，即当相邻两组的上下限重叠时，恰好等于某一组上限的变量值不算在本组内，而计算在下一组内。例如，在表4-6中1 100这一数值不计算在“1 050—1 100”这组内，而计算在“1 100—1 150”组中，其余类推。

表 4-6　某商场 50 名营业员日销售额分组表

按日销售额分组	频数(人)	频率(%)
1 050—1 100	3	6
1 100—1 150	5	10
1 150—1 200	8	16
1 200—1 250	14	28
1 250—1 300	10	20
1 300—1 350	6	12
1 350—1 400	4	8
合　　计	50	100

在组距分组中,如果全部数据中的最大值和最小值与其他数据相差悬殊,为避免出现空白组(即没有变量值的组)或个别极端值被漏掉,第一组和最后一组可以采取"××以下"及"××以上"这样的开口组。开口组通常以相邻组的组距作为其组距。例如,在上面的 50 个数据中,假定最小值该为 880,最大值该为 1 600,采用上面的分组就会出现"空白组",这时可采用"开口组",如表 4-7 所示。

表 4-7　某商场 50 名营业员日销售额分组表

按日销售额分组	频数(人)	频率(%)
1 100 以下	3	6
1 100—1 150	5	10
1 150—1 200	8	16
1 200—1 250	14	28
1 250—1 300	10	20
1 300—1 350	6	12
1 350 以上	4	8
合　　计	50	100

通过数据分组后形成的频数分布表,可以初步看出数据分布的一些特征和规律。如通过表 4-7 可以看出商场营业员的日销售额大多数处于 1 200—1 250 之间,共 14 人,低于这一水平的共有 16 人,高于这一水平的人共有 20 人,可见这是一种非对称分布。如果用图形来表示这一分布的结果,会更形象、直观。前面介绍的条形图、圆形图等都适用于显示数值型数据。

四、统计表

统计表和统计图是显示统计数据的两种方式。正确地使用统计表和统计图是作好统计分析的最基本技能。前面已经介绍了不同类型统计数据的图示方法,下面简要介绍统计表的构成和基本制作技术。

统计表是用于显示统计数据的基本工具。在数据的搜集、整理、描述和分析过程中,我们都要使用统计表。许多杂乱的数据,既不便于阅读,也不便于理解和分析,一旦整理在一张统计表内,就会使这些数据变得一目了然,清晰易懂。充分利用和绘制好统计表是作好统计分析的基本要求。

统计表的形式是多样的,根据使用者的要求和统计表数据本身的特点,我们可以绘制形式多样的统计表。比如表4-8就是一种比较常见的统计表。

表4-8　1958年部分国家各生产部门在国内生产总值中的份额①

项　目	国家分组							
	1	2	3	4	5	6	7	8
1. 国家数	6	6	6	6	6	6	6	6
2. 人均GDP(美元 主要部门份额(%))	51.8	82.6	138	221	360	540	864	1 382
3. A	53.6	44.6	37.9	32.3	22.5	17.4	11.8	9.2
4. I	18.5	22.4	24.6	29.4	35.2	39.5	52.9	50.2
5. S	27.9	33.0	37.5	38.3	42.3	43.1	35.3	40.6
6. 第二产业	13.3	16.5	18.8	23.5	28.7	32.7	43.6	42.4
7. 第三产业	33.1	38.9	43.3	44.2	48.8	50.1	44.6	48.4

注:库兹涅茨的A部门相当于我国现行的第一产业,而I、S则和我国的第二、第三产业不对应。为便于和我国相对比,表中第二、第三产业数值为本文作者根据西蒙·库兹涅茨《各国的经济增长》第111页表12中有关数据整理。

资料来源:西蒙·库兹涅茨:《各国的经济增长》中译本,商务印书馆1986年版,第111页。

从表4-8可以看出,统计表一般由四个主要部分组成,即表头、行标题、列标题和数字资料;此外,必要时可以在统计表的下方加上表外附加。表头应放在表的上方,它所说明的是统计表的主要内容;行标题和列标题通常安排在统计表的第一列和第一行,它所表示的主要是所研究问题的类别名称和指标名称,如果是时间序列数据,行标题和列标题也可以是时间,当数据较多时,通常将时间放在行标题的位置。表的其余部分是具体的数字资料;表外附加通常放在统计表的下方,主要包括资料来源、指标的注释和必要的说明等内容。

① 转引自魏后凯:《21世纪中西部工业发展战略》,河南人民出版社2000年版,第43页。

由于使用者的目的以及统计数据的特点不同,统计表的设计在形式和结构上会有较大的差异,但其设计上的基本要求则是一致的。统计表的设计应符合科学、实用、简练、美观的要求。在设计时应注意:

首先,要合理安排统计表的结构,比如行标题、列标题、数字资料的位置应安排合理,如表4-8。由于强调的问题不同,行标题和列标题可以互换,但应使统计表的横竖长度比例适当,避免出现过高或者过长的表格形式。

其次,表头一般应包括表号、总标题和表中数据的单位等内容。总标题应简明确切地概括出统计表的内容,一般需要表明统计数据的时间、地点以及何种数据。如果表中的全部数据都是同一计量单位,可放在表的右上角标明,若各指标的计量单位不同,则应放在每个指标后或单列出一列标明。

再次,表中的上下两条横线一般用粗线,中间的其他线要用细线,这样看起来更清楚、醒目。通常情况下,统计表的左右两边不封口,列标题之间一般用竖线分开,而行标题之间通常不必用横线隔开。总之表尽量少用横竖线。表中的数据一般是右对齐,有小数点时应以小数点对齐,而且小数点的位数应统一。对于没有数字的表格单元,一般用"—"表示,一张填好的统计表不应出现空白单元格。

最后,在使用统计表时,必要时可在表的下方加上注释,特别要注意注明资料来源,以对他人劳动成果的尊重,被读者查阅使用。

第四节　统计指标的计算

行政调研统计工作的第三个阶段就是统计分析,它根据汇总整理的统计资料,运用各种统计方法,从数量入手,研究事物之间的关系,揭示各种社会经济现象的一般特征及其规律性。在行政调研统计工作中,常用统计指标计算包括总量指标、相对指标、平均指标和标志变异指标。

一、总量指标

总量指标,就是反映在一定时间地点和条件下的社会经济文化现象总体规模或水平的统计指标。这类指标是通过全面调查的方法,对总体单位进行调查登记,逐步汇总得出的总体单位的总数或某种标志总量。所以称为总量指标,其表现形式就是绝对数。

总量指标按其反映内容的不同,分为总体总量和标志总量。总体总量反映总体中单位的总数,如工业企业总数、职工总数、学校总数等。标志总量反映总体中各个单位某一标志值的总和,例如基本建设投资额、商品销售额、工资总额等。随着研究目的的改变,总体总量与标志总量可以相互转化。例如,研究企业全员劳动生产率、计算职工平均工资时,职工总数作为总体总量；当研究企业规模、计算企业平均工资时，职工总数就作为标志总量。

总量指标按其反映的时间状态不同，分为时期指标和时点指标。时期指标是反映总体在一段时期内活动过程的总量，例如产品产量、顾客投诉量、商品销售额等；时点指标是反映总体在某一特定时刻上的总量，例如期初或期末的职工人数、商品库存量等，由于时点指标数值表示社会经济现象发展到某一特定时点上所处的水平，所以其数值只能按时点间断记数，不能累计。

反映社会经济文化基本情况的数字资料，最先表现为总体总量或标志总量。它从数量方面反映社会经济文化现象基本情况，是认识事物的客观依据和起点，也是行政领导部门指导工作、决定决策、编制和检查计划、进行科学管理的重要依据。

在计算总量指标数值时，涉及一系列变量值或标志值的全部或部分相加。其计算公式为：

$$\sum X_i = X_1 + X_2 + X_3 + \cdots + X_n$$

二、相对指标

要深入研究社会经济文化现象应在总量指标的基础上，计算各种相对指标，开展对比分析工作。由于统计分析目的不同，两个相互联系的指标数值对比可以采取不同的比较标准(即对比的基础)，而对比所起的作用也有所不同，从而形成不同的相对指标，一般可以分为五种：计划完成情况相对指标、结构相对指标、比较相对指标、动态相对指标和强度相对指标。

1. 计划完成情况相对指标

计划完成情况相对指标，通称计划完成相对数，是以现象在某一时间内(如旬、月、季或年)的实际完成数与计划任务数对比，借以表明计划完成程度的综合指标。一般用百分数表示，基本计算公式如下：

$$\text{计划完成相对数} = \frac{\text{实际完成数}}{\text{计划任务数}} \times 100\%$$

在行政工作中正确计算计划完成相对数，可以反映各项计划指标的完成程度，为评价工作成绩提供依据；通过计划完成相对数，可以反映计划执行进度，及时发现问题，提出措施，改进工作；从行政工作的动态角度来看，通过计划完成相对数的对比分析，可以反映行政计划执行过程中的薄弱环节，为组织新的计划推动行政工作的开展提供依据。

2. 结构相对指标

结构相对指标，就是在分组的基础上，以各组(或部分)的单位数与总体单位总数对比，或以各组(或部分)的标志总量与总体的标志总量对比求得

的比重,借以反映总体内部结构的一种综合指标。一般可以用相对数形式表示,其公式表述如下:

$$结构相对数=\frac{总体某部分或组的数值}{总体全部数值}\times 100\%$$

在行政统计数据分析中,广泛应用结构相对数,可以说明在一定的时间、地点和条件下,总体结构的特征;也可以通过研究发现不同时期结构相对数的变化,反映事物性质的发展趋势;通过研究总体中各构成部分所占比重的大小以及是否合理,可以反映所研究工作对象的工作质量的好坏;也可以通过利用结构相对数,在工作中分清主次,确定工作重点。

3. **比较相对指标**

比较相对指标,就是将不同地区、单位或企业之间的同类指标数值作静态对比而得出的综合指标,表明同类事物在不同空间条件下的差异程度或相对状态。将同一总体中某一部分的数值与另一部分数值对比而得出的比例,也属于比较相对指标。比较相对指标可以用百分数或倍数表示。其公式可以概括如下:

$$比较相对数=\frac{甲地区(单位或企业)某类指标数值}{乙地区(单位或企业)某类指标数值}$$

$$或=\frac{总体中某一部分的数值}{总体中另一部分的数值}$$

用来对比的两个性质相同的指标数值,其表现形式不一定仅限于绝对数,也可以是其他的相对数或平均数。在行政管理工作中,广泛应用相对数,例如用各种质量指标在企业之间、车间或班组之间进行对比;把本企业的工资水平与同类企业的先进水平或世界先进水平对比,借以找准定位,挖潜力,定措施,为提高企业的行政管理水平提供依据。

4. **动态相对指标**

动态相对指标,就是将同一现象在不同时期的两个数值进行动态对比而得出的相对数,借以表明现象在时间上发展变动的程度。一般用百分数或倍数表示,也称发展速度。其计算公式如下:

$$动态相对数=\frac{某一现象报告期数值}{同一现象基期数值}$$

通常,作为比较标准的时期称为基期,与基期对比的时期称为报告期。要研究动态,首先要编制时间数列。将某一个统计指标在不同时间上的各个数值,按时间先后顺序排列,就形成一个动态数列。通过动态相对数,可以从现象的量变过程中反映其发展变化的方向、程度和趋势,研究其质量变化的规律性;可以在不同地区或国家之间进行对比分析。

5. 强度相对指标

强度相对指标,就是在同一地区或单位内,两个性质不同而有一定联系的总量指标数值对比得出的相对数,是用来分析不同事物之间的数量对比关系,表明现象的强度、密度和普遍程度的综合指标,其计算公式可以概括为:

$$\text{强度相对数} = \frac{\text{某一总量指标数值}}{\text{另一个有联系而性质不同的总量指标数值}}$$

强度相对数是两个性质不同而有联系的总量指标数值之比,它表明两个不同总体之间的数量对比关系。在多数情况下,是由分子与分母原有单位组成的复合单位表示,如人均图书占有量为册/人表示,但有少数强度相对指标因其分子与分母的计算单位相同,可以用千分数或百分数表示其指标数值。

三、平均指标

平均指标表示在同类社会经济文化现象在一定时间、地点条件下所达到的一般水平的综合指标。它的数值表现为平均数。在行政调研统计中,采用的平均数通常有算术平均数、几何平均数、众数和中位数。

1. 算术平均数

算数平均数是指总体中各个变量值的总和除以这些变量值的个数所得的商。算术平均数用 $\bar{X}$ 表示。它又可以分为简单算术平均数和加权算术平均数。

简单算术平均数是总体标志总量除以单位数之商,用 $X_1, X_2, X_3, \cdots, X_n$ 表示总体内各个变量值。简单算术平均数的公式为:

$$\bar{X} = \frac{X_1 + X_2 + X_3 + \cdots + X_n}{n} = \frac{\sum X}{n}$$

在行政调研统计中,常会出现简单变量数列和组距变量数列,在这种情况下,计算算术平均数需要采取加权的方法,因此称为加权算术平均数。用 $X_1, X_2, X_3, \cdots, X_n$ 表示各组的组中值,各组变量值出现的频数(即权数)用 $f_1, f_2, f_3, \cdots, f_n$ 表示。其均值公式可以表示为:

$$\bar{X} = \frac{X_1 f_1 + X_2 f_2 + X_3 f_3 + \cdots + X_n f_n}{f_1 + f_2 + f_3 + \cdots + f_n} = \frac{\sum_{i=1}^{n} X_i f_i}{\sum_{i=1}^{n} f_i}$$

由组距式变量数列计算加权平均数的方法与单变量数列类似,不同的是用组中值代替组平均值。

2. 几何平均数

几何平均数是 n 个变量值乘积的 n 次方根，其计算公式为：

$$\overline{X_G} = \sqrt[n]{X_1 \cdot X_2 \cdot \cdots \cdot X_n} = \sqrt[n]{\prod X}$$

式中：$\overline{X_G}$ 表示几何平均数，$\prod$ 为连乘符号。

几何平均数是适用于特殊数据的一种平均数，它主要用于计算比率或速度的平均。当我们所掌握的变量值本身是比率的形式，而且各比率的乘积等于总的比率，这时就应采用几何平均法计算平均比率。在实际应用中，几何平均数主要用于计算社会经济文化现象的平均发展速度。

3. 众数和中位数

众数是指一组变量中出现次数最多的那个变量值。众数一般用 M_0 表示，它经常被用来说明社会经济文化现象的一般水平。众数是一个位置代表值，它的特点是不受数据中极端值的影响。

中位数是一组数据按一定顺序排序后，处于中间位置上的数值，用 M_c 表示。根据未分组数据计算中位数时，要先对数据进行排序，然后确定中位数的位置。其公式为：

$$中位数的位置 = (N+1)/2$$

式中的 N 是总体变量值个数，当 N 为奇数，则居中间位置上的数为中位数，如果 N 为偶数，则中间位置上有两个数，这两个数的算术平均数即为中位数。

四、标志变异指标

标志变异指标和平均指标是一对相互联系的对应指标，它表明总体各单位标志值差别大小的程度，说明变量值的集中趋势。集中趋势的各测度值是对数据一般水平的一个概括性度量，它对一组数据的代表程度，取决于该组数据的离散水平。数据的离散程度越大，集中趋势的测度值对该组数据的代表性就越差，离散程度越小，其代表性越好。在行政调研统计分析中，常用的标志变异指标有极差、标准差和离散系数等。

1. 极差

极差也称全距，它是一组数据的最大值与最小值之差。即：

$$极差 = 最大值 - 最小值$$

极差是描述数据离散程度的最简单测度值，计算简单，易于理解，但它容易受极端值的影响。由于极差只是利用了一组数据两端的信息，不能反映出中间数据的分散情况，因而不能准确描述出数据的分散程度。

2. 标准差

标准差是各变量值与其均值离差平方和的平均数的平方根，它是测量数据离散程度的最主要方法,也是实际中运用最广泛的离散程度标志值。

设标准差为 σ,对于未经整理的原始数据,标准差的计算公式为:

$$\sigma=\sqrt{\frac{\sum (X-\bar{X})^2}{n}}$$

式中:$\bar{X}$ 代表总体算术平均数;

X 代表各单位标志值;

n 代表总体单位数。

对于组距分组数据,标准差的计算公式为:

$$\sigma=\sqrt{\frac{\sum (X-\bar{X})^2 f}{\sum f}}$$

式中:X 为各组标志值,如果是组距资料以组中值代替;

f 代表各组权数。

标准差与变量值的计量单位相同,其实际意义比较清楚。因此,在对社会经济文化现象的集中趋势进行分析时,主要使用标准差。

3. 离散系数

标准差是反映数据分散程度的绝对值,其数值大小一方面取决于原变量值本身水平高低的影响,也就是与变量的均值大小有关,变量值绝对水平高的,离散程度的测度值自然也就大,绝对水平小的离散程度的测度值也就小;另一方面,它们与原变量值的计量单位相同,采用不同计量单位计量的变量值,其离散程度的测度值也就不同。因此,对于平均水平不同或计量单位不同的几组数据,是不能用上述离散程度的测度值直接比较其离散程度的。为消除变量值水平高低和计量单位不同对离散程度测量值的影响,需要计算离散系数。

离散系数又称标准差系数,它是一组数据的标准差与其相应的均值之比,是测度数据离散程度的相对指标,其计算公式为:

$$V_\sigma=\frac{\sigma}{\bar{X}}$$

离散系数的作用主要是用于比较对不同组别数据的离散程度。离散系数大的说明数据的离散程度大,离散系数小的说明数据的离散程度也就小。

【知识要点】

1. 行政调研是指搜集、记录、整理、分析、研究行政对象的各种基本状况以及影响因素，并得出结论的活动与过程。

2. 市场调研的组织方式可以归纳为全面调研和非全面调研两大类。在实际行政工作中，常用的调研组织方式主要为非全面调研方式，有抽样调查、典型调查、重点调查、文献调查法。普遍调查法是经常使用的全面调研方式。抽样调查是从调查对象的总体中随机抽取一部分单位作为样本进行调查，并根据样本调查结果来推断总体数量特征的一种非全面调查。典型调查是对考察的对象在初步了解的基础上，从中选取少数具有代表性的单位或个人，进行周密系统的调查，借以认识事物的本质以及发展变化规律性的一种调查研究的方法。重点调查就是在研究对象的总体中，选择其中的重点单位进行调查，借以了解总体基本情况的一种非全面调查。文献调查法又叫历史法，它是间接收集思想信息的一种方法，是利用第二手材料的方法。普遍调查简称普查，或叫全面调查，是对所要调查的总体，逐一不漏地进行调查。

3. 行政工作者经常运用的行政调研方法包括：观察法、访问调查法、问卷调查法、态度量表法。观察方法，就是人们有目的、有计划地在自然发生的条件下对现象进行考察的一种方法。访问调查主要有开调查会和个别访问两种方式，它可以把问、听、看三者结合起来，即可以根据当地的具体情况和被调查者的特点，听其言，观其行，随时改变提问方式，采用不同的谈话技巧。问卷调查是在行政调研中一种以表格形式了解调研对象状况，有效搜集行政信息的工具。问卷调查法能否成功实施，调查表的科学设计非常关键。态度量表是通过被调查者回答某些问题或填写问卷的自我报告形式，将态度转换为可以度量的数字或等级的测定表格。它是通过逐个问题的提问，获取整个态度的总分，是量化主观态度的有效工具。

4. 行政统计数据的整理主要包括分类数据和顺序数据的分类整理，数值型数据的分组整理。数据经过整理后，主要是通过统计表和统计图显示出来。分类数据的整理通常要计算频数、频数分布、比例、百分比、比率等指标。顺序数据的整理除了运用分类数据的整理方法外，还可计算累积频数和累积频率。数值型数据在整理时通常是进行数据分组。它是根据统计研究的需要，将数据按照某种标准化分成不同的组别。分组后再计算出各组出现的次数或频数，就形成了一张频数分布表。分组的方法通常是进行组距分组。统计数据的显示常用统计表和统计图。常用的统计图包括条形图、圆形图、柱形图等。

5. 在行政调研统计工作中常用统计指标计算包括总量指标、相对指标、平均指标和标志变异指标。总量指标就是反映在一定时间地点和条件下的社会经济文化现象总体规模或水平的统计指标。总量指标按其反映内容的不同，分为总体总量和标志总量。由于统计分析目的不同，两个相互联系的指标数值对比可以采取不同的比较标准，从而形成了计划完成情况相对指标、结构相对指标、比较相对指标、动态相对指标和强度相对指标。平均指标表示在同类社会经济文化现象在一定时间、地点条件下所达到的一般水平的综合指标。在行政调研统计中，采用的平均数通常有算术平均数、几何平均数、众数和中位数。

【案例及思考】

××区居民楼盘投资意识调查问卷

亲爱的业主，您好：

本次调查目的在于协助××区政府进行产业结构调整，进行基础资料的收集工作。需要占据您3到5分钟的时间。非常感谢您的配合！

2011年第1季度

1. 所在楼盘或街道：(　　　　)，住房面积(　　　　)

2. 家庭成员年龄：(　　　　)

3. 家庭成员的人数：(　　　　)

其中职业：公务员(　　　　)个，工人(　　　　)个，教师(　　　　)个，公司雇员(　　　　)个，离退休(　　　　)个，其他(　　　　)个

4. 您的家庭每月的收入：

1 000元以下(　　　　)，2 000元以下(　　　　)，3 000元以下(　　　　)，5 000元以下(　　　　)，5 000—10 000元(　　　　)，10 000元以上(　　　　)

5. 您的家庭每月的固定开销是：

300元以下(　　　　)，1 000元以下(　　　　)，1 800元以下(　　　　)，2 000元以上(　　　　)

6. 您的家庭资金的主要流向是：

买房或按揭还贷(　　　　)，股票证券投资(　　　　)，银行储蓄(　　　　)，教育投资(　　　　)，其他(　　　　)

7. 您的家庭对积蓄倾向于：

活期储蓄(　　　　)，债券基金(　　　　)，股票(　　　　)，炒房产(　　　　)，其他(　　　　)

8. 在看休闲杂志或者浏览网站时，您最关注的是：

房地产信息版块(　　　　)，金融投资版块(　　　　)，餐饮美食版块(　　　　)，旅游版块(　　　　)，其他(　　　　)

9. 您家庭成员每年外出旅游(包括短途旅游)的花费数目：

2 000元以下(　　　　)，5 000元以下(　　　　)，10 000元以下(　　　　)，

10 000 元以上(　　　)

10. 您现在所居住楼盘均价是：

9 000 元以下(　　　),10 000 元以下(　　　),11 000 元以下(　　　),13 000 元以下(　　　),20 000 元以下(　　　),20 000 元以上(　　　)

11. 您是否采取按揭贷款方式进行买房：是(　　　) 否(　　　)

12. 您当初的贷款数是(　　　),现在未还清的款额是(　　　)

13. 在您感觉目前或将来的还贷压力是：

很轻松(　　　),基本不存在问题(　　　),十分担忧(　　　),已经付清房款(　　　)

14. 您如果还想购置房屋,第一选择是：

二手房(　　　),期房(　　　),价格较高的现房(　　　),价格较低的现房(　　　)

15. 您对于家中拥有自备车的看法是：

不需要(　　　),已经考虑购买(　　　),观望一下再考虑(　　　),已经拥有(　　　)

16. 您现阶段最关心的问题是：

房价上涨(　　　),生活成本提高(　　　),证券业不景气(　　　),其他(　　　　　　　)(请填出您关心的问题)

17. 您对××区产业结构调整有什么希望和建议?

分析提示：

一份完整的调查问卷需要的内容和这份问卷设计存在的问题。

【思考题】

1. 你所在的部门要开展顾客满意度指数测评,请你设计一份调研方案。
2. 在行政工作中,有哪些常用的行政调研方法?

【拓展阅读】

顾客满意度指数测评问卷的设计[①]

一、问卷中问题的种类

问卷中问题的种类根据答题的形式不同分为封闭式、开放式和半开闭

① 唐晓芬主编：《顾客满意度测评》,上海科学技术出版社 2001 年版,第 91—95 页,有删节。

式三种。

1. 封闭式问题

这种问题的答案实现由调查者拟定,应答者只需在这些答案中选择合适的一个或多个。封闭式问题可分为以下几种问题形式:

(1) 两项式(是非题)。提供的答案只有两个,应答者从中选择一个答案。一般采用"是"或"否"、"有"或"无"等形式来拟题。

例:你家里是否使用空调机?　　□ 是　□ 否

(2) 多项式。问题后的答案有三个或更多,问卷中将各种可能的答案列出,由应答者根据自己的实际情况选择一个或多个合适的答案。

例1:就目前空调机的款式来讲,您喜欢的是:

□ 柜机　□ 壁挂机　□ 一拖二　□ 窗式机

例2:你从网上订购的商品有:

□ 食品饮料　□ 图书音像　□ 保健用品　□ 服装服饰

□ 家用电器　□ 鲜花礼品　□ 体育用品　□ 办公用品

□ 儿童用品　□ 日用百货　□ 通讯产品

2. 开放式问题

这种问题没有已经拟定的答案,应答者可以根据自己的情况或想法,自由地发表意见。

例1:您家里有空调机(　　　　　)台。

例2:请您对该产品的质量提出您的看法和建议:________________。

3. 半开半闭式问题

这种问题的答案的选择既有封闭性又有开放性。最常见的形式是让应答者在作了"封闭性"的选择后,紧接着作"开放性"的回答。

例:您购买该品牌的空调机是因为:

□ 价格理想　□ 知名度高　□ 质量有保证　□ 保修承诺好

□ 营业员推荐　□ 亲友介绍　□ 媒体广告　□ 比较选择

□ 外形款式　□ 其他原因______________________(请写出不同于上述的其他原因)

二、问题设计的要求

设计问卷中的问题,要注意如下几点要求:

1. 避免一般性问题

提问的目的是为了获得某种特定的信息,如果问题过于一般化,结果会使得到的答案无多大意义。例如在我们所做的上海市场空调机顾客满意度指数测评中,开放式问题如果这样提问:"请对空调机市场多提宝贵意见",形式就太一般化了,最后收集到的信息就会空泛而失去意义。如果换成如下问题:“请针对空调机产品或服务质量多提宝贵意见”,效果就好得多了。

2. 问题的定义必须清楚

问题中的字词必须简单,定义必须清楚。一般来说,问题应尽可能简短,但有时为了使被调查者能准确回答,可用较长的文句来清楚地表达,使被调查者易于理解。

3. 避免使用容易产生不同理解的字和词

有许多字和词在一定的场合下,个人理解不尽相同,在问卷中应该避免。例如在上海市场空调机顾客满意度指数测评中问到以下问题:您家里使用空调机的时间大致是夏季(　　　　　　　　　　)月,平均每天使用(　　　　　　)小时。其中这个“月”就导致问卷出现两种情况:一种是填写“夏季1—2(个)月”;一种是填写“夏季(第)6—7月”。这样就造成有效信息的损失。我们只要改为下面的问题就可以避免这种情况的发生:您家里使用空调机的时间大致是夏季 □ 6月 □ 7月 □ 8月 □ 9月;平均每天使用(　　　　)个小时。

4. 避免出现引导性问题

“引导性”问题是指设计出的问题中所使用的字眼带有趋势性、暗示性,显露出调查者自己的想法。例如下面的问题:大多数人经常使用佳美洗衣粉,您也是吗? □ 是　□ 否。上诉问题带有明显的暗示,属“引导性问题”,极容易引导被调查者回答“是”,应改为:您使用佳美洗衣粉的频率是 □ 经常 □ 偶尔 □ 从不使用。

阅读提示:

本阅读参考资料讲了顾客满意度测评问卷的设计问题的种类和问题设计的要求,可以从问卷设计中如何把握提问方法和提问语句的角度思考。

第五章　行政管理控制

本章基本问题

为了达到既定的行政管理目标，行政管理控制必不可少。本章在介绍行政管理控制的含义和过程的基础上，重点介绍了行政管理控制中的行政预测、内部会计控制制度、预算控制、质量管理控制、绩效评估。

行政预测是展开行政管理控制工作的重要一环。正确的行政预测是为了实现行政工作的科学化。内部会计控制，制度的设计是关键，应根据具体会计业务的特点设计内部会计控制制度。为使预算控制有效进行，不仅要遵循预算的步骤有序进行，还需要多方管理工作共同配合。著名的PDCA（计划、执行、检查、总结）管理循环是普遍运用的全面质量管理的方法。六西格玛管理方法，是对全面质量管理特别是质量改进理论的继承性新发展。有效绩效考评，不仅能有效提高组织的管理水平，而且还能产生激励员工的作用。

第一节　行政管理控制概述

行政管理涉及人、财、物、信息等诸多要素，其组合关系错综复杂，内部结构和运行机制也千差万别，同时还面临着瞬息万变的复杂环境。在这种背景下，要想实现既定的管理目标，在激烈的市场环境下求得生存和发展，必须展开有效的行政管理控制工作。

一、行政管理控制的含义和内容

1. 行政管理控制的含义

行政管理控制，是指组织为了提高经营效率和充分有效地获取和使用各种资源，达到既定的管理目标，而在内部实施的各种制约相调节的预测、组织、计划、方法和程序。

行政管理控制的设计、执行和考核评价的主体,是组织内的行政领导、职能部门中的有关工作人员。即以组织单位为控制主体,按其所属系统建立内部控制制度。

行政管理控制以组织内的经济、业务管理活动为控制客体,即以一个组织的一切生产、经营活动、财政财务收支活动和各种行政业务管理活动为其控制的对象,针对本组织各项活动的具体环节制定一套联系、制约的程序和方法;其控制任务,是要控制组织内部一切经济活动和业务管理活动,严格按照计划规定的预期目标,有秩序、有效率地进行。

行政管理以责任、牵制、程序、手续等制度控制作为其控制方法,即建立合理的组织机构,明确部门、个人的职权范围和责任界线,规定授权处理程序及相互联系、相互制约的办事手续、方法等。行政管理控制的主要目的是为了领导、组织、协调、监督组织内的各项管理活动,以促成管理目标的实现。健全的行政管理控制系统,应达到提高组织的经营效率、确保管理部门制定的方针政策得到实施,保证各种管理信息资料准确可靠和保护财产安全完整等具体目的。

2. 行政管理控制的内容

一个组织的管理部门不仅对会计和财务方面的控制感兴趣,同时对组织的生产经营、购销活动及人员组织等感兴趣。因此,组织内的管理部门应当建立管理制度,借以保持生产经营的效率,以及保证各个部门贯彻执行既定的政策,实现既定的管理目标。从内容上看,行政管理控制主要包括以下几个方面内容:

(1) 行政预测。行政预测就是在行政管理中对行政工作的过程及其变动趋势作出推测和预见,使行政决策科学化,力求未来的行政工作的不确定性极小化。根据不同的标准,行政预测可以分为不同的类型。按照预测的时间跨度分,可以分为短期预测、近期预测、中期预测和长期预测;按照预测的性质分,可以分为定性预测和定量预测;按照预测对象是否可控,可以分为主观计划预测与客观发展预测。

(2) 内部会计控制制度。内部会计控制主要是指组织内部应用会计方法和其他有关方法,对财务、会计工作和有关经济业务所进行的控制。会计控制内容包括:组织机构的设计(组织的计划)、财产保护和财务记录的可靠性等有关的各种方法和程序。在资产管理方面包括资产收付保管业务、资产维护手续和资产维护手段等;在会计管理方面,主要是健全并有效地运用会计制度,如健全会计核算规程、成本计算规程等,确立账簿组织、账目组织、凭证组织,现金、物资盘存的制度化等。

(3) 预算控制。预算控制就是根据预算规定的收入与支出标准来检查和监督各个部门的生产经营活动,以保证各种活动或各个部门在充分达成既定目标、实现利润的过程中对经营资源的利用,从而使费用支出受到严格有效的约束。从内容上看涉及收入预算、支出预算、现金预算、资金支出预算、资产负债预算。

(4) 质量管理控制。质量管理控制是行政管理工作的重要一环。产品和服务是企事业单位和政府部门与顾客发生联系的纽带。行政管理中加强质量管理控制,就是根据用户对产品和服务质量的要求确定质量标准,采用必要的科学管理手段和控制方法保证实现使用户满意的产品和服务的质量。

(5) 绩效评估。绩效评估是工作行为的测量过程,即用过去制定的标准来比较工作绩效的记录以及将绩效评估结果反馈给职工的过程,这个过程可起到检查及控制的作用。依据不同目的,绩效评估可分为判断型和发展型两类。判断型的绩效评估主要强调过去的绩效,强调绩效评估的测量比较。判断型的绩效评估经常用来作为控制职工行为的过程。发展型的绩效评估,主要目的在于利用评估信息为未来改进工作服务,强调改进今后的工作绩效。

二、行政管理控制的过程

无论什么样的控制都是一种过程,行政管理控制也不例外。它包括了行政管理控制制度设计、执行与评价三个过程。

1. 行政管理控制制度设计

行政管理控制制度设计,主要是指行政管理控制制度的制定,是内部控制理论、原则、方法、内容的文件反映,是实行与评价行政管理控制的基础与依据。即是说,没有完善、科学的有形制度,也就谈不上有行政管理控制的存在。制度设计得好坏,直接影响到行政管理控制的好坏。行政管理控制制度的设计或制定的主体是单位管理当局,单位最高管理当局应根据设计任务的需要成立专门的临时组织进行制度设计工作,制度设计组织主要由总师和内部审计负责人组成,未实行三总师制度的单位,可由单位领导人、有关生产、供销、技术、质量方面的管理人员、财务会计人员及内部审计人员组成设计小组,必要时还可以聘请有关专家参加。制度设计主要包括确定设计方式、调查研究、进行具体设计、试行与修订等四个阶段。

2. 行政管理控制的执行

在经营管理过程中贯彻与执行已制定的各项制度,按照制度的规定进行计划、组织与调节经济活动及具体业务,才能达到有效控制的目的,以促成管理方针与目标的实现。制度贯彻执行的主体,不仅仅是单位最高管理当局和各职能部门,它还包括单位各个层次的管理人员与全体职工。针对行政管理控制整体而言,制度贯彻执行者,也即是控制的客体,它包括制度的设计者在内，无一例外。

3. 行政管理控制的评价

行政管理控制的评价，是指对行政管理控制制度的恰当性与有效性进行分析及价值的评定工作。根据评价的主体不同，行政管理控制的评价有外部评价和内部评价两种。外部评价主要是指有关检查部门或外部审计人员的评价；内部评价主要是指有关管理部门的自我评价或内部审计人员的评价。真正属于行政管理控制过程中的评价阶段是内部评价。对内部评价制度，既可以进行单项评价，又可以进行综合评价。其评价一般分为检查、分析与评定三个阶段。即检查内部控制制度制定与执行情况，并将实际绩效与目标或标准比较；分析实际执行偏离目标的原因，并寻求补救的措施；单项评定或综合评定行政管理控制制度的完善程度与有效程度，并提出改进的建议。

第二节 行 政 预 测

任何的行政规划和行政决策是面向未来的，因此在制定任何规划和作出决策时，都离不开对未来形势的估计，都自觉或不自觉地对未来情景进行预测和判断。

一、行政预测的含义

所谓行政预测，就是“鉴往知来”，就是人们通过事先的行政调查研究和分析，在一定的理论和方法指导下，以事物发展的历史和现状为出发点，对未来某种不确定的东西或未知的情况作出符合事物发展规律的设想或结论，以指导行政工作的方向和实际行动。

根据预测方法在行政预测中所起的作用进行分类，可以将预测方法分为定性预测方法和定量预测方法。

定性预测主要是研究和探讨预测对象的未来的性质，如事物发展的总体趋势，事件发生和发展的各种可能性及其可能产生的影响，目前确定并将要执行的决策是否会达到预期的目的等等。进行定性预测时，主要是通过对历史资料的分析和对未来条件的研究，凭借预测者的主观经验和逻辑推理能力，对事物未来表现的性质进行推测和判断①。常用的定性预测方法有各种调查法、对比类推法、集体经验判断法、专家调查法、交叉影响分析法、情景描述法等。

定量预测是对预测对象未来的数量特征加以确定。定量预测是在历史数据和统计资料的基础上，运用数学分析技术，建立描述预测目标和相关因

---

① 陈玉祥、朱桂龙著：《科学选择的理论、方法及应用》，机械工业出版社 1994 年版，第 218 页。

素关系的数学模型,并利用它们进行定量测算。常用的定量预测技术有回归分析法、时间序列分析和趋势外推法,以及增长曲线模型等方法。

行政预测是展开行政管理控制工作的重要一环,正确的行政预测是为了在可以预见的前景和后果面前,采取正确的决策和合理的措施,实现行政工作的科学化。行政预测对行政工作科学化的作用主要表现在以下几个方面:(1) 它是实现科学行政决策的前提,科学的行政预测不仅通过预知的事物发展状况为科学决策提供科学依据,而且可以根据各种可能出现的状况提出多种方案,供决策者选择;(2) 它可以为制订行政计划和规范未来提供依据,而且可以事先对计划进行评审;(3) 它可以帮助行政管理者在行动之前就有了明确的方向,懂得应该如何去做,不应该怎样去做,从而获得行政工作的主动权。

二、行政预测的程序

进行科学的行政预测,主要有三方面的条件:一是行政工作人员主观方面的条件;二是预测对象的信息资料方面的条件;三是对形势和环境的熟悉。

在行政人员主观方面,首先要求工作人员的认识合乎行政对象发展变化的规律,如果行政人员的认识与行政对象发展变化的规律不符合,不知道某些现象是由什么原因产生的,这些现象之间内在的联系是什么,那么科学的预见只能是一句空话。其次,要求行政人员具有逻辑推理和分析判断的理论基础,善于运用唯物辩证法观察和思考问题。再次,要求行政人员有行政工作的经验和预测方面的经验,明确过去和现在行政对象变化发展趋势。最后,要求行政人员有较强的能力,如思想和方法能迅速适应新情况的应变能力,能从少量思想信息和资料中洞察全貌的判断能力,从纷繁复杂的思想动态中理顺各种关系的分辨能力等等。

在预测对象的信息资料方面,首先要求信息资料充分可靠,并且具有及时有效性,为预测提供原料;其次,要有丰富的信息历史资料,包括过去行政对象的变化趋势和特点,为预测提供比较研究的资料。对现实的、历史的资料,应不怀偏见地广泛搜集,力求资料准确、全面、系统,而不应该按既定框框决定取舍。

在对形势和环境的熟悉方面,要求对影响行政对象发展趋势的各种因素包括国内国际政治、经济、思想等有大致全面的了解;对预测对象的工作、生活方式和客观环境的变化有比较深入的体察。

行政预测的程序大致分为:

1. 预测目标的分析与确定

预测目标的分析是指通过分析,确定预测所要达到的目的,以及预测结果所要达到的精确程度。明确预测目标是预测过程的起点,是保证预测过程顺利进行的基础。预测工作首先要进行预测目标分析,这是因为许多预测工作的总目标一开始并不是十分明确的,决策者往往只能提出问题和要求,并不能加以深刻的说明,需要通过预测目标分析,使许多潜在的问题明朗化,有时即使有些预测对象比较明确,但有时会因问题的复杂性而不易直接进行预测,此时需要把预测主题进一步进行分解为若干个子目标。例如在“上海市高校研究生就业前景预测”中,此项预测问题直接预测有一定困难,这时可以把问题进行一定分解,把上海高校研究生分为硕士研究生和博士研究生两大部分,还可以按照专业进一步分解,最后逐一进行分析预测。

预测目标的分析程序如图 5-1 所示。首先,在分析决策目标的基础上,根据决策的需要确定目标(包括预测对象、预测边界范围)。若预测目标不明朗,则可重新进行决策目标分析,直至预测目标明朗。第二步进入预测目标的具体分析阶段,若通过分析,预测对象较为复杂不易直接预测,则可进入第三步,即预测目标的分解。把总预测目标分解为若干个易于分析预测的子目标,从而进入整个预测综合分析的第二阶段——预测方法和模型的评价选择。若预测对象较为简单,则不必经过预测目标分解而直接进入预测分析的第二阶段。

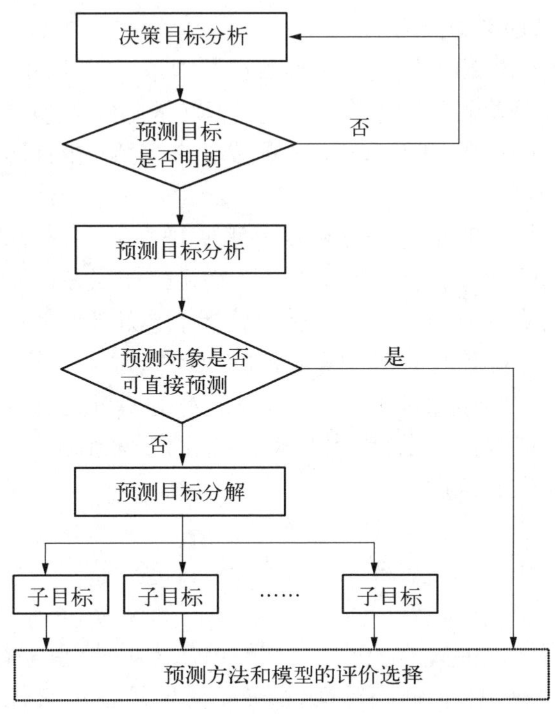

图 5-1 预测目标分析的程序图

2. 预测方法的评价与选择

预测人员在明确了预测目标以后,所面临的工作是预测方法的选择。预测方法选择是否合理又是预测能否成功的关键所在。

合理选择预测方法的前提是对每一种预测方法的特点、适用范围等方面有一个全面的了解。行政预测方法主要有定性预测方法和定量预测方法两大类。

定性预测方法灵活性强,预测人员总是能随着外界的变化而不断进行调整,并加以综合分析,推理判断,而且简便易行并具有一定科学性。但是定性预测也存在预测结果不够精确和受预测人员主观因素影响较大等不足之处。因此它常用于历史数据资料缺乏或影响因素复杂,难以分清主次,或对主要影响因素难以定量分析等场合的分析预测。

定量预测方法预测结果比较客观,受主观因素影响较小,在预测中运用统计数学方法所测得的预测值较定性分析准确,而且在一定把握程度下,可以指明预测方法可能发生的误差。但是定量预测方法也存在定量预测模型机械不灵活,不易处理有较大变动的非规律性变化资料的缺陷。这种方法主要侧重于事物发展在数量程度上的分析预测,如速度、幅度、影响程度等,并要求有比较完备的历史数据资料。

3. 预测结果的分析与评价

预测结果的分析和评价在整个预测过程中是很重要的一环。办公室工作人员分析预测误差的作用不在于消除误差(消除误差也是不可能的),而在于通过对误差产生的原因分析,尽量减少未来预测的误差,提高预测的精度。

分析预测结果一般是通过分析误差来实现。所谓误差,是指模型计算值与实际值之间的离差,可以分为拟合误差和预测误差。拟合误差是指在历史时期测得的实际值与模型计算值的离差;预测误差是指在未来某一时刻所测得的事先预测值与未来的实际值的离差称为预测误差。这两种误差在实际预测过程中的作用是不同的,拟合误差主要可为选择合理的预测模型或者调整预测值提供依据;预测误差主要用于分析误差产生的原因,作为今后改进预测工作的依据。

第三节　内部会计控制

行政管理者可以通过建立内部会计控制,约束与激励行政管理对象。行政管理者通过利用会计的控制功能确保交付给各个责任中心的财产安全,通过利用会计信息,了解各个部门对财产的运作情况,从而有利于评价和监控各个部门的业务经营活动。

一、内部会计控制的含义

内部会计控制制度　它是指那些与保护财产安全及财务会计记录可靠性有关的组织、计划、程序、方法等。它包括：现金内部控制制度，银行存款内部控制制度，费用内部控制制度，债权、债务内部控制制度，成本内部控制制度，专用基金内部控制制度，利润内部控制制度，会计处理内部控制制度，存货内部控制制度，固定资产内部控制制度等。设计内部会计控制制度，主要是为了及时完整地提供可靠的会计信息，建立健全财务会计信息系统。

应用内部会计控制制度，通过设计会计部门和人员的分工职责、处理程序和手续、业务凭证流程以及财产清查的要求等，使每一个环节、每一个人、每一道手续都处于相互监督和制约中，从而起到防弊查错、保护组织资产的完整的作用；通过规定每项业务的处理程序、各环节的职责分工、审批稽核手续、业务处理手续及时间，可以做到证证、账证、账账、账表、账款、账物相符，从而为会计管理和组织管理提供真实、准确、完整的会计信息。在会计制度设计中充分考虑采用其部门相对独立、职务分管、授权批准等控制方式，以提高会计的工作效率，充分发挥会计制度的作用。

二、内部会计控制制度的设计

会计制度设计人员确定了设计目标，掌握了可供选择的控制方法后，就可以着手进行具体控制制度的设计。其设计程序，一般分为几个方面：(1) 设计人员要进行充分调查，了解具体会计业务的特点，特别要注意在工作中容易发生的差错和弊端的环节，以便确定控制的要点。(2) 综合调查研究的结果，选择恰当的控制方法，拟定内部会计控制制度。(3) 内部会计控制制度的试行及修订。对于设计出来的控制制度是否科学、可行，需要经过一段时间的试行，以检验其是否可行和有效，总结优缺点，及时进行修订，然后正式施行。

以投资业务为例说明内部会计控制制度设计中的应用。

首先要分析投资业务的特点。投资业务分为短期投资和长期投资。其特点主要是投资流动性强、业务量大，容易发生差错和漏洞；有价证券是价值较大的资产，容易成为被盗窃、套取和挪用的对象，是控制的重点和难点。

其次是分析投资业务中容易出现的差错和弊端。投资业务中容易发生的错、弊，主要有：投资资产(购买的股票、债券)的入账价值，以及债券投资折价、溢价摊销和账务处理容易发生错误，如将已宣告发放的股利计入股票投资价值，而不计入“其他应收款”科目等；在成本法或权益法下，投资收益的计算及其账务处理容易发生错误；工作人员的舞弊行为，如将有价证券登记在经办人员名下，冒名顶替，将投资收益暂不入账，挪用企业资金等。

最后,根据以上特点和差错弊端分析,在设计投资业务的内部会计控制制度时,可以作如下制度控制：第一,分权和授权控制。涉及投资业务各个部门和人员分工要明确,各司其职,不得兼容,以利控制。第二,有价证券控制。建立健全严格的有价证券管理制度。第三,程序手续控制。严格记名登记制度,除无记名证券外,组织应在购入证券的当日尽快登记于组织名下,切忌登记在经办人员名下;对于任何有价证券的存入和取出,要将证券的名称、数量、价格及存取的日期、数量等详细登记在证券登记簿内,并由所有在场经手人员签名;证券的购入和出售必须有核准手续。第四,账目控制。组织对于投资业务要进行全面记录,要设立有价证券登记簿,详细登记其名称、面值、数量、购入成本、取得日期、收取的股息或利息等,并按投资类别分别设立明细分类账,对投资的增减变动及投资收益的实现情况进行核算。第五,资产清查控制。为了保护组织资产的安全完整,除了做好日常核算和管理工作外,组织还要建立完善的投资资产定期盘点制度。

第四节　预 算 控 制

预算控制是行政管理控制中使用广泛的一种控制方法。为实施有效的预算控制,行政管理者必须了解预算的意义,研究本单位员工对预算的看法和意见,掌握预算控制的方式,通过预算控制以确保本单位在各方面的活动更能保持协调和有效控制。

一、预算的含义

经营预算又称为组织活动的总预算,是关于组织在一定时期内(一般为一年)经营、财务等方面的总的预算,是管理控制中使用最广泛的一种控制方法。它包括业务方面的预算(如销售预算、生产预算、采购预算、成本预算等)和财务方面的预算(如现金流量预算、结算款项预算、预计财务报表等)。

预算编制过程是一个改善经营管理的过程,是挖掘组织资源使之达到最有利可图的目的。预算需要一套业绩标准,以便与实际结果进行比较。这一过程称之为“对计划的控制”,它是一种参照先前建立的标准,检查和评价执行情况的持续不断的监控程序。

根据对组织经营情况的清楚了解和仔细分析后所制定的一套预算,可对组织发挥重要、积极的作用。

(1) 预算编制过程改善了组织内部的协调,这对产品在各阶段(研制、工艺、生产、营销、人事及财务)的正确决策,以及对组织利润均产生有利影响。

(2) 预算可为组织高层行政官员和中层管理人员提供有价值的指导。认真制定并通过努力可以完成的预算使下级意识到组织最高行政官员对企业的情况相当了解,这样的预算是连接组织高层行政官员与他们指挥的部门管理人员之间的纽带。

(3) 预算也可作为计划与控制的工具,这个工具使管理者能预期变化并适应变化。在当今经济环境中,组织的经营相当复杂并容易受到激烈竞争的压力。这种经济环境变幻莫测,总的经济增长率在不断波动,这些波动以各种不同的方式影响每个行业与组织。如果组织能未雨绸缪,那么编制预算和预算控制过程可以为管理者提供较好的基础,了解组织经营活动与周围环境的关系,还能使组织对突发事件作出快速反应,从而增强企业有效经营的能力。

二、预算控制的方式

预算控制就是以预算目标制定的费用预算为依据,对组织经营活动的各项费用支出和成本费用,进行有效的检查和监督,并通过对这预算计划目标与预算执行结果进行分析比较,及时发现和纠正偏差,确保预算目标的实现。预算控制方法可以分为事前控制、事中控制和事后控制三种方式。

事前控制又称为预先控制或预防性控制,是指对组织中的某一事物,在其活动前进行调节控制的一种方式。其重点放在事前决策和计划上,即行动之前根据组织经营活动的各种预测和环境资料等前馈信息,拟订出不同的可行方案,从中进行优选,然后以此编制计划和预算。事前控制须以假设外部环境和控制系统的未来行为具有完成的确定性为前提,以有大量的预测数据和环境资料等前馈信息为依据。事前控制的方式可以根据以往的经验,也可采用完善的预算标准操作程序和严格的授权控制来进行。

事中控制又称为计划执行过程中的控制,是指对组织生产经营活动及其过程的某一事物的现场控制方式。其重点放在对发生的行动效果及其形成过程的经常监督和调整上,即通过作业核算和现场观测获得信息,及时把被控对象的输出变量与控制标准进行比较,提出纠正偏差的行为措施,不断消除行为效果偏离既定标准的现象,确保控制目标的实现。事中控制方式是一个动态性控制,通过事中控制可以有效抓住控制点,及时发现差异,衡量绩效,纠正偏差,一般可以采用适当的职责分离和通过适当的信息记录和准确的凭证证明来进行。

在实际预算控制中,事前控制和事中控制一般结合采用。实行事前控制,可以做到生产经营过程开始之前有科学的预见,使决策和计划更有科学性;实行计划执行过程中的控制,才能落实计划任务或决策期望值,及时纠正偏差,实现组织经济活动的整体目标。

事后控制又称为检测性控制,是利用反馈信息来实行调节控制的一种方式。其重点放在对发生的行动效果的经常监督和调整上,以通过核算和分析获得信息,并与控制标准进行比较,提出纠正偏差的行为措施,确保控制目标的实现。事后控制一般采用严密有效的财务核算和分析报告系统,循环的定时和不定时的资产检查、定期和不定期的财务及业务审计。

三、预算控制的程序

预算控制的一般步骤是：

1. 编制预算

编制预算大体要经过几个具体步骤：第一步,下属各职能部门首先制定本部门的预算方案。第二步,各分部领导收到下属各部门的预算草案后进行综合平衡,并制定本部门的总预算编制算草案。第三步,各分部领导把本部的预算草案呈交上级预算委员会。第四步,预算委员会负责审查各分部的预算草案,并进行综合平衡。第五步,预算委员会与高层控制人之间进行协商,在协商基础上,预算委员会拟订出整个组织的预算方案。第六步,预算委员会把整个组织的预算方案呈交给总经理或董事会审批,审批后再逐级返回下去。

2. 执行预算

预算一经审议通过后,就要下达各执行部门贯彻实施。执行预算的过程中,要及时或定期检查预算的执行情况,观察实际发生额是否限制在预算范围之内,以及可能达到的预算收入。还要对预算目标和预算项目实现事前控制和支付前审核,促使预算执行部门和责任者有效地执行预算。

3. 进行预算差异分析

要适时对预算项目的费用支出进行分析,将实际发生额与预算限制额进行对比,及时发现预算的有利差异和不利差异,并采取相应措施,纠正预算的不利差异,使之重新符合预算的目标要求。

4. 对预算控制、结果进行总结、评价,考核预算控制的绩效

四、有效预算控制的保证

预算仅仅是管理的手段,不能代替管理工作的本身。要使预算控制很好发挥作用,需要有多方面管理工作的共同努力。

1. 要有高层领导的全力支持

高层领导不仅要经常给予下层及时的激励和指导,还应积极参与预算审查,指导各分公司和各部门编制和维护它们各自的预算;并将主管人员在规划和预算控制方面的能力作为一项重要的考评要素。

2. 把预算目标与组织目标融为一体

在整体经营预算中,要防止有些主管把预算目标置于组织目标之上,只关心如何使自己的费用不超过预算,但忘记首要的职责是实现组织目标。必须将预算目标与组织目标融为一体,每项计划都应以有助于实现组织整

体目标的方式存在于预算之中。

3. 确立组织的远景目标

组织远景目标的确立,建立整个组织内从上到下将各管理层次的目标整合成一个互相衔接的整体,有助于经营预算的编制运行和控制。

4. 制定各种合理的标准

提出和制定各种科学合理、切实可用的标准,并按这些标准把各项计划和工作转换为对人工、费用、支出、厂房设备和其他资源的需要量,既保护了员工和管理人员的积极性,又可以避免预算成为懒散又无效的管理部门的保护伞。

5. 充分重视信息沟通

要使预算控制发挥作用,主管人员需要由他们的部门提供按照预算所完成的实际业绩和预测业绩的信息,这些信息向主管人员表明他们工作的进展情况。如果信息沟通不及时,常常会发生偏离预算的情况。

6. 认真执行跟进考核

通过跟进考核可以及时评定控制行动的实际效果,并进一步促进标准的可操作性和可衡量性,建立进一步改进规划及控制效率的基础,为未来编制更好的预算提供基础和经验。

7. 会计制度紧密配合

经营预算的控制范围涉及人、财、物、产、供、销。为直接进行预算控制,会计制度必须在本质上重视规划与控制方面的需要,如建立标准成本制度。通过建立标准成本,一方面有利于计算产品成本,另一方面通过实际成本与标准成本差异的核算和分析,能够找出影响成本的主要因素,找出责任部门,采取措施解决。

第五节　质量管理控制

任何产品或服务的质量都取决于人、材料、机器设备、方法和环境五个方面的因素。每个因素又受到其他因素的影响。要想获得较高的产品和服务质量水平,只能在管理过程中很好地控制这些因素,使之处于较稳定的状态。这一过程就是质量管理控制过程。

一、质量管理的含义

质量一般是指产品在结构、性能、强度、功率、成分及使用寿命等方面所具有的特性和要求达到的标准。现代企业管理中,质量有狭义和广义之分。狭义的“质量”,是指产品质量,即产品满足规定需要所必备的特性。对产品质量的衡量,主要包括以下五个方面:可用性、安全性、可靠性、可维修性和经济性。广义的“质量”,除指产品质量外,还包括工程质量和工作质量,三者相辅相成,构成质量体系。所谓工程质量,指由操作者、原材料、机器设备、生产工艺和工作环境五个方面的因素同时起作用的产品生产过程的质量;而工作质量,则是指企业的整个生产、经营、技术、管理和职业道德教育等与产品质量有关的工作,对达成产品质量标准要求的保证程度。

无论是有形产品的质量还是无形劳动服务的质量,都是一个组织各项工作质量的综合反映。组织开展质量管理工作,其着眼点就在于提高产品和服务的质量。所谓质量管理,是指为了保证和提高产品质量而进行的一系列技术、组织、计划、协调和控制等工作的总称。其重点是质量方针、质量目标标准的制订和实施。

质量管理的发展,大致经历了质量检验阶段、统计质量管理阶段和全面质量管理阶段。美国通用电气公司的费根堡姆和质量管理专家朱兰提出了全面质量管理概念。费根堡姆于1961年出版了《全面质量管理》一书。从此,全面质量管理的理念逐渐被世界各国所接受,并且在实践中取得了巨大的成功。20世纪80年代又产生了六西格玛,它是对全面质量管理特别是质量改进理论的继承性发展。在美国通用公司应用六西格玛取得成功之后,六西格玛为全世界所认识和接受,其应用范围已经从电子领域走进了普通制造业、航空业、化工业、冶金业乃至银行、保险等服务业以及电子商务领域。

全面质量管理就是组织全体职工及有关部门同心协力,把专业技术、经营管理和思想教育结合起来,建立起产品的研究、设计、生产、销售、服务等全过程的质量体系,从而有效地利用人力、物力、财力、信息等资源,提供符合规定要求和用户期望的产品或服务。

全面质量管理的基本核心,是提高人的素质,调动人的积极性,通过抓好每个人的工作质量来保证提高产品质量或服务质量。

全面质量管理的基本特点,是把过去的以事后检验和把关为主,转变为以预防和改进为主;把过去分散的、多头的管理转变为以系统的观点进行全面综合治理;以管结果转变为管因素,并从诸因素中找出主要矛盾,针对主要矛盾,发动全员、全部门参加。依靠全面质量管理理论、程序和方法,使生产、作业的全过程都处于受控状态,以达到保证和提高产品质量和服务质量的目的。

二、质量管理体系的运转方式

质量管理体系就是为保证产品或服务满足规定的或潜定的要求,由组织机构、职责、程序、活动和资源等构成的有机整体。质量体系运行是执行质量体系文件、实现质量目标、保持质量体系持续有效和不断优化的过程。

为了保证质量体系持续有效地运行,最终实现提高产品和服务质量的目的，全面质量管理提供了有效的方法。著名的 PDCA（计划、执行、检查、总结）管理循环是普遍运用的质量管理的方法。

P 阶段，即计划阶段。这个阶段的主要任务是：确定质量方针与质量目标，以及制定与此有关的活动计划。这个阶段又可具体化为四个步骤：找出问题、分析原因、找出主要原因、研究措施，提出计划目标和执行计划。

D 阶段，即执行阶段。这个阶段的主要任务是：按照所制定的计划，采取具体措施，实现质量方针和质量目标。

C 阶段，即检查阶段。该阶段的主要任务是：针对计划检查执行情况，鉴定成果，找出存在的问题。

A 阶段，即处理阶段。这个阶段的主要任务是：第一总结经验，把执行中取得的成功经验加以肯定，形成标准，纳入标准规程，以便以后再进行同样的工作和业务活动，对于失败的教训，加以总结，防止错误重犯；第二是把遗留问题转入下一管理再循环，通过再循环求得解决。

为了便于解决问题和改进工作，在具体实施 PDCA 管理循环时可以采取 8 个步骤：第一，调查现状，找出存在的质量问题；第二，分析问题，明确造成质量的各种原因；第三，寻找主要原因，确定解决质量问题的方向；第四，针对主要原因，制定解决质量问题的计划；第五，执行所制订的计划，落实各种措施；第六，明确应该巩固的成果，找出确实存在的问题；第七，巩固所取得的成果，将成功的经验标准化；第八，提出尚未解决或新出现的问题，将其转入下个 PDCA 管理循环中去解决。

PDCA 管理循环有 3 个明显的特点：第一，按顺时针方向不停地运转。围绕组织的方针、目标这个轴心向前转动，并且不断循环，周而复始[如图 5－2(a)]。第二，大环套小环。PDCA 循环法，不但适用于整个组织，而且也适用于科室、车间、班组、工序、产品以及个人。为了实现组织总的方针目标，各级、各部门乃至每位职工，都有自己的 PDCA 循环。于是，形成了一个大环套小环、一级带一级的 PDCA 循环的有机整体[如图 5－2(b)]。第三，阶梯式上升。每经过一次循环，就上升到一个新的高度，从而解决一部分问题，取得一部分成果。到下一次循环，又有新的目标和内容。PDCA 循环不断升级，质量就随之不断改善和提高[如图 5－2(c)]。

三、六西格玛管理的特点与组织方式

六西格玛认为，以顾客为中心是最优先的事。在管理方法方面，六西格玛重视数据和事实驱动，一开始就澄清什么是衡量组织业绩的尺度，然后应用统计数据和分析方法来建立对关键变量的理解和获得优化结果。在六西格玛里，“流程”是一个很重要的概念，认为，设计产品和服务、度量业绩、改进效率和顾客满意度，甚至经营企业等都是流程，流程是改进行动的主要对

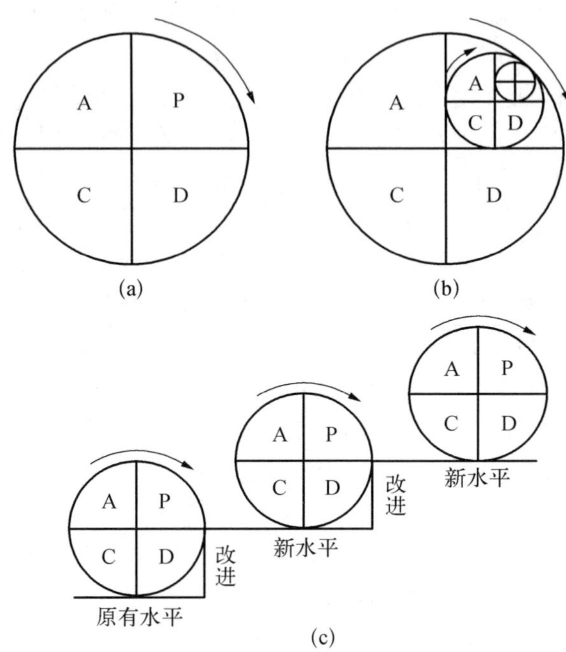

图5-2　PDCA循环示意图

象，它是在给顾客提供价值时建立竞争优势的有效方法。六西格玛用动态的、即时反应的、有预见的、积极的管理方式取代被动的习惯。采取无边界合作是六西格玛的另一特点，它消除了部门及上下级之间的障碍，促进组织内部横向和纵向的合作。

推动六西格玛活动的首要任务是创建一个致力于流程改进的专家团队，并确定团队内的各种角色及其责任，形成六西格玛的组织体系。以黑带团队为基础的六西格玛组织是实施六西格玛的成功保证。图5-3为六西格玛的组织结构示意图。

组织执行领导是推行六西格玛获得成功的关键因素，成功推行六西格玛并获得丰硕成果的组织都拥有来自高层的高度认同与卓越领导。

倡导者发起和支持黑带项目，是六西格玛管理的关键角色。倡导者通常是组织推行六西格玛领导小组的成员，或者是中层以上的管理人员。其工作通常是全面的、战略性地部署实施战略、确定目标、分配资源及监控过程。最后会对六西格玛活动整体负责。

黑带大师经常负责在特定领域或部门开展六西格玛工作，更多的是扮演组织变革的代言人角色，其工作更加具有管理性质，他们是运用六西格玛工具的高手，其主要职责为：担任培训师，为黑带培训六西格玛管理及统计

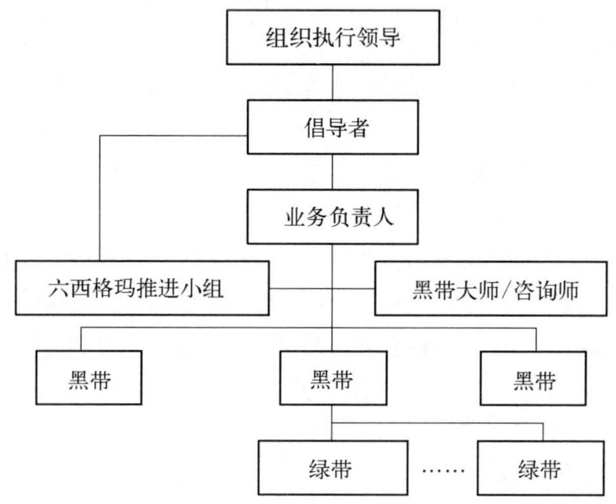

图 5－3　六西格玛组织结构图

方面的知识;帮助倡导者、管理者选择合适的人员,协助筛选最能获得潜在利润的项目;为参加项目的黑带提供指导和咨询;保证黑带及其团队能够顺利完成他们的工作;具体指导和协助黑带及其团队在六西格玛改进过程中完成每个步骤的关键任务;为团队在收集数据、进行统计分析、设计实验及关键管理人员沟通方面提供意见和帮助。

黑带专职从事六西格玛改进项目,是成功完成六西格玛项目的技术骨干,他们的努力程度决定六西格玛管理的程度。其主要任务是:在倡导者和黑带大师的指导下,带领团队运用六西格玛方法完成项目;决定项目每一个步骤需要完成的任务;为项目团队成员提供新的战略和最有效的工具及技术应用的专门培训;为组员提供一对一的支持,带领绿带快速有效地达到和改进目标;在各种形式的培训、案例研究、工作座谈会和交流活动中将新的战略和新的工具方法传递给团队的其他成员;在内部或外部(供应商和顾客)找出新战略和新工具方法运用的机会;通过与其他组织的合作,发现新的商业机会;令团队始终保持高昂的士气与稳定情绪;项目完成后向最高管理层提供项目报告。

绿带是非全职参加六西格玛管理的基层管理者或员工,他们的作用是把六西格玛的新概念和工具带到企业的日常活动中去。他们是实施六西格玛管理的最基本的力量。他们的职责是:提供相关过程的专业知识;建立绿带项目团队,并与非团队的同事进行沟通;促进团队观念转变;把时间集中在项目上;执行改进计划以降低成本,与黑带讨论项目的执行情况与今后项目,保持高昂的士气。

业务负责人是六西格玛项目的过程管理者,他们不需要独立完成项目,他们在六西格玛管理中的职责主要是支持和配合黑带和绿带,为他们提供资源支持,协调和帮助黑带和绿带,保持与黑带、绿带项目业务方向的一致性。

第六节 绩效考评

在行政管理中,有效考核评价员工绩效,能有效提高组织的管理水平,掌握组织机构的现状及存在问题,为组织变革和组织发展提供依据;能显示出组织中方方面面的实际运行状况,实现对组织的监测功能;通过有效的绩效考评还能不断改善组织氛围,促进员工与组织共同发展,提高整体效率和经济效益,有助于组织发展与目标的实现。

一、绩效考评的含义

绩效考评包括组织的绩效考评、部门的绩效考评和员工的绩效考评。由于企业、部门绩效的基础就是员工的绩效,由此,一般意义上称的绩效考评就是指的以员工绩效考评为基础的整个部门、企业的绩效考评。它是工作行为的测量过程,即用过去制定的标准来比较工作绩效的记录以及将绩效考评评价的结果反馈给员工的过程,同时绩效考评也是对组织成员的绩效进行识别、测评和开发的过程,是人力资源开发与管理中一项重要的基础性工作。

从内涵而言,绩效考评包括人员素质评定和业绩评定两个方面。

素质评定涉及考评对象的性格、知识、技能、适应性等方面的情况。而业绩评定一般又包括工作态度评定和工作完成情况的评定。工作态度评定是对员工进行工作时的态度所做的评定,它与工作完成情况的评定相互关联,但两者的评定结果也可能不一致。工作完成情况评定是绩效考评最基本的核心的内容,它一般要从工作的最终结果(工作的质与量)和工作的执行过程两个方面进行分析。如图 5－4 所示:

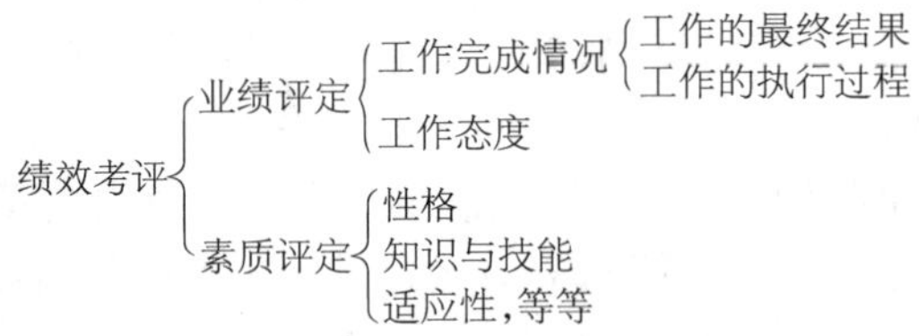

图 5－4 绩效考评图

绩效考评是一个先进的管理系统,为系统的建立与实施提供一个有效的方式,可以使组织按其远景规划与价值来制订组织的经营策略,并将组织的经营目标转换成可操作的具体工作计划，进而制订出部门与个人的工作目标。

二、绩效考评的流程设计

绩效考评的总流程包括五个阶段，即准备阶段、实施阶段、考评阶段、总结阶段和应用阶段。

1. 准备阶段

绩效考评的准备阶段需要明确四个基本问题：绩效考评的参与者是哪些人？采用什么样的考评方法？如何衡量和评价绩效？怎样组织实施绩效管理的全过程？

绩效考评的对象是组织的全体成员，无论员工从事何种类型的工作，不管其级别如何，不管是管理者还是被管理者，都是绩效考评的对象。由于参与人员的不同，绩效考评又可以区分为上级考评、同级考评、下级考评、自我考评、外部人员考评。

在绩效考评对象确定的情况下，首先应当解决好采用什么样的绩效考评方法的问题。从考评的效标上看，基本上有特征性效标、行为性效标和结果性效标三类。一般来说，在生产企业中，一线人员采用以实际产出结果为对象的考评方法，而从事管理性或服务性工作的人员宜采用特征性为导向的考评方法；在大公司中，总经理、管理人员或专业人员宜采用以结果为导向的考评方法，而低层次的一般员工通常采用以行为或特征为导向的考评方法。

在组织实施绩效管理的全过程中，需要确定考评时间和考评期限以及考评的工作程序，保证考评能够定期不定期地按照时间顺序一步一步推进。

2. 实施阶段

绩效考评的实施阶段就是在完成绩效考评系统设计的基础上，组织全体员工贯彻绩效考评制度的过程。在这个过程中，无论是主管上级还是下级，他们作为绩效的考评者与被考评者都必须严格执行绩效管理制度的有关规定，认真实施考评工作。在实施阶段要做好信息收集和资料积累工作，保证绩效考评的有效性和可靠性，上下级之间还要做好目标和计划的沟通，上级不仅要对下属的具体工作进行必要的监督和指导，还要在物质和精神上给予必要的支援和帮助。

3. 考评阶段

绩效考评阶段不仅关系到整体绩效管理系统运行的质量和效果，也将涉及员工当前和长远利益，需要人力资源部门和所有参与考评的主管高度重视。在此应注意从几个方面做好考评的组织实施工作。第一，要提高绩效考评的准确性，尽力消除考评者导致考评误差的各种主观因素，如感情因素、偏见因素、政治因素等。第二，通过建立员工绩效评审系统和公司员工申诉系统，保证考评的公正公平性。第三，为了有效进行考评结果的反馈，应建立与员工面谈制度。通过面谈,使被考评者知道自己在过去的工作中取得何种进步,尚在哪些方面存在不足,有待在今后的工作中加以改进和提高。第四,在绩效考评过程中,应当注意对考评使用的各种表格进行必要的检验,包括考评指标相关性检验,考评标准准确性检验,考评表格的简易程度检验。一个良好的考评表格的设计,有利于提高考评者的评分速度和评估质量。第五,考评方法作为绩效考评的基本工具,应当在考评成本、适用性和实用性等方面符合组织的标准和要求,如果某一方法未符合要求,则需设计新的工具和方法。

4. 总结阶段

总结阶段是绩效考评循环期行将结束的一个重要阶段。这个阶段不仅是各个层面进行绩效面谈和沟通、上下级之间交流绩效管理信息、彼此激励互动的过程,也是对组织整体绩效管理体系乃至组织总体管理状况和水平进行必要的检测、评估和诊断的过程。在总结阶段要完成的工作包括:第一,各个考评人完成考评工作,形成考评结果的分析报告;第二,针对绩效诊断所揭示出的各种涉及组织现存的问题,写出具体详尽的报告;第三,制定下一期组织全员培训与开发计划,以及薪酬、奖励、员工升迁与补充调整计划;第四,汇总各方面意见,对组织现有的绩效考评体系的相关内容提出调整和修改的具体计划。

5. 应用阶段

应用阶段是又一个新的绩效考评工作循环的始点。为了进一步推动组织绩效考评活动的顺利开展,应该对考评者、被考评者、绩效考评的系统进行深层次开发,找出问题所在并加以改进,对评价体系进行必要的修改与调整。

三、绩效考评的主要方法

绩效考评方法直接影响评估计划的成效和评估结果的正确与否。目前组织采用的绩效评估方法差异很大,基本方法主要有常规方法、行为评价法和工作成果评价法。

1. 常规方法

常规方法一般包括排序法、两两比较法和等级分配法。在直接排序法中,主管按绩效表现从好到坏的顺序依次给员工排序。两两比较法是在某一绩效标准的基础上把每一个员工都与其他员工相比较来判断谁"更好",记录每一个员工和任何其他员工比较时被认为"更好"的次数,根据次数的高低给员工排序。这种方法考虑了每一个员工与其他员工绩效的比较,更为客观。等级分配法由评估小组或主管先拟定有关评估项目,按评估项目对员工的绩效作出大致的排序。这种方法更着重于每个人的绩效等级,而不再着重于具体排序。

2. 行为评价法

行为评价法一般包括量表评等法、关键事件法、行为评等法、行为观察评等法等方法。

(1) 量表评等法,是应用最广泛的绩效考评方法。它通常包括几项有关的评估项目,对每项设计评分标准,最后把各项得分加权相加,即得出每个人的绩效评分。

(2) 关键事件法,也称重要事件法。员工在完成工作任务过程中,有效的工作行为导致成功,无效的工作行为导致失败。关键事件法的设计者将这些工作行为都称为"关键事件",在评定一个员工的工作行为时,利用关键事件作为考评的指标和衡量的尺度。

(3) 行为评等法,是关键事件法的深化和突破。通过收集描述是否胜任工作岗位的行为事实,把这些行为细分为多个方面,设立具体的标准,并分配权数,最后根据这些等级标准和权数形成表格,主管利用这张表格进行员工评估。

(4) 行为观察评等法,是在关键事件法基础上发展起来的。它要求评定者根据某一工作行为发生频率或次数的多少来对被评定者打分,如:从不(1分)、偶尔(2分)、有时(3分)、经常(4分)、总是(5分)。既可以对不同工作行为的评定分数相加得到一个总分数,也可以按照对工作绩效的重要性程度赋予工作行为不同的权重,经加权后再相加得到总分。

3. 工作成果评价法

工作成果评价法,主要包括绩效目标评估法和指数评估法。绩效目标通常是特定的、有时限的、有条件的、与组织目标完全一致的。绩效目标不仅有总目标,还有很多项分目标。在评估时,每一项都按员工达到目标的程度独立评估,最后再加权平均。平衡记分法也是绩效目标评估法之一。这种方法将企业的多种管理目标整合起来,既体现了行政管理中组织的短期与长期利益平衡,也体现了内部利益与外部利益的平衡。从上世纪90年代应用推广以来,这种方法已经在世界各国得到了广泛关注。指数评估法分为定性评估和定量评估两个方面。定性评估包括产品质量状况、顾客满意度、原材料情况和能耗水平等等;定量评估包括每小时产出产量、新增用户订单数和销售总额等等。在指数评估法中,定性评估只作参考,而定量评估才是评估员工工作成果的真正主角。

【知识要点】

1. 行政管理控制,是指组织为了提高经营效率和充分有效地获取和使用各种资源,达到既定的管理目标,而在内部实施的各种制约相调节的预测、组织、计划、方法和程序。行政管理控制的设计、执行和考核评价的主体，是组织内的行政领导、职能部门中的有关工作人员。行政管理控制以组织内的经济、业务管理活动为控制客体。

2. 行政管理控制包括了行政管理控制的制度设计、执行与评价三个过程。

3. 行政预测就是“鉴往知来”，就是人们通过事先的行政调查研究和分析，在一定的理论和方法指导下，以事物发展的历史和现状为出发点，对未来某种不确定的东西或未知的情况作出符合事物发展规律的设想或结论，以指导行政工作的方向和实际行动。预测方法可以分为定性预测方法和定量预测方法。行政预测的程序包括：第一，预测目标的分析与确定；第二，预测方法的评价与选择；第三，预测结果的分析与评价。

4. 内部会计控制制度是指那些与保护财产安全及财务会计记录可靠性有关的组织、计划、程序、方法等。内部会计控制制度设计程序包括：第一，设计人员要进行充分调查，了解具体会计业务的特点；第二，综合调查研究的结果，选择恰当的控制方法，拟定内部会计控制制度；第三，内部会计控制制度的试行及修订。

5. 预算控制就是以预算目标制定的费用预算为依据，对组织经营活动的各项费用支出和成本费用，进行有效的检查和监督，并通过对这预算计划目标与预算执行结果进行分析比较，及时发现和纠正偏差，确保预算目标的实现。预算控制方法可以分为事前控制、事中控制和事后控制三种方式。预算控制的一般步骤包括编制预算、执行预算，进行预算差异分析，对预算控制、结果进行总结、评价和考核预算控制的绩效几个环节。有效预算控制的保证包括：高层领导支持、把预算目标与组织目标融为一体、确立组织远景目标、制定各种合理的标准、充分重视信息沟通、认真执行跟进考核、会计制度紧密配合等管理工作的配合。

6. 全面质量管理就是组织全体职工及有关部门同心协力，把专业技术、经营管理和思想教育结合起来，建立起产品的研究、设计、生产、销售、服务等全过程的质量体系，从而有效地利用人力、物力、财力、信息等资源，提供符合规定要求和用户期望的产品或服务。著名的PDCA(计划、执行、检查、总结)管理循环是普遍运用的质量管理的方法。推动六西格玛活动的首要任务是创建一个致力于流程改进的专家团队，并确定团队内的各种角色及其责任，形成六西格玛的组织体系。

7. 绩效考评包括企业的绩效考评、部门的绩效考评和员工的绩效考评。绩效考评的总流程包括五个阶段，即准备阶段、实施阶段、考评阶段、总结阶段和应用阶段。绩效考评方法主要有常规方法、行为评价法和工作效果评价法。常规方法一般包括排序法、两两比较法和等级分配法。行为评价法一般包括量表评等法、关键事件法、行为评等法、行为观察评等法等方法等。工作成果评价法主要包括绩效目标评估法、指数评估法。

【案例及思考】

××市××区公共部门绩效评估实施细则

一、评估工作的步骤和要求

在确定评价对象后，按以下工作步骤和要求进行组织实施。

1. 制定评估工作方案。

2. 准备评估基础资料和基础数据，并做好基础资料和数据的核实与整理工作。

根据业绩评估指标的要求和被评单位所在系统或相近职能系统各个单位工作完成情况的历年数据，确定相应的评估标准值。

3. 发放和回收群众满意度指标调查表，对有效表格进行统计和整理。

4. 进行评价积分。根据已经核实准确的被评估单位工作完成情况汇报和统计数据计算计量指标的实际值，对评估指标进行打分；根据选定的评估标准值，计算出各项基本指标的原始得分，生成《机关单位绩效评估评分表》；依据指标权数设置，对评估原始分进行加权转化计算，生成《机关单位绩效评估转化得分表》；对评估分数和计分过程进行复核，必要时进行手工计算校验，以确保计分准确无误。

5. 形成考评结论，撰写考评报告。

二、考评指标内容

公共部门绩效评估体系由基本建设、运作机制和业务实绩三个维度六个评估主体共22—24项指标构成。

基本建设维度包括综合评估组织和评优否决两个评估主体。其基本指标见《公共部门绩效评估评分表》。

运作机制维度包括相对人、直接领导、行政投诉三个评估主体。其基本指标见《公共部门绩效评估评分表》。

业务实绩维度在各个单位具体业务实绩指标不一。

三、评估计分标准

1. 分值匹配

评估内容各项正数指标合计100分。具体各项基本指标的分数见《公共部门绩效评估评分表》。评优否决和行政投诉两项评估主体的基本指标作为负数分值，以倒扣方式体现。不占百分制指标权数，如否决指标成立，则直接在其单位评估总分中扣除。每项指标的负数分值见《公共部门绩效评估评分表》。

2. 评估等级

评估内容的每项正数指标均分成优、良、中、合格、不合格五个等级，由计算机自动转换成相应分值。评优否决和行政投诉两项指标分为有和无两个等级，亦由计算机自动转换生成相应分值。绩效评估结果以百分制表示。

3. 评估标准

评估标准的客观准确性和可操作性是评估工作顺利进行的一个关键环节，与通常的倒扣分值方法相区别，除却事先确定的两项负数指标，本评估体系各项指标较为严格、较为规范的按照定性和定量相结合的方法，按照评估等级进行。基本建设和运作机制维度主要依据定性的评估标准，针对不同的评估主体的特点，通过特定的评估方法设计，来保证评分的客观准确性和可操作性。

(1) 综合评估组织主体的考评标准。本指标属于一元考评指标，由相应评估主体，依据评价参考标准判定实际指标达到的等级，计算考评指标得分。

第一，通过听取汇报、阅读分析材料、实地考察、座谈会等多样性的评估方法来保证评分的客观准确性。

第二，合理匹配评估人员的综合构成，组成一定的评估人员规模来保证评分的客观准确性。

$$\text{评议指标原始得分} = \sum(\text{每位考评人员选定的等级参数}) / \text{考评人员总数}$$

(2) 相对人评估主体的考评标准：本指标属于多元评估指标

(3) 直管领导评估主体的评估标准：本指标属于一元评估指标，由相应评估主题，依据评价参考标准判定实际指标达到的等级，计算评估指标得分。

在工作质量和整体形象等基本指标中，要有一定量的硬件标准作为依据，例如，当年获得的不同层级、不同类型的奖项，被评估部门的一些重要指标在全市、全省同一类型部门的排列位置。

(4) 业务实绩评估标准。

首先，将指标实际值对照相应的评价标准值，计算各项原始实际得分。

计算公式：

$$\text{基本指标原始得分} = \text{本档基础分} + \text{调整分}$$

$$\text{本档基础分} = \text{本档标准系数} \times 100$$

$$\text{调整分} = (\text{实际值} - \text{本档标准值})/(\text{上档标准值} - \text{本档标准值}) \times (\text{上档基础分} - \text{本档基础分})$$

其次，依据指标权数设置，对考评原始分进行加权转化计算，形成指标最后得分，计算公式：

$$\text{指标最后得分} = \text{指标原始得分} \times \text{指标权数}$$

附表 1：公共部门绩效评估评分表

附表 2：公共部门绩效评估得分转化表

附表 3：机关单位绩效评估得分总表(由计算机生成)

附表 4：群众满意度调查表

附表 1：公共部门绩效评估评分表

年＿＿＿＿＿县(市、区)＿＿＿＿＿单位＿＿＿＿＿

<table>
<tr><th rowspan="2">评估维度</th><th rowspan="2">评估主体</th><th rowspan="2">基本指标</th><th colspan="5">评估等级</th></tr>
<tr><th>优</th><th>良</th><th>中</th><th>及格</th><th>不及格</th></tr>
<tr><td rowspan="7">基本建设24分</td><td rowspan="4">综合评估组织</td><td>思想建设</td><td></td><td></td><td></td><td></td><td></td></tr>
<tr><td>组织建设</td><td></td><td></td><td></td><td></td><td></td></tr>
<tr><td>政风建设</td><td></td><td></td><td></td><td></td><td></td></tr>
<tr><td>制度建设</td><td></td><td></td><td></td><td></td><td></td></tr>
<tr><td rowspan="3">一票否决</td><td>计划生育一票否决(—20)</td><td colspan="3">有</td><td colspan="2">无</td></tr>
<tr><td>社会治安综合治理一票否决(—20)</td><td colspan="3">有</td><td colspan="2">无</td></tr>
<tr><td>重大责任事故一票否决(—20)</td><td colspan="3">有</td><td colspan="2">无</td></tr>
<tr><td rowspan="11">运作机制36分</td><td rowspan="5">相对人(公民)</td><td>依法行政</td><td></td><td></td><td></td><td></td><td></td></tr>
<tr><td>举止文明</td><td></td><td></td><td></td><td></td><td></td></tr>
<tr><td>环境规范</td><td></td><td></td><td></td><td></td><td></td></tr>
<tr><td>务实高效</td><td></td><td></td><td></td><td></td><td></td></tr>
<tr><td>程序简明</td><td></td><td></td><td></td><td></td><td></td></tr>
<tr><td rowspan="4">直接领导</td><td>班子素质</td><td></td><td></td><td></td><td></td><td></td></tr>
<tr><td>工作质量</td><td></td><td></td><td></td><td></td><td></td></tr>
<tr><td>政令畅通</td><td></td><td></td><td></td><td></td><td></td></tr>
<tr><td>整体形象</td><td></td><td></td><td></td><td></td><td></td></tr>
<tr><td rowspan="2">投诉中心</td><td>投诉成立率(—5)</td><td colspan="3">有</td><td colspan="2">无</td></tr>
<tr><td>整改程度(—5)</td><td colspan="3">无</td><td colspan="2">有</td></tr>
<tr><td rowspan="5">业务实绩40分</td><td rowspan="5">被评估对象</td><td>(不同单位指标不一)</td><td></td><td></td><td></td><td></td><td></td></tr>
<tr><td></td><td></td><td></td><td></td><td></td><td></td></tr>
<tr><td></td><td></td><td></td><td></td><td></td><td></td></tr>
<tr><td></td><td></td><td></td><td></td><td></td><td></td></tr>
<tr><td></td><td></td><td></td><td></td><td></td><td></td></tr>
</table>

附表2：公共部门绩效评估得分转化表

年________县（市、区）________单位________

评估维度	评估主体	基本指标	权重	转化得分	
基本建设24分	综合评估组织	思想建设			
		组织建设			
		政风建设			
		制度建设			
	一票否决	计划生育一票否决（—20）			
		社会治安综合治理一票否决（—20）			
		重大责任事故一票否决（—20）			
运作机制36分	相对人（公民）	依法行政			
		举止文明			
		环境规范			
		务实高效			
		程序简明			
	直接领导	班子素质			
		工作质量			
		政令畅通			
		整体形象			
	投诉中心	投诉成立率（—5）			
		整改程度（—5）			
业务实绩40分	被评估对象	（不同单位指标不一）			

附表 3：机关单位绩效评估得分总表(由计算机生成)

附表 4：群众满意度调查表　　(打√表示)

指标内容	指标要素	满意程度				
		非常满意	相当满意	满意	一般	不满意
依法行政	公平合理、公正无私、公开透明、执法水平高					
举止文明	仪表端庄、态度和蔼、语言规范、作风民主					
环境规范	便民设施、服务到位					
务实高效	时限、结果					
程序简明	简单便捷、明了知晓					

分析提示：

绩效测评表的实施细则的撰写，公共部门绩效评分表、得分转化表以及群众满意度调查表的设计。

【思考题】

1. 什么是内部会计控制？如何设计内部会计控制制度？
2. 什么是预算控制？预算控制有哪些方式？如何开展预算控制？
3. PDCA 管理循环包括哪些阶段？它的具体实施包括哪些步骤，有什么特点？

【拓展阅读】

平衡记分法在政府管理中的应用①

一、平衡记分法在西方政府管理中的应用

20 世纪 80 年代以来，西方的重塑政府改革中，平衡记分法得到了广泛应用。例如，英国审计委员会原来的宗旨是执行财政审计，现在是对全国性和地方机构的成绩进行审计，经常根据这些机构的效率和效益进行比价评级。1982 年，英国政府采用了一套财政管理提案，实际上是旨在建立明确

① 马国贤著：《政府绩效管理》，复旦大学出版社 2005 年版，第 373—377 页。

自身使命并能够测算自身工作成果的组织机构。80年代后期,1 800多项产出和工作业绩测算已经付诸实践。

瑞典广泛的就业和职业培训系统现在向大部分职业训练机构招标,订立合同,把"当事人"视作顾客,向工商界做市场营销。公营部门提供职业训练的单位在"我们必须挣这份钱"的口号下直接与私营单位竞争。

澳大利亚采用了"计划管理和编制预算"和"财政管理改进计划",编制预算的焦点不再集中在已经用掉的投入上,而是注重在达到的效果上,改革要求各部门在三年内削减开支3.75%,但是给予各部门在使用经费方面有更大的灵活性,如果节约比率超过3.75%,超过部分可以截留。

美国国会在1993年通过了《政府绩效评价法案》。该法案规定美国政府需要发展并提供一整套绩效考核系统,同时各个联邦部门和机构必须提供战略规划和绩效报告。目的是刺激政府管理变革,将注意力集中在政府完成了什么工作而不是到底花了多少钱。这一法案中还提到,所有美国政府办事处需要制定使命宣言、以结果为导向的目标、内部绩效目标以及针对这些目标的绩效指标。由于参考了平衡记分法理论,该法案相对于其他改革方案显得格外突出。平衡记分法清晰客观的机制有助于政府制定使命、战略与目标,客观地衡量主要目标的进展情况。它使政府机关人员更清晰地认识到自己的使命,并专注于完成使命的主要目标。

根据这一要求,美国联邦采购执行委员会组建了一支绩效管理行动团队,来评判联邦采购系统,并选择了平衡记分法理论来实施战略指导、沟通目标绩效以及衡量目标值的完成情况。他们编写了平衡记分法绩效管理理论的索引,为所有参加这一项目的政府采购机构建立了核心的绩效指标体系。如表5-1所示。

表5-1　美国政府采购部门的平衡记分法

目　　标	绩　效　指　标
一、客户角度	
客户满意度	* 客户对及时反应的满意度
	* 客户对质量的满意度
有效的服务	* 客户对采购办事处的响应速度、合作和沟通技巧的满意度
二、财务角度	
行政成本最小化	* 成本花费比例

续　表

目　　标	绩 效 指 标
最大化节省合同成本	* 尽量避免使用采购卡的成本
	* 及时付账利息/所有花费的百分比
三、管理过程角度	
高质采购	
* 有效的质量控制系统	* 国家总审计局(GAO)和首席财政官法案(COFC)通过的议案比例
* 有效地使用备选的采购方法	* 电子商务的使用次数
履行国家政策的目标	* 经济指标实现率
	* 竞价式采购/所有采购比例
四、学习/成长角度	
战略决策制定信息的可供应性	* 可靠管理信息的范围
员工队伍的质量	* 员工满足质量标准的百分比
员工满意度	
* 工作环境的质量	* 员工对工作环境的满意度
* 经理人的领导能力	* 员工对专业、文化、价值和授权的满意度

资料来源：毕意文、孙永玲：《平衡记分卡中国战略实践》，机械工业出版社 2003 年版，第 256 页。

通过平衡记分法，联邦采购系统在组织文化、流程方面实现了有效的变革，各个政府机构开始将注意力集中在“完成了什么工作，而不是花了多少钱”上，它们通过共享绩效结果信息，及时改变行动方案来保证实现既定目标，实现合理分配并优化资源。

二、平衡记分法在我国的应用

我国政府长期以来也被机构人员经费膨胀、公共项目管理低效率、财政支出“缺位”与“越位”现象并存等问题所困扰，为此，转变政府职能，回归到政府的公共服务提供者地位，树立“顾客至上”与服务意识、成本与效率观念，重视管理活动的产出、效率与服务质量，增强对社会公众需求的回应力，是实践“三个代表”重要思想、建设廉洁高效政府的重要内容。应当说，政府职能转变是“迫”出来的，而通过绩效管理是实现政府职能转变的重要措施。

平衡记分法为我国政府改革提供了新的视野。应用平衡记分法，可以促使政府从使命、宗旨和战略重点出发，通过一系列不同角度目标的设计，衡量这些目标(指标和目标值是什么),以明确通过什么行动方案来达到这些目标。这对我国采取有效的管理对策以解决全球化背景条件下的政府管理问题、改进政府管理方式、转变政府管理理念、提升政府管理能力,以获得发展的机遇和迎接挑战,都具有较大的借鉴意义。

归纳起来,平衡记分法在我国政府绩效管理中的应用主要有以下方面:

1. 应用平衡记分法建立绩效目标指标体系

平衡记分法与逻辑分析法的区别是,逻辑分析法提供了各政府部门的绩效分析方法,用于确定主要的绩效目标,但真正要形成绩效评价的指标体系,还需要从平衡记分法的客户、财务、管理过程、学习/成长四个方面,或者投入→产出→结果三个方面来建立完整的指标体系。

因此,平衡记分法原理广泛地应用于政府绩效管理的指标设计上。

2. 应用平衡记分法于机关内部绩效管理和公务员队伍建设

虽然行政部门和事业单位的管理与企业管理有许多类似之处,但由于两者地位不同,目的不同,因而在管理上存在着较大差异。此外,企业管理中领导与员工的关系,与政府管理中的行政领导与公务员的关系也有很大的区别。这些都说明,要处理好这些关系,就必须引进平衡记分法。

(1) 应用平衡记分法可以将绩效目标分解落实到有关职能部门。由于公共部门的管理具有多目标性,而且,它最终由层级组织来落实,并通过公务员变成政府服务,因而整个机关的作用,对公共服务的质量影响很大。在这方面,由于平衡记分法既可以用于政府各机构的目标设定,也可以与人事制度联系起来,成为评价公务员的制度,因而可以说,除了平衡记分法,目前我们还无法找到一种替代方法,能够将如此多的目标分解和落实到下属机构和部门,并通过它变成日常行政行为。

(2) 客观、公正地评价公务员业绩。由于公务员的工作分为对外服务和对内服务两类,因而在通常情况下,领导往往比较容易看到对内服务人员的业绩,而对外服务人员的业绩领导却很难看到。但公共服务质量正是由他们的服务所决定的。这种感觉上的片面性,是造成公务员在提升、重用等方面不公平的重要原因。

而平衡记分法使我们找到了一种通过业绩和效果,评价公务员在组织内地位的评价方法,而这种评价机制可以使那些真心实意为人民服务的人脱颖而出,让那些靠裙带关系混日子的南郭先生现出原形。因此,平衡记分法可能是我国公务员制度建设中的核心方法。

3. 应用平衡记分法评价政府的战略决策效果

在国家、地区的经济和社会发展中,战略决策十分重要。好的战略决策将会使得中国千千万万人受益,而且泽及下一代人,如党中央作出的改革开放的战略决策;而一项脱离实际的决策会使得民穷财尽,如1958年的“大跃进”、70年代后期的“洋跃进”。因此,如何评价政府的战略决策,对这些战略决策的投入、产出和后果作出估价,而不是等决定付诸实施,错误已经铸成时,人们再花费很大成本去纠正它。这也是当前的世界性难题。

通常,我们可以通过多种方式,如场景辩论的方式、绩效分析的方式、民间调查的方式等来评价未来的决策可行性;而应用平衡记分法,就是试图通过战略决策的各种要素建立的目标模式,以及这一决策能够在多大程度上满足这些要素来评价政府的战略决策效果的。虽然目前应用平衡记分法与战略决策方面的案例主要集中于私人部门,在政府部门的文献报道尚不多,但可以预言,随着政府绩效管理的深化,这可能是评价政府战略决策的重要工具。

阅读提示:

本阅读参考资料讲了平衡计分法在西方政府管理和我国政府管理中的应用,可以从工商管理的手段和政府管理的手段的相通性角度思考。

第六章 行政综合管理

本章基本问题

行政综合管理，主要介绍的是行政人员对物的管理、对人的管理、对关系的管理和对空间的管理。行政人员需要了解办公物材的种类，合理采购和配置办公物材，科学管理办公物材，以节约资源，提高工作效率。行政人员要掌握员工应急管理原则，做好应急管理的每一个步骤，确保员工生命安全。行政人员要学会处理与政府、社区和物业管理企业等的关系，良好的关系有利于组织的进一步发展。对空间的管理包括组织外部空间管理和内部空间管理，行政人员要掌握空间管理的原则和技巧，在管理的过程中达到合理、有效的目的。

第一节 对物的管理

随着科学技术的日益发展，现代化的办公物材不断涌入办公室，如电脑、数码摄录机、微型胶印机、电子光盘等。办公物材是行政人员工作的好帮手，合理规范地使用办公物材，会使行政人员工作更加简单、顺利和流畅。行政人员需要了解办公物材的种类，合理采购和配置办公物材，科学管理办公物材，以节约资源，提高工作效率。

一、办公物材的种类

办公物材主要包括办公用具、办公设备和办公图籍三类。

1. 办公用具

办公用具既包括办公用品，如有信头的文稿纸、信封、铅笔、圆珠笔、墨水、卡片、标签、卷宗等，也包括办公家具，如办公桌、椅、沙发、档案柜、书架、杂志架、衣架、台灯、屏风和旋转式卡片架等。

2. 办公设备

属于文书方面的有电脑、打字机、印刷机、速写机、复印机、照相机、收录机和扩音机等;属于计算方面的有计算尺、加数机、计算机和统计机等;属于通讯方面的有电报机、电话机、传真机、电视广播机和指挥通话机等;属于邮务方面的有信封启口机、信封封口机、信件折叠机等;另外还有办公室的挂钟、装订机等。

3. 办公图籍

办公图籍即办公必备的图书资料,如地图、字典、图表、法规汇编、工作日历和工作手册等。既有纸质资料,也有电子资料。

二、办公物材的管理

所谓办公物材的管理,就是要对办公物材进行合理使用、维护和保养。这既能消除各种人为事故,减少办公物材的磨损程度,延长其使用寿命,又能使办公物材始终保持良好的性能状态,提高各种办公物材的利用率,扩展它们的应用范围和功能。

1. 办公物材管理的主要原则

办公物材的管理,应遵循经济化、有效化、标准化和制度化的原则。

(1) 经济化原则,也可称为节约原则。它要求工作人员消耗物材的数量,必须和其工作成就的价值等值,如果不等值,消耗量大于价值量,则造成物材和经费的浪费,违反了节约的原则。

(2) 有效化原则,也可称为当用原则。行政上直接消耗的物材,虽然不能任意浪费,也不适合一概简缩,只要使用得当,即使多也不能吝惜,以使物材发挥出最大作用,否则会妨碍行政效率。

(3) 标准化原则。这是指为了把有效原则和经济化原则统一起来,应力求物材的使用合乎办公的特殊需要,并和办公地点、建筑等相适应。

(4) 制度化原则。它是指要从本组织的实际情况出发,公开制定物材的使用原则和方法,严格执行,绝对遵守,形成稳定的制度。

2. 办公物材管理的具体方法

办公物材管理主要包括如下几个方面的内容:

(1) 建立和完善管理制度。包括物材档案登录制、管理责任制等。建立办公物材的档案登录制度,保证有关资料的完备。有关设备的重要资料,如使用说明书、维修单、发票等都要妥善保管,以备后用。办公设备的维护保养工作应实行明确的责任制,即专人负责、专人使用、专人保管制度。不能机器好时,谁都能用,甚至滥用,机器发生了问题,谁都不管。要按照“谁使用,谁负责保养”的原则使用物材。不能实行定人定机的办公物材,应配备专职保养人员负责定期维护保养。

(2) 严格规范使用程序和操作方法。机器、设备的操作必须严格遵循规定的程序和方法，建立起安全操作规程。新操作人员必须在熟练操作员的现场指导下学习使用。

(3) 加强办公物材的日常保养和维护。平时注意物材的保养和保养的环境，发现故障及时检修。要根据办公物材使用和维护的要求，安装必要的防锈、防潮、防尘、防震等防护装置；在日常维护的过程中，要进行必要的润滑、紧固、调整、清洁和防护等维护措施，同时注意物材保养所需的环境条件(如防火、防盗、防尘、防潮等)的控制。

(4) 积极开发办公物材的各种潜能。办公人员要配合有关专业技术人员，共同开发现代化办公物材尤其是机器设备的各种潜能，提高各种办公设施的利用率，扩展它们的应用范围和功能。对此，办公人员要多参观现代办公用品和设备展览会、陈列室以及注意浏览各种各样的贸易刊物，多渠道了解国内外的最新办公物材的发展状况，同时也要努力学习掌握新机器的操作使用技术，从而提高自己的工作效率。

第二节　对人的管理

在任何一个组织中，人的因素第一位的，是我们从事一切管理活动的出发点。对人的管理是组织中的重要内容，其目的是要使每一个人各尽其才、各得其所，其核心是要以人为本。以人为本，就是要以人的需求为本，并采取相应的措施去满足不同的人的不同需求。本节首先探讨以人为本的管理内涵与机制，然后将选择人本管理中目前比较热点的员工安全应急管理作进一步介绍。①

一、以人为本的管理内涵与原则

人本管理强调以人为本的管理理念，其实质就是培育员工的共同价值观，运用各种激励手段，充分调动人的积极性、主动性和创造性，依靠全体员工的努力来促进组织的生存和发展。

人本管理的原则主要有：

1. 人性化原则

人本管理的要义之一就是尊重人的本性。组织管理方式要从以物为中心的刚性管制(人治管理)转向以人为中心的柔性管理(人本管理)；从治理人的自私与懒惰的本性转向引导人的服务与创造的潜能。换句话说，就是

① 本节主要探讨的是目前比较热点的员工安全管理问题。读者若想了解更多“对人的管理”领域内容，可以阅读其他相关的人力资源管理的著作。

要把人当作人看，尊重人的本来面貌，重视人的需要。马斯洛提出过著名的"需求金字塔"，将人的需求层次从低到高划分为生理需求、安全需求、社交需求、受尊重的需求和自我实现的需求。人本管理侧重于使组织成员受到尊敬、获得自我实现的满足，建立健全物质激励为主、多种激励并存的人性化管理机制。

2. 和谐共赢原则

人本管理讲求凝聚人的合力，共创繁荣和幸福，就是要在人性化管理的同时，建立起公开、公平、公正的管理制度，使所有成员弱化由岗位带来的特权，平等友好地共生共处、互相协调；使每个人既要在人格上、政治上一视同仁，又要承认人的能力、职责导致的收入上的差别；既要能谋求各自的个性化发展，又要能融合组织的整体化运作。总之，要做到机制合理、考核科学、奖罚分明，充分调动员工的积极性和创造性，充分重视员工的职业生涯规划，才能够真正体现出对员工的终极关怀，使其在实现自身价值的同时，为组织带来效益，为社会创造财富。

二、人本管理的内容

1. 实行人性化管理

一方面要注意利用和发扬人性中有利的一面，为组织发展服务；一方面要对组织中不利的一面加以抑制，弱化其反面作用。在组织管理实施手段上采取"人性"的、灵活的方式，而不仅仅是靠理性的约束和制度的规定来进行管理。尊重个人与人性，不只是以组织意志、管理者意志来约束和限制员工。在实现组织共同目标的前提下，应给员工更多的"个人空间"，让其能有自我发展的平台。

实行人性化管理的过程中，为了满足人的受尊重和自我实现的要求，组织应该建立切实可靠的民主管理方式。实现员工民主管理，使员工工作并快乐着，是组织管理以人为本的至高境界。调动员工的积极性、主动性和创造性，给予员工民主管理的平台和渠道，使得不同年龄、性别、地位的每一个员工都有机会和权利参与组织的管理，充分实现员工自身价值。

2. 实施人力资源管理

关注人的全面发展，将成为组织人力资源开发的根本目的。人才的培养和较高素质的员工队伍的形成对组织发展是决定性的。激励是调动员工积极性，激发员工创新意识的最有效方式之一。组织建立有效的用人激励机制，可以发挥人力资源管理的最大优势。按照马斯洛的需要层次理论，根据人的需要层次不同对人的激励机制也要具有多样性，包括工资、奖金、津贴、职位晋升、改善环境、工作自由等，以满足不同层次人的不同需要，充分落实以人为本管理理念的激励机制。

3. 建设组织文化

文化是组织发展的深层次推动力，是组织“一只看不见的手”，它无时不在、无时不有，融汇在组织的观念和行为中，潜移默化地发挥着巨大作用，甚至决定着组织的兴衰成败。在以人为本的管理中，通过各种渠道加强沟通与交流，培养员工的协作精神，促进团队合作与个性化发展；同时培育员工热爱组织的感情，唤起员工对组织的归属感和使命感，改变单纯的物质利益追求，从而形成热情共鸣、任务共保、荣辱与共的命运共同体。

三、员工安全应急管理及原则

在以人为本的管理中，员工的安全管理是最基础的管理内容。随着目前突发事件增多，员工应急安全管理也日益重要，如火灾、地震、群体性突发事件、安全生产事故、食物中毒等危机事件中，行政人员如何在危机环境中对员工进行安全管理成为目前人们关心的热点。

员工安全应急管理的原则有以下3点：

1. “安全第一，预防为主”的原则

安全第一，就是把安全工作放在第一位。组织要将员工的安全放在第一位，日常工作中无论是硬件还是组织文化，都要凸显安全第一的理念。

荀子曰：“先其未然谓之防，发而止之谓之救，行而责之谓之戒，防为上，救次之，戒为下。”意思是说，在事情没有发生之前未雨绸缪是为预防；事情或其征兆刚出现就及时采取措施加以制止，防止事态扩大是为补救；事情发生后再行责罚教育称为惩戒；预防为上策、补救次之、惩戒为下策。员工具备较强的安全意识，是有效预防事故发生的基础。抓住“安全第一，预防为主”这条工作主线，兢兢业业防患于未然，最终达到组织安全管理的目的。

2. “以人为本”的原则

当任何突发事件发生时，无论是哪个阶段，都应当遵从生命至上的原则，第一时间救人。当预案中灭火和疏散发生冲突时，设施器材应无条件服从疏散需要。总之，应急管理中贯彻以人为本、互相救助的原则，将极大提高组织的凝聚力和向心力，为组织的文化奠定扎实的基础。

3. 分级负责的原则

应急管理要让每个员工知道自己的安全责任，同时也知道突发事件发生后由谁来进行指挥和负责，严格落实各级领导、各部门、各类人员安全责任制。每一个层级的领导与员工都懂得自己的安全责任，真正做到各司其职，各负其责，彻底消除安全死角，清理安全隐患，确保员工生命财产安全。

四、员工安全应急管理的内容

1. 制订应急预案和培训演练

首先，组织应该编制应急预案。行政人员可以起草制订重大危险源应急救援预案。本着“预防为主，自救为主，统一指挥，分工负责”的原则，行政人员所在的组织应制订重大危险源应急救援预案。明确应急救援和处置的组织机构、职责及分工，从报警与通知、事故应急救援程序、事故后应急处理措施、警戒与人员疏散、制度与物资装备保障等方面作了详细规定，并公布有关单位和人员的联系电话，列明安全、消防、个体防护设备、器材分布图，危险源点分布位置图，疏散示意图，确保在事故发生后能迅速有效控制和处理，保护广大员工的生命及组织财产安全。总之，无论是自然突发灾害，或者是对于影响员工安全健康的突发事件、群体性事件等，组织应该都有应急预案，有一套应急处置工作程序。

其次，组织应该从提高员工应急能力着手，大力开展应急预案的培训和学习，使员工熟练掌握应急处置的应知应会内容，熟悉应急预案的运行机制，正确处理事故和突发事件，改善和强化应急准备和反应能力，不断提高应急救援水平。比如，行政人员可以邀请有关专家对组织应急预案编制的薄弱环节和应急演练的方式方法进行逐项讲解，如酷暑时向员工传授防暑降温措施，严冬时开展防寒、防冻、防滑、防火、防触电、防中毒等“六防”宣传，以及向员工传授人工呼吸或心肺救助复苏方法等，让员工明白挽救生命是每个公民的职责。

最后，行政人员可以组织一些应急演练，比如结合假设地震和火灾的情况，增强员工对自然灾害、事故灾难、公共卫生事件、社会安全事件的预防避险、自救互救的能力。演练前要主动沟通相关部门，完善应急预案，防止事故发生，确保整个演练活动顺利进行。而针对一些暴力恐怖事件，可以主要演练如何平息事态、控制局面、防止扩散、减少损失等内容，针对不同性质的事件采用的制止、宣传、保护、求援、疏散等方法。

2. 员工安全应急管理过程

发生突发危机事件，组织必须按照应急预案成立应急工作组织。通过成立应急工作组织，提高应对突发事故的快速反应能力。依据各组织的不同特点，成立救援小组，各救援小组要明确组织形式，并对救援人员进行应急救援的专业技术培训，按照处理重大事故所需配备一定数量的救助器材，形成一支实施事故救助的主要力量。应急机构中组成人员的职责要界定清楚，其主要内容包括保证信息畅通和报警及警告信号明确有效，实施救助小组要分工明确，指挥救助程序落实到人，必备的救助器材配备齐全并确保完好和正确使用，救助人员应具备安全技术素质及保证技术培训质量等。在参与处理突发事故的过程中，除去应急机构人员和救助小组队员外，还有消防人员、现场警戒人员、医疗抢救人员、后勤保障人员和相关专家等特殊人员，对他们在应急期间的职责也要界定清楚。

组织在发生突发危机事件后,应立即采取必要措施,对突发事故进行抢险或救援。在事故发生时,已实施了应急抢救措施,但事故状态仍不能得到控制,而且极有可能发生更为严重的后果时,为了避免造成更多的人员伤害,应在积极采取抢救措施的同时,尽快地疏散周围居民,封锁道路,控制流动人员进出等。组织进行抢险或救援体现了组织以人为本的精神。如1995年的日本阪神大地震时,某公司为了最快速地营救出被困的员工,利用自己的力量组织了一支专门的搜救队,用专门的船只来搜救员工;同时,有1 000个员工家庭得到了妥善的安置。灾后,该公司为员工提供了很多抚恤措施,其中包括给员工提供预支薪水、无息贷款,确保员工有充足的资金流;为员工提供酒店等免费住宿和食品、饮水补贴,确保员工的饮食住宿安全;根据房屋损坏情况的不同,为员工提供一次性补贴等等。

保持对内对外联络系统畅通。为此,组织应急救援指挥系统,主要是建立应急联系网络,重大事故报告要及时准确,及时向有关部门和单位进行汇报;指挥机构和各救助小组的联系要畅通,能够及时对实施的具体应急工作进行指挥和调度。例如组织可与当地政府、行政主管部门和公安消防部门,供电、供水、供气等单位建立必要的工作联系,及时通报本组织重大消防事故的状态和安全生产工作情况,对在安全生产中发生的问题,取得有关部门和单位的支持和帮助,及时采取相应措施,避免或减少重大消防事故的发生。

3. 员工安全应急管理的总结与改进

在员工应急管理结束之后,首先应核查人员伤亡、财产损失等情况;及时向上级有关职能部门汇报应急管理内容;走访、慰问在危机事件中受伤受害的员工及家庭,做好各项善后工作;召开员工大会,对应急事件中的经验和教训进行总结;对应急管理中的一些事表示奖惩。如给有功人员给予一定的精神奖励和物质奖励,而对于在工作中因失职或渎职造成国家财产损失和人员伤亡的,应根据事件性质对责任人给予行政和经济处罚,直至追究刑事责任。

第三节　对关系的管理

组织在社会中生存发展,除了要有良好的形象,还要有一个尽可能广泛的横向联系网,以争取尽可能多的支持与帮助。行政人员要对组织与外部各种关系进行管理,根据不同的对象采取不同的方式进行沟通与协调,广结人缘。

一、与政府关系的管理

组织要正确处理好组织与地方政府的关系。地方政府是国家的行政管理机构,是组织的管理和监督部门。在社会主义市场经济体制下,政府在社会经济生活中扮演着重要的角色,能够为组织提供协调与服务,帮助组织克服自身无法克服的困难,为组织创造一个良好的外部环境。

行政人员作为组织的代表,要明确组织与地方政府建立良好关系的重要意义。在具体处理与政府的关系时要做到,一是要尊重和服从地方政府,认真贯彻执行党和政府的方针政策,积极了解国家法律和地方法规,遵守法律、法规,调节组织和国家、地方的各种关系。二是要严格依法纳税,履行应尽的义务。三是要加强与地方政府沟通与合作,多向地方政府传递组织有关的信息和情况,协调好组织与地方政府中计委、建委、公安、工商、税务等各部门的关系,争取他们对组织的理解、支持和指导。

二、与社区关系的管理

社区是具有社会功能的一定地理区域,是人们共同生活的生存空间。组织与社区的关系则是指组织与所在地政府、社团组织以及全体居民之间的睦邻关系,它是组织存在的自然根基,也是组织发展的社会根基。

1. 组织与社区的关系

当前组织与社区公众的关系主要表现在以下几个方面:

第一,社区往往是组织的重要劳动力来源。从当地社区中吸收员工,表示组织关注当地社区的需要,与社区有着密不可分的联系。组织吸纳社区劳动力,有利于调动这一部分职工的积极性,激发其献身组织的工作热情。

第二,对于那些具有销售行为(无论是物质产品还是精神产品)的组织而言,社区公众是较为固定的经常的消费者,或者说“回头客”,某种意义上讲是组织所依靠的“衣食父母”。与社区处好关系,有利于在社区树立形象、获得效益,并通过社区向更广阔的外部辐射,产生更大的正面影响,获取更大的效益回报。

第三,社区为组织提供部分服务,如交通、能源、邮政、治安保卫、孩子上学、婴幼儿入托等。参与社区建设,与其处好关系,有利于组织在上述领域获得更好的服务。

2. 组织与社区关系的建立

(1) 避免或减少组织自身活动对社区公众的不良影响。组织在自身运作过程中要尽量避免给社区公众带来不良影响。如有的组织要做好“三废”(废水、废渣和废气)的控制与管理,减少噪音,安全生产等,为建立社区的良好环境负起自己应有的责任。

(2) 尽可能将组织内部文化设施和福利设施向社区开放。在不影响组织安全运转的情况下,可以适当安排社区内公众参观本组织,以使他们对组织的性质、活动有更深入的了解,便于维护长期和谐的关系。而组织内一些文化设施如图书馆,福利设施如托儿所、幼儿园等也可以对社区开放,加强组织与社区公民的融合。

(3) 了解社区需要，积极参与社区的建设和活动。组织可以积极热心参与各种公益活动，比如捐助或修建公共设施（公园、道路、风雨亭、图书馆等），出资组织或赞助文艺表演或体育竞赛，提供义务性的专业服务，为社区创造一个良好的生态环境和人文环境，为社区待业人员提供充足的就业机会和良好的教育等。这样既使社区居民得益，又能提高组织的社会声誉，扩大组织的影响力。如有的组织就成立了专门的社区关系项目办公室，致力于通过实际行动支持和参与解决当地的问题。在共同营造而成的良好社区关系中，组织也能够实现自己做大做强的梦想。

三、与物业管理企业的关系管理

组织通过市场竞争机制聘用物业管理企业，将物业管理项目委托给物业管理企业。物业管理企业按照合同的约定为组织提供服务，其实是一种有价值的商品，组织要为占有和消费物业管理服务支付一定的费用，所以，两者是聘用与被聘用、委托与被委托、服务与被服务、提供商品与消费服务的关系，也是一种互利共赢、共生共荣的合作发展关系。

那怎样才能处理好组织与物业管理企业间的关系呢？

1. 正确认识与物业管理企业的关系

物业管理不是福利待遇，而是市场经济条件下提供的商品。组织在享受物业管理服务的同时，需要支付费用。组织与物业管理企业在劳动关系层面上，是服务与被服务的平等关系，不能简单地定位谁为主，谁为辅，谁为上，谁为下。

2. 建立与物业管理企业合作伙伴关系

组织聘请物业管理企业实施对物业的管理，双方是利益的共同体，其目标是一致的。双方都应该以“合作伙伴”的姿态出现，站在公正、诚信、互利的基础上思考问题、解决问题。在处理双方关系时，应本着“求同存异”的精神，采取包容、互让、友好的态度。出现问题时要分清事件的责任主体，有的问题的发生可能有物业管理企业行为不规范的原因，可能有组织自身自律性不强的原因，也可能有开发商在开发建设时遗留问题的原因。因此，双方要加强沟通，增加彼此间的了解，消除彼此间陌生与误会，取得彼此间的认可和信任，齐心协力解决问题。

3. 加强公共意识和自我约束能力

有的组织出于对自己既得利益的考虑，没有顾及到其他组织的整体利益，而影响到了物业管理企业的工作开展。组织在享受服务的同时，要树立公共意识和责任意识，同时也注意自我约束，要接受物业管理企业的管理，因为良好的服务需要通过有序的管理来实现，没有管理也谈不上服务。

第四节　对空间的管理

对空间的管理包括对外部空间和内部空间的管理。外部空间管理关注的是组织的外部环境和组织宏观的办公结构设计及各职能办公室的布局；而内部空间管理关注的是办公室的合理布局和布置。外部空间和内部空间的有效管理，有助于优化组织工作环境，提高组织工作效率。

一、外部空间管理

组织的外部空间管理主要包括办公地点的选址、新建和改建办公结构设计及各职能办公室的布局三方面。

1. 办公地点的选址

选择办公地点，应遵循如下原则：

(1) 恰当。办公地点的选择应根据组织的业务需要，如运输公司宜设在机场、码头、车站附近；大型超市宜设在人口集中的居民区；设计公司、软件开发公司、出版社等，最好远离噪音污染严重的车间、闹市口、车站等区域，宜选择商务楼或室外绿化较多的大楼，以便提高工作效率。

(2) 畅达。办公地点宜选择交通便利之处，以利于员工上下班和组织与外界各方的联系。

(3) 宽敞。办公地点要有足够的面积，划分出工作区域、接待区域、休息区域、绿化区域和库存区域等，以便分区管理。

(4) 优越。一般成熟的社区办公条件较优越，附近有邮局、餐饮、便利店、医院等，方便工作与生活。

当这些条件不能同时满足时，应首先考虑恰当原则。

2. 新建和改建办公结构设计

办公地点选择好后，就要进行办公空间实体结构设计。办公空间实体结构设计有两种不同的情形，一种是对新造的办公场所或办公大楼进行设计，另一种是在原有的办公空间结构基础上进行改建设计。一般而论，新建办公场所的设计，如同在一张白纸上绘图，可以不受限制地绘制出最理想的图画，相对比较省力和容易。而改建则是要在破旧立新的条件下进行改造式的设计，相比之下，当然更麻烦和费力些。考虑到许多公司并不具备设计和建造一个全新建筑物的实力，绝大部分公司只能租用旧有办公室。这种情况下，建筑物的实体结构是无法改变的，组织在设计工作区域和工作流程时，也就要围绕原有的条件和位置来进行。

3. 各职能办公室的布局

确定各职能办公室的布局应本着便于各项业务沟通协调的原则，根据实际办公需要，一般要考虑如下因素：

(1) 考虑办公信息的类型、性质和交流路线。如收发室、传达室等与社会外界接触较多的部门，应设计在人员进出的地方；综合、秘书等部门，应设在办公楼的中心地点；打字、计算机房、财务等办公室，应设在办公楼的一端。

(2) 考虑相关部门间的联系关系和业务流程。如会计、审计等关系密切的职能部门应相互接近。

(3) 考虑专用办公室的需要情况。如总经理是否需要独立的办公空间；根据组织的规模和大小，确定组织需要几个会议室和接待室等。

二、内部空间的布局和布置

办公室是领导和员工的工作场所，也是各职能部门开展业务的地方；接待室是组织同外界联络的窗口，是展现组织形象的地方；会议室是组织内部集体讨论和决策的场所。因此，从工作需要出发，内部办公空间的布局应该考虑以上这三个相对独立的工作空间，即：领导和员工的办公室、接待室和会议室。

1. 办公环境的布局

(1) 办公室的布局。办公室的布局一般有两种类型：一种是分隔式，也叫分室型，即按部门或职能组织布局，采用分室式办公，是办公空间的传统模式。如领导、行政部门和各职能部门各自有单独的办公空间，且根据彼此的业务流程布局；另一种为开放式，又叫同室型或大办公室型，即领导和各职能部门的员工在同一间大办公室工作。办公空间的这两种布局模式各有所需，也各有利弊，布局要求当然也不一样。

分隔式的优势在于：

第一，有利于专业工作效率的提高。按职能办公，由于业务特点、人员、设备和空间的稳定性，使得各项业务活动具有连续性和系统性，对于专项工作效率的提高是有帮助的。尤其有利于领导在自己的办公室静心思考重大问题。

第二，有利于某些机要活动的开展。如，领导和员工都有单独的办公空间，彼此之间可以互不干扰。领导进行个别谈话、听取汇报、召开上层核心会议、保密会议等尤为方便。

第三，有利于减少不必要的干扰。领导、员工和各职能部门都有各自的办公空间，相互之间独立而不受影响，有利于减少嘈杂，保持安静的办公环境。

总之，分隔式办公空间特别适合机要性、专业化强的办公活动。

当然，分隔式不足之处也很明显，那就是这种布局妨碍了业务之间的相互联系，也阻碍了部门间工作运行的进程，工作流程上会有倒退、交叉、徒劳往返，而且不利于办公设备的共享。

针对分隔式的缺点，国外根据办公室建筑实体设计的发展趋势，提出了开放式设计思想，也叫“模数式设计”。自20世纪80年代以来，美国大约有30％的工作人员是在开放式的办公室中工作。1990年，约有60％以上的办公室工作人员是在这种开放式美化的办公空间环境中办公。

开放式办公环境有助于组织降低成本和提高工作效率。其优点主要体现在：

第一，有助于降低成本。在开放式的布局里没有私人办公室。工作空间的位置是通过安排可活动的物件来确定的，比如办公桌、椅、活动屏风、书架、档案架、活的植物等，而不改变固定的设施，比如光照装置、暖气管道、隔墙或地面覆盖物等。这样，既可以降低能源成本，也可以降低建筑成本。由于减少了办公室之间的墙壁，可使照明设备发挥更大的公用效益。据有关文献介绍，开放式布局只需不到原来的20％的装备就可以向一定的区域提供照明，可节省能源消耗的40％。由于开放式布局中空间利用率大，同面积建筑成本可节省50％左右，办公场地的利用率可高达80％—90％。而且，新布局灵活性大，比按分隔式进行重新布局的成本也少很多。

第二，便于办公业务的交流与相互接触。每次进行工作间布局规划时，并不考虑窗户或其他常规结构的限制，而是以信息流和工作流程的自然路线所形成的不统一的款式来安排的，如果工作流程设计合理，能避免不必要的倒退、交叉和徒劳往返，这样可极大地提高工作效率。

第三，有利于形成民主平等的办公氛围。工作人员的办公位置更多的是由分配给他们的任务，而不是由他们的地位来确定的。比如较高级的办公人员可以有较大的办公场所，有不同颜色、不同形状的办公桌，但除此之外，就几乎没有可以看得见的等级标志了。这样可以排除员工之间交流的心理障碍。管理者也有更多的机会与员工接触，更好地观察员工和监督员工的工作，有利于提高管理工作的成效。

显然，开放式布局是对传统的办公室管理体制的深刻变革。

开放式布局同样也有其弊端，主要体现在：

一是噪音大，干扰多。由于缺乏单独办公的条件，有经理和员工抱怨他们受到太多的干扰，旁边工作人员的谈话声、机器设备声及电话铃声不绝于耳，不容易集中精力。特别不利于处理个人事务和保密工作。这多多少少地影响了工作效率。

二是设计粗糙。最主要的问题是开放式办公室没有个人隐私的空间。如，打个私人电话，告诉银行办理一笔贷款，或者打电话向医生询问医疗检查结果等，这让员工感到相当不方便。

至于办公室到底是选择分隔式还是开放式，主要取决于组织的实际情况和业务需要。一般大型企事业单位采用的是分隔式布局,而中、小型企事业单位则多采用开放式布局。

(2) 接待室的布局。除了办公室外,还应设置接待室。前面我们说过,办公室是组织的“窗口”,经常有许多客人来访,因此,设立专门的接待室是很有必要的。一是出于礼貌的考虑。办公室的条件相对简陋,不能给客人静心等候会见的一个较为舒适的环境,而且办公室里的人忙这忙那也使客人在旁感到尴尬。二是办公室事务较多,电话打进打出,人员进进出出,声音嘈杂干扰较多,在这种环境下主客之间难以从容进行交谈。三是从保密角度看,在办公室接待客人也不妥当。桌子上有关单位内部情况的资料随处可见,电话交谈时客人在旁听得清清楚楚。

因此,一般组织都应设置专门的接待室。大中型的组织最好有两间规模不等的接待室,一间专门接待四五个客人,房间面积小一点;另一间可接待十来个客人,房间面积大一点。接待室应与综合(行政)办公室分离,但不能距离太远,最好是毗邻。

(3) 会议室的布局。会议室主要用于组织开会、决策、讨论。一般大中型组织都有专门的会议室,小型组织多不备单独的会议室,而是将会议室与接待室结合。

会议室的大小直接影响会议的气氛,会议室的布局主要有：教室型(课桌型)、主席台 U 形、主席台方框形或圆形。

教室型的布局类似于学校教室,在椅子前面有桌子,方便与会者作记录。桌与桌之间前后距离要大些,要给与会者留有座位空间。这种布局要求中间留有走道,每一排的长度取决于会议室的大小及出席会议的人数。一般要求每个座位上放有垫子,每个方位都提供一个水杯和一个烟灰缸,或者每个座位放置一个水用托盘提供水杯服务。[如图 6-1(1)]

很多小型的会议倾向于面对面的布局,“U”形是较常见的,即将与会者的桌子与主席台桌子垂直相连在两旁。如果只有外侧安排座位,桌子的宽度可以窄些;如果两旁安排座位就应考虑提供更大的空间来摆放材料。[如图 6-1(2)]

将主席台与与会者桌子连接在一起,形成方形或圆形,中间留有空隙,椅子只安排在桌子外侧。这种布置通常用于规格较高、与会者身份都重要的国际及讨论会等形式。这种会议人数一般不会很多,而且会议不具有谈判性质。[如图 6-1(3)]

此外,会议室的布局还有讨论会形和自助餐型。即用两张长桌并列成长方形的形式,一般有方形、圆形和椭圆形几种,多用于讨论会,也可用于宴会等。桌上一般要求有台布,椅子与台布接近。圆形、自助餐型的桌子布置多用于有关酒会等与饮食结合在一起的会议。在中间的圆桌上可以放上鲜花或其他展示物。自助餐型还有很多的变化形状，可根据具体场所和时间来安排。[如图 6-1(4)]

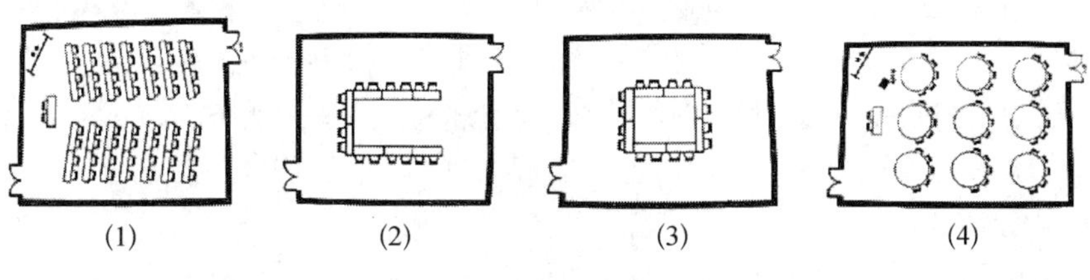

(1)　(2)　(3)　(4)

图 6-1　会议室的布局

2. 办公环境的布置

环境心理学的研究成果表明，恰当的环境布置将有助于人的心理调节向能产生正效应的方向进行，从而产生积极的效果。因此，办公室、接待室、会议室的布置也相当重要。办公室、接待室、会议室的布置，都要遵守一个最基本的原则，那就是实用、简洁和美化，其环境布置最好能体现组织文化的基调，最忌粗、俗、奢。当然，环境的布置要适合不同用途的不同要求。

(1) 办公室的布置。一般来讲，开放式的办公室应体现简洁、明快的本色。办公室的主要摆设是办公桌、椅、存放书籍和档案的书架或柜子。这些办公设备的选择应以高雅大方、方便实用为原则。办公桌的大小及文件柜、各种设备等多少，应视办公室空间而定，办公用具所占空间以不超过 10% 为宜，应尽量利用立体空间，用组合柜等放置必备的物品，书架、柜子的高度应尽可能地一致，且依墙排列，这样可使视觉空间增大。办公椅以半圆形椅、钩形回转椅为宜，以方便前后转动，操纵机器、电脑等。桌椅一般宜取朝门的同一方向排列，这样可给人线条流畅、整齐划一、井然有序的感觉。

在现代办公室中，电话、传真机、计算机、电脑打字机、复印机等自动化办公设备是必不可少的。在开放式办公室中，员工们要共用这些设施，那么这些设施的放置必须注意一个原则，即在个别员工使用这些设施时不干扰其他人员的工作。办公用品的格调应大致统一，并与办公室格局、色调相协调。还要能反映出组织的性质，体现组织文化的精神，以适应高效工作的需要。

在分割式的员工办公室中，员工们尽可以舒适和高效率的方式来布置自己的直接工作空间。直接工作空间可能包括书桌、椅子、档案、书架、所信奉的格言条幅和活动桌子。布置这些物品时，先拟定一个布局计划，尽量考虑自己的工作习惯和同事们的走动方便。同时不要忽视了照明，应该尽量减少对电脑屏幕的光照。办公桌上最常用的办公用品和设施，如电话、便笺、文具盒、订书机等，要放在你坐着工作时很容易拿到的地方，常用的参考书宜放在离办公桌不远的地方。文件箱也应该置放在离书桌不远的地方。

领导单独的办公室可布置得稍微独特些，以显示领导个人的地位和气质。领导办公室的桌、椅、电脑、传真等可适当精致些，文件柜、资料柜和书架同样要显得大气、高雅。另外，可考虑在领导办公室放置些精巧的沙发、茶几，以供私密性的会谈之用。领导的办公室还可用盆栽花草和书画进行点缀。

(2) 接待室的布置。接待室的布置则应体现待客的特点，在气氛上应给人以舒适、清雅的感觉。一般接待室中有沙发、茶几，有的还在其中存放展示本单位产品或宣传资料的陈列柜，但不宜占用太大的空间。接待室中供客人使用的电话机、饮具、烟具、记录纸、笔等小物品不要忽略。盆栽花草和书画同样能给接待室增添不少生气和雅趣。不过花草要养护得法，书画切忌粗制滥造。

(3) 会议室的布置。由于会议室的功能不同于接待室，所以会议室除了要有会议桌、椅、饮具、烟具、记录纸、笔等小物品外，还要有音响、讲台、幻灯机、录像机、多媒体投影仪、VCD(或DVD、LCD)等必备设备。当然精致的盆栽花草、书画同样必不可少，它们能减少与会者的疲劳，增加会场的气氛。

【知识要点】

1. 综合管理，主要是对物的管理、对人的管理、对关系的管理和对空间的管理的总和。

2. 办公物材主要包括办公用具、办公设备和办公图籍。

3. 办公物材管理的主要原则有：经济化原则、有效化原则、标准化原则和制度化原则。

4. 办公物材管理的具体方法包括：建立和完善管理制度、严格规范使用程序和操作方法、加强办公物材的日常保养和维护、积极开发办公物材的各种潜能。

5. 人本管理强调以人为本的管理理念，其实质就是培育员工的共同价值观，运用各种激励手段，充分调动人的积极性、主动性和创造性，依靠全体员工的努力来促进组织的生存和发展。

6. 人本管理的原则：人性化原则和和谐共赢原则。

7. 人本管理的内容包括：实行人性化管理、实施人力资源管理和建设组织文化。

8. 员工安全应急管理的原则："安全第一，预防为主"的原则、"以人为本"的原则和分级负责的原则。

9. 组织与社区关系的建立要做到：避免或减少组织自身活动对社区公

众的不良影响;尽可能将组织内部文化设施和福利设施向社区开放;了解社区需要,积极参与社区的建设和活动。

10. 组织处理与物业管理企业要做到:正确认识与物业管理企业的关系;建立与物业管理企业合作伙伴关系、加强公共意识和自我约束能力。

11. 选择办公地点应遵循如下原则:恰当、畅达、宽敞和优越。

12. 分隔式办公室的优势在于:有利于专业工作效率的提高、有利于某些机要活动的开展、有利于减少不必要的干扰。

13. 开放式办公室的优势在于:有助于降低成本;便于办公业务的交流与相互接触;有利于形成民主平等的办公氛围。

【案例及思考】

H集团的人本管理①

人是现代化的主体,员工是企业的主体。企业文化的功能就在于营造一种宽松、和谐的氛围,使员工创造性地开展工作,最大限度地挖掘员工的潜能,最大限度地发挥员工的主动性和积极性。H集团成功地在人本管理方面为其他组织做出了较好的示范。

1. 以人为本的核心是让员工成为企业主体

H集团管理者认为企业所有的价值都是由人创造的。H集团特别注重企业的凝聚力。为提高员工凝聚力,H集团制定了许多制度,通过公开招聘上岗,发现人才和促进人才流动;让许多年轻有为的员工走上领导岗位;让员工有自我表现的动力;让员工承担责任并进行创造性的工作;建立员工"自我设计"、"自我表现"的机制;设立"H奖"和"H希望奖";重奖有发明创造的人才等等。这些制度使每个员工都能感受到自身价值的存在。

在H集团,各岗位上的员工,都能够用心去做自己的工作。一线普通的工人为了提高生产效率,搞技术改革,有许多人拿自己的钱用业余时间去做。在H集团,创新的明星数不胜数,像"晓玲扳手"、"云燕镜子"、"启明焊枪"、"申强挂钩"、"迈克冷柜"等等。H集团人把自己的荣誉、事业、智慧和企业结合在一起,进行创造性劳动,这使H集团每天都有新的进步和超越。

2. 以人为本的关键是真诚地对待员工

H集团管理者在接受《中国经营报》记者采访时说:企业上下级之间最大问题就是信任,被管理者需要管理者对他们的信任,管理者也非常需要

① 案例来源:中国中小企业天津网 http://www.smetj.gov.cn/disp.jsp?id=24514&type=zixun&sname=,有删改。

被管理者对他的信任。管理者和被管理者建立不起信任，就容易“一级糊弄一级”。

H集团思想政治工作原则是“三心换一心”，即解决疾苦要热心，批评错误要诚心，做思想工作要知心，用这“三心”换来职工对企业的“铁心”。

H集团有一个运转体系，专门帮助职工解决生活上的实际困难。员工手册有《排忧解难本》，职工如有困难，只要填一张卡或打一个电话，排忧解难小组会随时派人解决。这被H集团员工称作“上班满负荷，下班减负荷”的排忧解难工程。

工人肖同山因患脑出血住院治疗，他母亲卧病在家，还有一个两岁多的小孩要照顾，他妻子一个人要顾三头，实在是应付不了。万般无奈之时，H集团从生产一线抽调人昼夜护理肖同山，让他妻子安心回家照顾公婆和小孩。领导和同事送去钱和食品，并常到医院和家中探望。他妻子万分感激，病房其他病人对H集团称羡不已。在H集团，这类例子不胜枚举。

3. 以人为本的目标是激发员工活力

H集团管理者把企业比作大河，市场和用户比作小河，而员工就是大河的源头。管理者认为，员工的积极性应该像喷泉一样喷涌而出，而不是靠压出或抽出来。员工有活力，必然会生产出高质量的产品，提供优质的服务，用户必然愿意买企业的产品，涓涓小河必然汇入大河。把每个员工的积极性、主动性、创造性都调动起来，这就是激发员工的活力。

H集团强调员工的首创精神。无论制度、管理、工作、生活等任何方面，员工有什么想法，都可以提出来。H集团对员工的合理化建议，立即采纳并实行，对提出人给予物质和精神奖励。员工们敢于说出自己心里的话，满足了个人成就需要，并在企业内部形成比学赶帮超的良好局面。

分析提示：

行政综合管理中重要的一个内容是对人的管理，对人的管理贵在“以人为本”。案例中H集团在制度建设和日常工作过程中，实行人性化管理，真诚对待关心员工；并且灵活运用激励机制，激发员工活力。H集团的人本管理不仅有助于组织建设良好的组织文化，也为组织的创新发展提供了坚实的保障。

【思考题】

1. 有人说，企业最重要的目标是利润，如果坚持人本管理将会影响组织的效率，不利于组织的发展。你如何看待这种观点?

2. 请描述你所在的办公室布局，谈谈这样的布局的优缺点并提出改善的途径。

【拓展阅读】

“5S”现场管理方法[①]

5S：整理（Seiri）、整顿（Seiton）、清扫（Seiso）、清洁（Seiketsu）、素养（Shitsuke），又被称为“五常法则”或“五常法”。

5S起源于日本，是指在生产现场中对人员、机器、材料、方法等生产要素进行有效的管理，这是日本企业独特的一种管理办法。5S主要应用于制造业、服务业等企业改善现场环境的质量和员工的思维方法，使企业能有效地迈向全面质量管理。5S对于塑造企业的形象、降低成本、准时交货、安全生产、高度的标准化、创造令人心旷神怡的工作场所、现场改善等方面发挥了巨大作用，是日本产品品质得以迅速提高，产品行销全球的成功之处。

“5S”现场管理法内容：

1. 整理

（1）整理要点。将工作场所任何东西区分为有必要的与不必要的。把必要的东西与不必要的东西明确地、严格地区分开来，不必要的东西要尽快处理掉。

（2）整理目的。腾出空间，空间活用；防止误用、误送；营造清爽的工作场所。

（3）实施要领。自己的工作场所（范围）全面检查，包括看得到和看不到的；制定“要”和“不要”的判别标准；将不要物品清除出工作场所；对需要的物品调查使用频度，决定日常用量及放置位置；制订废弃物处理方法；每日自我检查。

2. 整顿

（1）整顿要点。对整理之后留在现场的必要的物品分门别类放置，排列整齐；明确数量，并进行有效的标识。

（2）整顿目的。工作场所一目了然；整整齐齐的工作环境；缩短找寻物品的时间；消除过多的积压物品。

（3）实施要领。前一步骤整理的工作要落实；流程布置，确定放置场所；规定放置方法、明确数量；画线定位；场所、物品标识。

3. 清扫

（1）清扫要点。将工作场所清扫干净；保持工作场所干净、亮丽的环境。

（2）清扫目的。消除脏污，保持职场内干干净净、明明亮亮；稳定品质；

① 阅读参考来源：MBA智库百科，内容有删改 http://wiki.mbalib.com/wiki/5S%E7%8E%B0%E5%9C%BA%E7%AE%A1%E7%90%86%E6%B3%95。

减少工业伤害。

(3) 实施要领。建立清扫责任区(室内、外)；执行例行扫除，清理脏污；调查污染源，予以杜绝或隔离；建立清扫标准作为规范。

4. 清洁

(1) 清洁要点。对整理、整顿和清扫进行维护，将上面的3S实施的做法制度化、规范化，并贯彻执行及维持结果。

(2) 清洁目的。维持上面3S的成果，使现场保持完美和最佳状态；消除发生安全事故的根源；创造一个良好的工作环境，使职工能愉快地工作。

(3) 实施要领。落实前面3S工作；制定考评方法；制定奖惩制度，加强执行；主管经常带头巡查，以带动全员重视。

5. 素养

(1) 素养要点。通过晨会等手段，提高全员文明礼貌水准。培养每位成员养成良好的习惯，并遵守规则做事。开展5S容易，但长时间的维持必须靠素养的提升。

(2) 素养目的。培养具有好习惯、遵守规则的员工；提高员工文明礼貌水准；营造团体精神。

(3) 实施要领。制订服装、仪容、识别证标准；制订共同遵守的有关规则、规定；制订礼仪守则。教育训练(新进人员强化5S教育、实践)；推动各种精神提升活动(晨会、礼貌运动等)。

阅读提示：

5S起源于日本，是指在生产现场中对人员、机器、材料、方法等生产要素进行有效的管理。5S的管理，既包括对人的管理，也包括对物、对空间的管理，是行政综合管理的一个重要的体现。学习运用5S现场管理法，有助于为组织员工创造一个干净、整洁、舒适、合理的工作场所和空间环境，使组织管理及文化建设提升到一个新层次。

第七章　行 政 采 购

本章基本问题

降低行政运行费用，提高组织资金消耗的效率已经成为行政管理的重要目标。本章在介绍行政采购的含义、内容的基础上介绍了行政采购的组织和职能。

行政采购的模式、方式、流程及采购库存的管理影响着采购的绩效。本章介绍了行政采购的模式、方式、规范流程及采购库存的策略方法。

行政采购人员的道德水平是成功实施采购工作的关键。本章介绍了行政采购人员应具备什么样的职业道德。

为确保行政采购目标的实现，不断改进和提高采购工作，需要对行政采购工作开展绩效评估与稽核。本章还介绍了对行政采购人员的绩效评估的指标和评估方式，以及对采购稽核的内容与方法。

第一节　行政采购概述

在现代行政管理中，降低行政运行费用，提高组织资金消耗的效率已经成为行政管理的重要目标。办公用品和办公设备采购实行个人分散采购方式存在较大的弊端，如办公用品质量难以保证、后勤服务工作难度增大等问题，也容易发生虚开多购、乘机购买私用物品、索要回扣等违规现象，产生腐败行为。要从根本上解决行政办公物品和办公设施采购工作中存在的各种问题，彻底避免其中的违规现象甚至腐败行为，就必须对相应的行政办公用品、办公设施的采购管理和制度予以完善。

一、行政采购的含义

行政采购又称一般采购，是组织为了维持正常的日常行政管理工作，从适当的供应厂商，在确保适当的品质下，在适当的时期，以适当的价格购买必须数量的非生产性的物品或劳务所采取的一切活动。具体来说包括五个要素：

1. 适当的供应商

所谓“男怕投错行，女怕嫁错郎”，而采购最怕选错供应商。因此，采购管理的工作原则之一，就是选择合适的合格的供应商，以建立平等互惠的买卖机会，维持长期合作的交易关系。

2. 适当的品质

办公用品和设施的选择要以适合可用为原则。品质太好，不但购入成本会偏高，甚至造成使用上浪费，比如购买高档次的进口汽车，购买功能远远超过办公所需的高性能计算机，昂贵的办公桌和办公室装修等。而质量太差将无法满足使用的目的，增加使用上的困难与损失，如买入光度不足的灯泡、制冷效果不好的空调、损耗率太高的打印机等。

3. 适当的时间

办公用品和设施的购买时间不能太早或太晚。太早造成堆积存货，占用仓库面积；太晚则导致办公用品和设备的缺乏，不能满足组织运行的正常需要，势必引起重大的损失。在“零库存”的观念下，适时采购、及时交货是最好的管理原则。

4. 适当的价格

行政采购的价格应该以公平合理为原则，避免购入的成本过高或过低。采购价格过高，会增加行政运行的费用，而采购价格过低，所谓“一分价钱一分货”，“只有买错没有卖错”，卖方将被迫偷工减料，这就会使购买方无法达到使用目的。

5. 适当的数量

采购的数量不宜太多或太少，应避免“过与不及”。采购数量过多，一旦该种用品未来需求降低，就会滞留库房，或因产品推陈出新，则该类物品就会作废，造成损失。而采购数量过少，会导致采购次数增多，增加采购的成本，也不利于在采购中与卖方的讨价还价。

二、行政采购的内容

行政采购的内容是指行政采购的对象或标的，包括有形的物品和无形的劳务等。如表7-1所示。

1. 有形的物品

在行政采购中，有形的物品主要是指在办公室、生产线人员在文书作业及相关事务上所需的办公设施及文具、纸张，以及杂项用品等。前者包括桌椅、圆珠笔、账册、计算机、电脑、网卡、扫描仪、移动硬盘、墨盒、光盘、信封信纸、印刷品、打印机等；后者包括饮水机、扫把、衣架、时钟、卫生纸、清洁剂等。

表 7-1 行政采购主要项目表

一、杂项用品
　　茶杯、饮水机、台灯、配锁、衣架、茶叶、咖啡、糖、纸巾、桌布、刻印、冲洗照片、识别证制作等
二、复印及电讯有关耗材
　　1. 复印机、传真机、打印机等所用耗材
　　2. 电话机、电话线路申请等
三、文具用品
四、办公设备购买及维修
五、广告发包
　　人事、法务广告、公司形象广告、产品广告、牌楼制作等
六、赠品采购
　　年终纪念品、展示会或业务推广赠品、公开赠品
七、印刷品
八、交际礼品采购
　　交际送礼、员工婚丧礼物、挽联订制
九、会议筹备
　　会场洽租、布置、餐饮点心安排
十、各种场厅租赁
　　办公室、仓库、厂房洽租
十一、福利活动
　　旅游，休闲性、体育性、文艺性活动，日用品采购，交通车安排等
十二、展览会场工程发包
十三、交通设备购买及维修
十四、货品快递、托运
十五、厂房设备及工程发包维修

2. 无形的劳务

随着社会服务业的发展，在行政采购中，无形劳务占行政采购的比重也越来越高。无形劳务的采购主要是指技术、服务和工程的发包。技术采购是指取得能够正确操作或使用机器、设备、软件等的专业知识。只有取得技术才能使机器或设备发挥效能。服务采购是指产品或设备的售前服务、售后服务和聘用律师、管理顾问、建筑师、会计师、广告设计师、程序设计师、电气技师等专业人员所提供的特殊服务，以及购买资讯传达、膳食服务、搬运、清洁、保安等日常作业性质的服务。工程发包是指厂房、办公室等建筑物的建造、修缮，以及配管工程、机器储槽架设工程、空调或保温工程、动力配线工程及仪表安装工程等。

三、行政采购的组织与职能

在任何组织，除非规模很小，一般都非常注重采购部门的建立。行政采购的组织方式，就是将行政采购部门应负责的各项采购功能整合起来，并以

分工方式建立不同的部门来加以执行。行政采购部门的组织可以按照以下方式来组建：

1. **按物品类别组建**

行政采购可以按照采购的项目分别设立办公用品采购、办公设备采购、杂项采购、技术采购、服务采购、工程发包等组，交给不同的采购人员承办。在中小型的组织中，可以根据实际情况将各组别进行合并。用这种方式建立采购部门，可以使采购人员对其经办的项目非常专、精，比较能够发挥熟能生巧及触类旁通的效果。

2. **按采购地区组建**

根据物品的采购来源，分别设立部门，如国内采购科与国外采购科。这种分工方式，主要是基于国内、国外采购的手续及交易对象有着显著的差异，因而对于采购人员的工作条件也有不同的要求。

3. **按采购价值或重要性组建**

按照物品价值建立部门，有利于让行政主管对重大的采购项目能够集中精力加以处理，达到降低成本及确保来源的目的。一般来说可以把采购次数少，但价值高的物品交给采购部门主管负责处理；反之，将采购次数频繁，但价值不高的物品，交给基层采购人员办理。如表 7 - 2 所示。

表 7 - 2　按物品价值分工的采购组织

物　品	价　值	次　数	承办人
A	70%	10%	经理
B	20%	30%	科长
C	10%	60%	科员

4. **混合式的编组**

在稍具规模的组织，通常会兼采购物品、地区、价值等为基础，来建立采购部门的内部组织。

采购部在采购经理的统一领导下开展工作，在组织中行使下列职能：

(1) 采购计划管理。在对采购调查和分析采购请求的基础上，进行采购决策，编制采购计划，为采购活动提供指导。

(2) 采购活动管理。根据需求和采购作业计划，组织实施采购活动。

(3) 供应商管理。选择、评审、管理供应商，建立供应商档案。

(4) 采购合同管理。组织采购合同的评审，建立采购合同台账，对合同进行分类管理，并对合同执行情况进行监督。

(5) 采购成本管理。

(6) 采购监控与评价。

第二节　行政采购的方式与流程

行政采购中,行政采购的模式、方式、流程及采购库存的管理策略的正确选择很大程度上影响着行政采购的绩效。

一、行政采购的模式

行政采购模式,是指行政采购的组织形式。一般而言,行政采购模式按照组织行政采购的主体及采购范围,一般可以分为集中采购模式和分散采购模式。

集中采购模式,是指将完成所有行政采购和采购相关职能的权利和责任都赋予一个由采购部门主管控制下的职能部门。集中采购的实施主体是集中采购部门,集中采购部门的职能是受采购人委托开展采购活动,实际上是一个代理机构。集中采购的优点主要是: 可获得规模效益,降低采购和物流的成本;可发挥采购特长,提高效率;易于稳定与供应商的关系,实现成效最佳的长期合作;公开采购、集体决策,可有效地防止腐败。集中采购的缺点在于它的手续较多,过程较长,容易滋生官僚习气,而且往往专业性强,责任重大。

分散采购模式,是将采购职能分布在整个组织内,由各个部门分别实现行政采购职能。实行分散采购的优点是: 可增强各部门采购自主权,能够满足采购多样性的需求,且采购周期短,占用库存小,保管简单方便。其缺点在于,权力分散,不利于采购成本的有效降低;决策层次低,容易产生暗箱操作;市场调研分散,难以培养采购专家。

事实上,绝大多数组织采取集中采购和分散采购相结合的模式。集中采购和分散采购并存可以发挥各自的优势。"一个组织究竟可以在多大程度上实现集中采购和分散采购,并没有一个确定标准。采购人的目标、文化、资源和管理需求都对采购组织的集中化或者分散化的程度起到一定的作用。"①

二、行政采购方式

行政采购以竞争性谈判采购、询价采购为主;同时,可根据实际采取公开招标采购、邀请招标采购和直接采购等方法。

1. 竞争性谈判采购

竞争性谈判采购,是指采购组织通过与多家供应商(不少于 3 家)进行

---

① 马海涛:《政府采购管理》,北京大学出版社 2008 年版,第 77 页。

谈判，最后从中确定中标供应商。与公开招标方式采购方式相比较，竞争性谈判采购具有较强的主观性，评审过程也难以控制，容易导致不公正的交易。但是从组织的普通的行政采购项目而言，竞争性采购是一种主要的方法。不过这种采购方式的适用条件和谈判过程都必须严格限制和控制。

2. 询价采购

询价采购是对3家以上的供应商的报价进行比较，以确保竞争性价格的采购。这是一种相对简单而又快速的采购方式，也是在行政采购中广泛应用的。这种采购方式适用于现成的而非按采购人要求的特定规格特别制造或提供的标准化货物，货源丰富并且价格变化弹性不大的采购项目。

3. 公开招标采购

公开招标采购，是指采购组织以公告的方式邀请不特定的法人或其他组织参与投标。公开招标具有信息发布透明、选择范围广、竞争范围大、公开程度高等特点，最能实现资金的经济和效益的要求。

4. 邀请招标

邀请招标，是指采购组织以投标邀请书的方式邀请一定数量(不少于3家)的供应商或承包商参加投标竞争，从中选定中标的供应商。这种采购方式的竞争范围有限，招标时间大大缩短，招标费用也相对较低，但是公开程度逊色于公开招标。

5. 直接采购

直接采购，也称单一来源采购，是指采购组织向供应商直接购买的采购方式。该采购方式最主要的特点是没有竞争性。采购活动处于一对一的状态，且采购人处于主动地位。因此，在交易过程中，更容易滋生各种不规范行为和腐败行为。所以，必须对这种采购方式规定严格适用的条件。

三、行政采购的库存管理策略

行政采购管理的重要性的另一个表现是它与库存之间的关系。采购管理不当，会造成大量的多余库存，而库存会导致占用大量的行政资金和发生大量的管理成本。因此，在行政采购中必须制定正确的库存管理策略。

1. 订货点法

订货点，就是为及时补充库存物资的数量而确定订货的时间。订货点间隔时间的长短，对物资储备量和保管费用直接发生正比例影响。为了保证日常行政工作的正常进行，保证办公用品能及时供应，品种齐全，又不造成积压浪费，必须在办公用品用完之前订货。订货点就是要确定购入的存货应保持多少数量时，才订货下一批存货。确定存货要求考虑订货间隔日数(t)、每日平均存货消耗量(n)和最低存货量(s)三个条件，可用下列公式计算：

$$订货点 R = nt + s$$

最低存货量(s)是指为防止交货误期等突然因素所造成的存货不足的保险储备量,可以根据过去的资料进行估算。

例:假设某大型集团公司行政部门每天正常耗用某材料为40件,订货间隔日期为20天,每次订货量为1 800件,估计最低存量为200件。

$$订货点 R = (20 \times 40) + 200 = 1\,000(件)$$

计算结果说明,当存货水平达到1 000件时,即须办理订货手续,到进货日储存量达到2 000件,然后周而复始周转。如果订货未能按期交货,即可动用最低存货量。

2. 经济订货批量

经济订货批量,是指在一定时期内组织行政用品的储存成本和订货成本达到最低水平时的采购批量。储存成本和订货成本是互为消长的,单位订购批量越大,储存数量越增加,其储存成本就越高,但订货次数相应减少,致使订货成本下降;如果订货批量减少,则订货成本上升,储存成本减少。经济订货批量就是这两种成本合计数最低时的订货批量。存货的经济订购批量模型可以用图7-1表示:

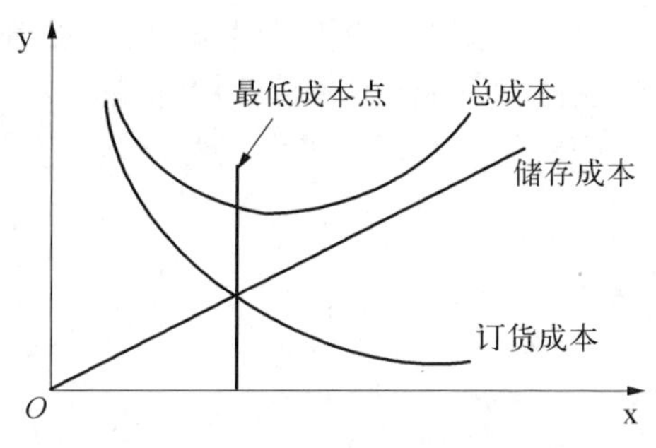

图7-1 经济订货批量模型

存货的经济订货批量也可以用数学模型来表现。

假设:A代表全年行政办公用品的总需求量;

Q代表每批订购批量;

F代表每次订货的订货成本;

C代表单位存货年储存成本。

存货的经济订货批量也可以用数学模型来表现。

假设:A代表全年行政办公用品的总需求量;

Q代表每批订购批量;

F代表每次订货的订货成本;

C代表单位存货年储存成本。

则可计算:

$$平均库存量 = \frac{Q}{2}$$

$$全年订货次数 = \frac{A}{Q}$$

$$全年订货成本 = F \times \frac{A}{Q}$$

$$全年储存成本 = C \times \frac{Q}{2}$$

$$存货相关总成本 = C \times \frac{Q}{2} + F \times \frac{A}{Q}$$

根据存货总成本公式,用导数推导,求得经济订购批量为

$$Q^* = \sqrt{\frac{2FA}{C}}$$

今假定某组织每年某种行政用品的耗用量为8 000单位,采购费用平均每次为5元,每年保管费用为储备物资价格的25%,该种用品的单价为2元。根据上述公式,则得出:

$$C = \frac{0.25}{360} \times 360 \times 2 = 0.5$$

$$F = 5$$

$$A = 8\,000$$

$$Q^* = \sqrt{\frac{2FA}{C}} = 400$$

$$\frac{A}{Q^*} = 20 次$$

3. ABC分类管理

ABC管理法,又称重点管理法,它是由意大利经济学家巴雷特于19世纪首创的,是管理过程中常用的一种方法。

ABC管理法具有方法简便、行之有效的特点,其要点是把错综复杂的现象进行分类,从中找出关键的少数(A类)和次要的多数(B、C类),并处理好它们的关系,把主要精力集中于关键的少数,即在项目上抓住关键的少数,而在与之相关的因素(如资金占用)上却抓住了多数,因而可以收到事半功倍的效果。这就是平时所说的抓住了重点,或叫抓住了主要矛盾的主要方面。

在库存的ABC分类管理方法使用上,就是以库存物资单个品种的库存资金的累积百分数为基础进行分级,按级别实行分级管理。分级标准一般

取决于库存物资资金占总库存资金的累积百分数以及相关品种数占总库存物资累积百分数，根据这两个百分数将库存物资划分为A、B、C三类。一般来说，A、B、C三类物资的金额比例为7∶2∶1，品种比例为1∶2∶7。对于A类物资，要实行重点管理，定额供应，严格控制最低储备；B类物资要实行一般管理，计划供应，一般控制最高储备；C类物资实行简单管理，按需供应，一般估计储备，适当多储。

四、行政采购的流程

行政采购，会因为采购的来源不同，采购的方式不同，在流程的细节上会有所差异，但是基本的流程大同小异。

1. 行政采购流程设计的注意要点①

第一，注意先后顺序及时效控制。即应注意其流畅性与一致性，并考虑采购流程所需时限。比如，避免同一主管对同一采购项目，做数次的签核；避免同一采购项目，在不同部门有不同的采购方式；避免一个采购项目会签部门太多，影响采购时效。

第二，注意关键点的设置。即为便于控制，使各项在处理中的采购作业，在各阶段均能追踪管制。比如国外采购，从询价、报价、申请进口许可证、开信用证、装船、报关、提货等均有管制要领或办理时限。

第三，注意划分权限或任务。即各项作业手续及查核责任，应有明确权责及查核办法。比如请购、采购、验收、付款等权责均应予区分，并指定主办单位。

第四，避免采购过程中发生摩擦、重复与混乱。即注意变化性或弹性范围以及偶发事件的应对法则。比如“紧急采购”及“外部授权”，系有权宜办法或流程来特别处理。

第五，程序繁简或被重视的程度，应与所处理业务或采购项目的重要性或价值的大小相适应。凡涉及数量较大、价值较高或容易发生舞弊的采购，应有较严格的处理监督；反之则可略予放宽，以求提高工作效率。

第六，处理程序应合时宜。应注意采购程序的及时改进，早期设计的采购程序或流程，经过若干时日后，应加以检讨，不断改进，以应对组织的变更或行政采购的实际需要。

第七，配合采购方式的改善。比如手工的采购流程作业方式改变为电脑化作业，因此采购的流程和采购表单需要作相当程度的调整或重新设计。

2. 行政采购的作业流程

行政采购管理不仅在于限制行政办公设备和用品的种类和经费，更在

---

① 王忠宗：《采购管理实务》，广东经济出版社2001年版。

于规范行政办公用品采购的行为。行政采购一般有以下几个步骤：

(1) 确认需求。即在采购之前,应确认先要买什么？买多少？何时买？由谁来决定等。

(2) 需求说明。在确定需求后,对需求的细节如品质、包装、价格范围、售后服务、运输及校验方式等,均须加明确说明,以便来源选择及价格谈判等作业能顺利进行。

(3) 选择可能的供货来源。即根据需求说明,从原有供应厂商中选择业绩和信誉良好的厂商,就采购物品的品名、规格、数量、交货日期等,通知有关厂商报价。询价方式可以电话、传真、e-mail和信函等。涉及大宗物品的采购或本地制造工程的发包,可以依实际上的需要公开招标办理。

(4) 合适价格的决定。在决定可能的供应商后,进行价格谈判。

(5) 订单安排。在价格谈妥后,应办理订货签约手续。订单或合约,均属具有法律效力的书面文件,对买卖双方的要求及权利义务,须予列明。究竟采用买方的订购单还是卖方的销售合约,主要决定于买卖双方的力量,谁占优势就应用谁的文件。

(6) 订单追踪与稽核。签约订货后,为力求销售厂商能如期、如质、如量交货,采购员应依据合约规定,督促厂商按规定交货,并严格检验入库。

(7) 核对发票。厂商交货验收合格后,随即开具发票,要求付清货款时,对于发票的内容是否正确,应先经采购部门核对,财务部门才能办理付款。

(8) 不符或退货处理。凡是厂商所交货品与合约规定不符而验收不合格者,应依照合约规定退货,并立即办理重购,予以结案。

(9) 结案。凡验收合格付款,或验收不合格退货,均须办理结案手续,清查各项书面资料有无缺失、绩效好坏等,签报高阶层管理或权责部门核阅批示。

(10) 记录与档案维护。凡经结案批示后的采购案应列入档案登记编号分类,予以保管,以备参阅或事后发生问题之查考。采购员对所有采购单位的基本情况(包括单位名称/地址/办公电话/传真/联系人/手机号码/营业执照复印件及资信情况等),建立一个完整的供应商档案,报行政部备案。档案都有一定保管期限的规定。

第三节　行政采购的职业道德

在行政采购中,买卖双方应彼此处于公平地位。买方应诚心地对待供应商,同时对供应商的报价、设计技术、专利等应予保密,与厂商来往不可厚此薄彼,应一视同仁,平等对待。而这要求采购人员具有良好的采购道德。

一、行政采购人员对待供应商人员的态度

实施采购的组织和产品供应商是采购工作中两个相互依存的主体，但是由于采购工作赋予采购人员特有的权力，以及供应商的长期恭维，很容易使行政采购人员产生优越感并逐渐养成一种傲慢的举止。对行政采购人员来说与供应商打交道是他们的职业要求和基本日常工作，如果采购人员在接待供应商时表现得与普通人相异，就是缺乏良好的职业道德的表现之一。

因此，采购组织应教育和要求行政采购人员必须有礼貌地对待一切供应商人员。不论何时，任何无礼的举止都应视作破坏组织利益的行为而受到严厉的警告或处分。

二、行政采购人员与供应商交往的界限①

供应商为了推销他们的产品，经常会采取某些特别的手段，试图对采购人员的意志和判断施加影响。典型的手段包括向采购人员提供礼物、娱乐机会和某些特别的手段。为了防止这些特别手段影响组织的利益，行政采购方的主管部门需要制订一些具体的采购人员行为准则，从制度上对采购人员和供应商的交往进行约束。

当然，采购主管部门应当鼓励采购人员与供应商之间的正常交往。正常的交往有利于双方人员之间建立起一种健康的工作和私人友谊。在实际工作中，双方工作人员之间这种健康的友谊能够在组织与供应商之间的磨合中起到无可替代的润滑作用。

接受金钱贿赂是国家法律所不可容忍的。采购人员在与供应商交往中，要坚决抵制触犯法律的行为，另外有些行为虽然尚不触犯法律但是有损职业道德。这些行为需要组织用行业自身制定的行为规范来加以规范。采购人员的行为可从以下规范：

1. 采购人员不允许主动索要任何礼物。只允许接受仅具象征性价值的礼物，如笔、记事本、日历等。

2. 如果在有合理业务工作原因的情况下，采购人员可以接受供应商方面的宴请。但宴请规格不应超出此类商业宴请通常情况下的费用标准。不得定期地或频繁地接受某一供应商的宴请。在采购谈判过程中，无论任何原因，都不能接受供应商或供应商代表直接或间接的任何带有娱乐享受性质的邀请。

3. 在有利于促进商业合作和行业交往的前提下，可以到供应商本地参加设施参观、开工典礼、观摩新产品展示等诸如此类的活动。

---

① 朱小晖：《企业采购管理》，石油工业出版社 2000 年版，第 16—17 页。

4. 要避免介入可能使自己和所代表的组织陷入难堪境地或使组织的公众形象受到损害的场合。

5. 采购人员在不能确定如何才能正确处理与供应商人员交往的问题时，应向自己的上级寻求指导。

三、放弃采购过程中的"忽悠"行为

采购中的"忽悠"行为，是指行政采购人员在采购过程中有意地、不诚实或不真心实意地、不公正地利用供应商的行为。采购人员在采购过程中必须放弃这类行为。

采购过程的"忽悠"行为表现在：

1. 本无意购买某一供应商的产品，却向此供应商询价，再转而利用此供应商的报价作为筹码向另一供应商压价。

2. 示意某供应商如不接受采购方的不合理要求，就会影响未来的采购合作。

3. 本来知道某产品的需求量很少，但误导供应商在一个很大的数量基础上报价，以期在单位价格上获得大的数量折扣。

4. 在与某供应商谈判时，通过有意公开其他竞争者报价，对这一供应商施加影响。

5. 为准备一个提案、预算、投标估价，向外寻求投标报价而不告知对方真实意图。

上述"忽悠"行为，虽然能给实施者在短期内带来直接利益和采购人员的个人的成绩，但可能会使组织的长远和整体的声誉受到损害。

第四节　行政采购的绩效评估与稽核

为确保行政采购目标的实现，不断改进和提高采购工作，规范采购人员的行为，提高采购人员的工作积极性，并促进行政采购部门与其他部门之间的关系，需要对行政采购工作开展绩效评估与稽核。

一、行政采购绩效评估的指标

在采购中，采购人员要满足适当的供应商、适当的品质、适当的时间、适当的价格和适当的数量的要求，因此，在行政采购绩效评估中必须把这些要求通过数量化的指标来衡量绩效。

行政采购绩效评估主要包括两个方面：工作业绩考核和人事考核。工作业绩考核可以从采购的品质绩效、数量绩效、时间绩效、价格绩效、采购效率指标、管理类指标来衡量，如表7－3所示。人事考核可以从考勤和个人行为鉴定来衡量。个人行为鉴定主要是指被评估者在日常工作中，违反公司相关制度而被惩罚或有突出性的工作表现而进行绩效评定的结果。

表 7-3　行政采购工作业绩考核指标

考核项目	考 核 指 标	
工作业绩考核	品质指标	进货验收指标
		在用品验收指标
	数量指标	储存费用指标
		呆料、肥料处理损失指标
	时间指标	紧急采购费用指标
		停工断料损失指标
	价格指标	实际价格与标准成本的差额
		实际成本与过去移动平均价格的差额
	采购效率(活动)指标	采购金额
		采购人员的人数
		采购部门费用
		订单处理的时间
		错误采购次数
		采购计划完成率

在表 7-3 中，品质指标可由验收记录及使用记录来判断。前者是指供应商交货时，组织所接受(或拒收)的采购项目数量或百分比；后者则是在交货后，在使用过程中发现品质不合的项目数量或百分比。

进货验收指标＝合格(或拒收)数量/检验数量

在用品验收指标＝可用(或拒收)数量/使用数量

如果在物品验收或使用过程中，拒收或拒用的比率越高，显示采购人员的质量绩效越差，说明其未能找到理想的供应商。

数量指标可以由储存费用指标和呆料、废料的处理损失指标来衡量。当采购人员为争取数量折扣，以达到降低价格的目的时，却可能导致存货过多，甚至发生呆料、废料的情况。储存费用指标是指现有存货利息和保管费用与正常存货水准利息及保管费用之差额。呆料、废料的处理损失是指处理呆料、废料的收入与其取得成本的差额。

时间指标可以由紧急采购费用指标与停工断料损失指标来衡量。这项指标是用来衡量采购人员处理订单的效率及对于供应商交货时间的控制。延迟交货,可能形成缺货现象,但是提早交货也可能导致买方负担不必要的存货成本或提前付款的利息费用。紧急采购费用指标是指紧急运输方式(如空运)的费用与正常运输方式的差额;停工断料损失指标是指采购物品没有到位影响工作的开展而造成的损失。

价格指标是企业与机构在评估采购绩效时最重视也最常见的衡量标准。通过价格指标可以衡量采购人员议价能力及供需双方势力消长的情形。采购的价格指标通常由实际价格与标准成本的差额、实际价格与过去移动平均价格的差额来衡量。

上述对采购绩效从品质、数量、时间及价格方面的衡量是就采购人员的工作效果的衡量,另外还需从效率的角度来衡量在达成采购目标的过程中各项活动水准或效率。采购效率(活动)指标通常用：采购金额、采购人员的人数、采购部门的费用、采购计划完成率、订单处理时间、错误采购次数等来衡量。通过采购活动水准的上升或下降,评估部门可以了解采购人员工作的压力与能力,这对于改善或调整采购部门的组织与人员有很大的参考价值。

二、采购绩效评估的方式

1. 绩效评估的人员

采购的绩效评估的人员可以分为组织的内部人员和外部相关人员。被考核者的采购部门主管作为绩效考核的最主要的负责人之一,必须对下属的工作做出客观公正的评价,并有效地利用绩效考核,不断提升自己的管理水平及管理效果。会计部门或财务部门不但掌握组织的产销成本数据,对资金的取得与付出也做全盘监管,故对采购部门的工作绩效可以参与评估。人力资源部工作人员对考核工作给予组织、协调和监控,被考核者的同事及被考核者本人需积极参与公司的绩效管理工作。

外部相关人员主要包括供应商和外界的专家或管理顾问。由于采购人员的工作与供应商联系紧密,采购组织向供应商探询其对于采购部门或人员的意见,供应商的意见也可以作为对采购人员绩效评估的参考依据。也可特别聘请外界的采购专家或管理顾问针对全盘的采购制度、组织、人员及工作绩效作客观的分析与建议,这样可以有效避免在绩效评估中组织各部门之间的本位主义或门户之见。

2. 绩效评估的方式

采购人员工作绩效的评估方式,可以分为定期方式和不定期方式。定期考核又分为月度考核、半年度考核及年度考核三种,其具体的实施时间如表7-4所示。

表 7－4　考核实施时间表

考核类别	考核实施时间	考 核 结 果 应 用
月度考核	月底	与每月工资挂钩
季度考核	下一季度的月初	薪资调整、培训计划制订的依据、职位调整、季度奖金
年度考核	下一年度的 1 月份	薪资调整、年度培训计划制订的依据、职位调整、年度奖金

不定期的绩效评估，是以专案的方式进行。例如组织要求办公用品的采购成本降低 5％，当设定期限一到，评估实际的成果是否高于或低于 5％，并就此成果给予采购人员适当的奖惩。这种评估方式对采购人员有很大的激励作用。

三、采购稽核

为了规范采购人员的行为，确保采购人员的举止能符合组织所确立的行为规范，防止采购人员为自己或他人利益而牺牲组织的利益，提高采购活动的规范性、公平性，有必要对组织的整个资产的采购、验收、管理等程序进行稽核。

1. 采购人员的稽核

采购人员的行为规范是采购工作是否能正常展开的关键。对采购人员的稽核，多以机密的方式进行，因为这涉及个人的道德问题。对采购人员的稽核，从一些现象入手，然后抽丝剥茧，自然可以掌握违反行为规范的事实。① 这些现象如：采购人员订购的对象，并非该产品的专业厂商或该项产品并非订购对象的主要营业项目；某些产品在国内有总代理或其经销商，采购人员不经由此渠道采购而是通过其他没有正式代理配销资格的厂商；某物资的得标厂商总是固定一家，订购数量也是集中一家；某供应商的报价在众多产品项目中总是最低；采购人员将准购单越级呈请上级主管签核；报价单的笔迹与图章可疑；采购人员生活阔绰，行为诡异；有黑函检举采购人员的违规行为。

对采购人员的稽核可以采取定期和不定期两种方式。也可以采取价格异动报告制度和争取与供应商的合作。价格异动报告制度就是要求采购人员对商品的新购买价格与原购价格的差异必须填写“价格变动报告表”，一方面可以了解涨价的原因，另一方面也有“例外管理”的功效。采购主管或稽核人员对价格有疑惑时也可以对未报价的合格厂商秘密查询。采购主管和稽核人员在约谈供应商之前，最好能掌握一些线索，然后严加询问，否则

① 王忠宗：《采购案例事务》，广东经济出版社 2001 年版，第 349—352 页。

会无的放矢而无功而返。

2. 采购工作的稽核

采购工作稽核主要从采购预算稽核、请购作业稽核、比价作业稽核、订购作业稽核、验收作业稽核五个方面进行。各个方面的稽核的重点与稽核依据如表 7－5 所示。

表 7－5 采购稽核重点与依据

稽核内容	稽 核 重 点	依 据
采购预算	1. 行政采购预算的编制是否考虑存货订量及定价管制,以及是否制定了 ABC 分类标准 2. 行政采购预算是否与销售计划、生产计划、库存状况、部门预算等相配合 3. 是否编制行政采购手册,对采购部门的政策、职责、人员编制、作业程序、表单使用等均有详细的解说 4. 行政采购预算是否得到全面执行,若与实际采购费用存在差异,是否对采购预算进行修正	请购单 销售计划 生产计划 部门预算
请购作业	1. 请购是否与预算相符,并按照核准权限核准 2. 请购单(数量、规格等)变更是否按照相关程序进行 3. 紧急采购原因分析	请购单 安全存量控制表
比价作业	1. 询价管理 2. 招标管理 3. 采购合同管理	询价单、 采购合同
订购作业	1. 合同的规范性、合法性 2. 采购合同的执行情况 3. 订单发出后有无跟踪控制 4. 因某种原因当供应商没有按约定的日期将采购物资送达时,采购部门是否采取了相应的措施以保证组织正常的行政运行	请购单 采购合同
验收作业	1. 采购物资达到时,采购部门是否会同物资使用部门及相关部门共同对采购物资进行验收 2. 相关技术部门是否派专业技术人员对采购物资进行验收 3. 采购物资不符合标准时,是否采取了相关有效措施 4. 检验人员是否依据相关单据,对采购物资的品名、数量、单价等逐一点检,并做好相应的记录	入库验收单 送货发票

【知识要点】

1. 行政采购又称一般采购,是组织为了维持正常的日常行政管理工作,从适当的供应厂商,在确保适当的品质下,在适当的时期,以适当的价格购买必须数量的非生产性的物品或劳务所采取的一切活动。具体来说包括五个要素：适当的供应商；适当的品质；适当的时间；适当的价格；适当的数量。行政采购的内容是指行政采购的对象或标的，包括有形的物品和无形的劳务等。行政采购部门的组织可以按照以下方式来组建：按物品类别；按采购地区；按采购价值或重要性；混合式编组。

2. 行政采购模式按照组织行政采购的主体及采购范围，一般可以分为集中采购模式和分散采购模式。行政采购以竞争性谈判采购、询价采购为主；同时，可根据实际采取公开招标采购、邀请招标采购和直接采购等方法。行政采购中必须制定正确的库存管理策略，可以采用的库存管理方法包括订货点法、经济订货批量法、ABC分类管理法。

3. 行政采购可以分为以下流程：确认需求；需求说明；选择可能的供货来源；合适价格的决定；订单安排；订单追踪与稽核；核对发票；不符或退货处理；结案；记录与档案维护。

4. 行政采购人员应具有良好的采购道德。行政采购人员必须有礼貌地对待一切供应商人员；行政采购人员必须注意与供应商交往的界限；同时采购人员必须放弃采购过程中的“忽悠”行为。

5. 行政采购绩效评估主要包括两个方面：工作业绩考核和人事考核。工作业绩考核可以从采购的品质绩效、数量绩效、时间绩效、价格绩效、采购效率指标、管理类指标来衡量。人事考核可以从考勤和个人行为鉴定来衡量。采购人员工作绩效的评估方式，可以分为定期方式和不定期方式。定期考核又分为月度考核、半年度考核及年度考核三种，不定期的绩效评估，是以专案的方式进行。

6. 采购稽核包括对采购人员的稽核和采购工作的稽核。对采购人员的稽核可以从一些现象入手，然后抽丝剥茧，自然可以掌握违反行为规范的事实。采购工作稽核主要从采购预算稽核、请购作业稽核、比价作业稽核、订购作业稽核、验收作业稽核五个方面进行。

【案例及思考】

上海闸北：推行政府采购“廉政准入制”不让规矩的生意人吃亏①

新华网上海3月23日电(记者 李烁)　要参与政府采购，得先拿出由检察机关出具的“最近3年内无行贿犯罪记录”的证明文书，否则，不能参与竞标活动。这是上海市闸北区推行政府采购“廉政准入制”的具体实践。

① 李烁：《上海闸北：推行政府采购“廉政准入制”不让规矩的生意人吃亏》，新华网，2011年3月23日，http://www.sh.xinhuanet.com/2011-03/23/content_22346907.htm。

“在采购项目开标前，参与政府采购活动的采购人、供应商和采购代理机构都要先拿出‘无行贿犯罪记录’的证明文书，才能参加竞标活动。”上海市闸北区检察院检察长说，政府采购领域一直是职务犯罪的“多发地带”。为从源头上预防腐败，上海市闸北区检察院创新建立“廉洁准入制”，为政府采购活动的参与人设定资格“门槛”，实行政府采购招投标诚信证明制度。

所谓政府采购招投标诚信证明制度，是指检察机关依托行贿犯罪档案系统，要求参与政府采购活动的采购人、供应商和采购代理机构，或者参与其他招投标活动的投标人，必须具备 3 年以内无行贿犯罪记录之诚信证明的工作制度及其配套措施。

该制度的具体流程为：采购项目开标前，相关政府部门可向检察机关申请查询供应商是否具备“最近 3 年内无行贿犯罪”的资格条件，检察机关将在 3 个工作日内反馈信息，政府采购部门再根据查询情况决定是否允许其参加采购活动。

据悉，目前共有 86 家单位在政府采购活动中开具了“最近 3 年内无行贿犯罪记录”的证明文书。上海市闸北区检察院副检察长说，政府采购中“廉政准入制”的建立，旨在营造公平竞争的市场氛围，“让更多的企业规规矩矩做生意不吃亏。”

分析提示：

行政采购中采购行为规范

廉政准入制的意义

【思考题】

1. 行政采购包括哪些内容？
2. 行政采购有哪些方式？
3. 行政采购的流程是怎么样的？
4. 如何评估行政采购的绩效？

【拓展阅读】

集团公司委托采购服务系统构建模式[①]

集团公司是企业发展历程中的高级产物，在经济全球化时代，集团公司

① 吴金椿：《集团公司委托采购服务系统构建模式》，《现代企业》2008 年第 12 期，第 16—17 页，有删节。

将拥有较多数量的全资子公司、控股子公司和参股子公司，从集团公司角度来构建委托采购服务系统，通过该系统来为集团所有公司统一选择供应商、对物资采购价格进行指导，可以达到高效、高质量和低成本采购的目的。

一、集团公司采购模式创新思路

1. 创建“第三方”监管角色

根据公司法的要求，集团公司不能直接参与子公司的经营管理，但子公司的采购运作对集团总体效益影响巨大。因此，集团公司对子公司的采购运作必须有所作为。为此，引入“第三方”监管的思路，即集团扮演“第三方”角色，对集团内各子公司的采购业务进行宏观总体控制与协调，目标是降低总体库存水平和采购成本。

2. 非行政力主导的供应链整合

集团的采购必然要面对众多不同的供应链问题，集团整体运作的好坏将直接与那些供应链有关。根据供应链管理理论，当供应链整体达到最优时，必然是供应链所有成员企业获得了最佳的整合，否则供应链的绩效不可能达到最优。供应链的整合是一个非常复杂的过程，尤其是供应链成员企业存在独自的局部利益，而且这个局部利益往往与供应链总体利益会出现暂时性的不协调，这就给供应链的整合造成困难。对于集团而言，对众多供应商的整合可以通过集团行政力量来推动，但这种模式容易引发集团内部各子公司之间的矛盾，产生内耗和震荡；同时，集团本身也会产生自身的监管问题。因此，集团供应链中供应商的整合应由集团中间管理层采用非行政力主导的方式来推动，以避免过多的利用行政资源干预。

3. 构建多维闭环价格管理体系

集团公司传统的采购模式(独自采购)最大最难的问题就是采购价格的管理，一品多价现象比较严重。为解决这一问题，可以针对不同的采购对象和目标，采用成本分析法、价格测试、企业整体价格控制策略(价格指导线)、价格预警机制等不同的价格控制工具，通过管理工具的组合应用，建立起对原材料的点面相结合，事前、事中、事后相结合，指导和监督相结合的多维闭环价格管理体系，达到对采购物品的价格进行有效管理的目标。

二、集团公司委托采购服务系统的构建

对于大型的集团公司，子公司(全资和控股)所涉及的供应商可能多达几百上千家。为了优化和整合供应商资源，集团应采用电子采购的方式，建立集团公司委托采购服务系统为集团内各子公司服务。

委托采购服务系统的核心是服务。集团提供资源平台，协定规范，受子公司委托发布采购标书，主持虚拟竞拍现场，所产生的利益归各子公司所有。商业采购合同由各子公司和中标供应商具体签订，集团公司根据委托

协议所认可的规范,监督合同执行情况,保障供应商利益,维护干净和谐的商业环境,维护自身的品牌荣誉。

委托采购服务系统由四个子系统构成：公开/邀请招标子系统、公告/邀请竞价子系统、询比价子系统和目录采购子系统。其中招标子系统和竞价子系统在信息的交互作用下形成中标审核,再结合询比价子系统和目录采购子系统的信息作出预中标决策,对预中标的供应商实施考察评估,最后确定中标供应商。集团内各子公司与中标供应商进行采购,集团对各子公司的采购活动进行监督与评价,最终达成高效、高质量和低成本的采购,形成供需各方共赢的目标。委托采购服务系统四个子系统的运作过程分述如下：

1. 公开/邀请招标子系统

招标子系统的功能是发布标书和评标,这些工作都在集团委托采购服务系统上在线进行,其工作流程包括发布招标预告和标书、在线售标和投标、确定评标专家、确定标的、在线开标和评标,最后是评标汇总。这些工作由专业技术人员专职负责,每一个过程都严格按照规范进行操作,保证过程的规范和公正。确定评标专家是招标子系统的重要环节,也是集团委托采购服务系统能否提供有效服务的关键性步骤。为此,集团公司必须根据产品物料特性来建设专家库,这些专家必须是熟悉各种物料的市场供应状况,包括供求状况、市场价格状况和供应商情况等信息,确保专家在评标时有充分的信息支持。

2. 竞价子系统

集团各子公司根据自己的采购项目清单向集团委托采购服务系统在线提供采购项目请求,委托采购服务系统据此发布竞价项目,根据竞价项目的变动情况对在线销售的标书进行补充和澄清,供应商也必须进行相应的投标书修改或撤回,在此基础上供应商可在线进行相应竞价,竞价完成后与评标的结果进行中标审核,由此完成一个周期的竞价工作。

3. 询比价采购子系统

根据集团内各子公司提供的采购项目请求,集团委托采购服务系统的询比价采购子系统发布询价函,供应商在系统上进行在线报价,集团委托采购服务系统同步进行在线议价,经过比价后选中供应商,然后与中选供应商进行合同谈判和合同审批,形成正式入选供应商。

4. 目录采购子系统

该子系统是依据集团子公司提供的采购项目请求,由集团委托采购服务系统的专业技术人员向有关供应商查询货物,对中选的货物将其放入系统的“购物车”中,生成形式订单,然后与供应商进行谈判,形成价格目录,再结合询比价采购子系统中选的供应商,在中标审核过程中形成预中标。

三、集团委托采购服务系统的管理

1. 组织上的保证

集团委托采购服务系统需要有一个专门的部门来运作和管理，这个部门在组织权力上不具备对控股公司进行行政命令的权力，它只是一个提供服务产品的部门。

2. 管理制度跟进

通过设计各种有效的监管制度来对子公司的采购行为和绩效进行评价，促进子公司采购业务的规范和持续不断的改善，达到不断优化的效果。

3. 专业队伍建设

委托采购服务系统除了必须构建一支熟练掌握采购、电子商务、供应链系统设计、ERP等专业知识的队伍外，这支队伍同时还必须掌握企业财务、生产制造、质量管理等业务知识，这样才能使委托采购服务系统形成有效的服务。

4. 系统数据更新

集团委托采购服务平台需要构建大量的物资价格信息、供应商信息等。这些信息都是动态的。要对子公司提供有效的服务，系统数据必须能够快速更新，这就要求管理者对数据进行快速、准确的维护。

5. 保证有效的协调沟通

集团委托采购服务系统除了向子公司提供专业的采购服务外，必然还存在大量的协调沟通工作，这是由该系统的属性决定的。如集团要向子公司提供采购方面的各种信息，保证集团和各子公司之间的有效沟通。这是顺利实施集团采购支持系统的前提。

阅读提示：

本阅读参考资料讲了集团公司委托采购服务系统构建模式及管理，可以从委托采购服务系统的构成及管理方式上来思考。

第八章　行政日常工作

本章基本问题

行政日常工作是每个行政人员都必须要处理的工作。一个行政人员在日常工作中，要科学地借助电话、邮件、传真和网络通信等现代通讯手段，准确地传达信息；要稳妥、周密地安排好个人、领导的工作计划、约会、差旅等事务，协调好部门之间的工作规划；要在下班后、节假日和夜间，忠实地履行值班任务，发挥应急功能；要严肃、认真、负责地做好印章和介绍信的管理工作；要严守国家秘密和工作秘密，……总之，作为行政人员，要为整个组织提供良好的服务，当好领导和员工的参谋助手，就必须踏踏实实地把日常行政工作做好。

第一节　行政日常工作概述

行政日常工作是每一位行政人员都免不了要处理的工作，尤其是基层的广大行政工作者，他（她）们每天的大部分时间和精力都是用来处理这类工作的。可以说，做好行政日常工作是每一位行政工作人员职业生涯的基础。

有必要说明的是，由于每个组织的情况不同，行政人员的日常工作内容也不尽相同。一般越是基层的组织，其行政人员承担的日常工作就越具有综合性；越是高层次的组织，其行政人员的日常工作就越具有专门性。行政日常工作的内容比较多，由于篇幅所限，我们选择通讯工作、时间安排和规划、值班工作、印信工作和保密工作五个方面做具体介绍。

一、行政日常工作的概念和特点

1. 行政日常工作的概念

日常工作是相对于非日常工作（即需要紧急处理的事情，亦即突发事件）而言的。所谓“行政日常工作”是指行政人员每天都要做的、有固定模式的工作。对行政人员而言,日常工作一般不需要有领导的专门指示,行政人员可以自行决定或处理。

2. 行政日常工作的特点

(1) 服务性。行政人员的日常工作,说到底都是为领导和员工提供服务、为领导部门和职能部门提供服务的。服务性应该是行政人员日常工作的出发点和落脚点。否则,组织中各部门及其工作人员的工作就难以正常地开展。

(2) 繁琐性。行政人员的日常工作往往内容多、范围广、繁杂、琐碎,且有相当大的程序性和重复性,工作时间长了,容易使行政人员产生厌倦和烦躁情绪。因此,行政人员要了解日常工作的繁琐性,不断地进行心理调适,以克服不良情绪。

二、行政日常工作的原则和程序

1. 行政日常工作的原则

(1) 原则中求灵活。行政人员在办理日常工作的过程中,首先必须坚持原则,否则就会损害领导人和组织的形象;其次,面对复杂情况,还要善于审时度势,灵活应变,做到既坚持原则,又办好事情。当然要做到这一点,并非一朝一夕之功。

(2) 繁杂中求规范。面对繁杂、琐碎的日常工作,行政人员不能被动应付,变成“事务篓子”,而应根据本组织的特点,摸索出规律性,使日常工作不断地规范化、制度化,以提高工作效率。

2. 行政日常工作的程序

行政日常工作在办理的过程中都有一定的程序性。这些程序主要包括:

一是自然程序。就是按工作活动的自然进展处理事物,如准备、计划、执行、检查、总结。

二是理论程序。就是在总结经验和规律的基础上制定的程序。

三是指令程序。就是根据领导人的指示步骤来办理事务。

四是法定程序。就是根据法律、法规和规章所确定的程序来办理事务,如泄密的处理。

五是技术程序。就是根据有关技术要求办理事务,如电话会议组织程序。

六是习惯程序。就是按以往的习惯和惯例来办理事务。每个单位都有一套自己的方式方法。

第二节　通 讯 工 作

通讯包括信息的接受和传播。信息是现代社会不可或缺的重要资源,如果真实适用的信息没有及时接受和传递,那么组织就不可能有效运转。所以说,通讯是现代社会的经络。行政办公室作为组织的综合部门和辅助中心,同时也是组织的通讯网络中心。据统计,一位办公室工作人员平均每天要花30%的时间用于通讯工作。因此,正确、高效地做好电话接打、邮件收发、传真往来,以及计算机网络等通讯工作是行政人员日常工作的重要内容之一。

一、通讯工作的原则和要求

1. 通讯工作的原则

要做好通讯工作,必须遵循如下原则:

(1) 恰当选择。就是要根据所传收的信息的内容和特殊需求,选择合适的通讯工具。如要发送图形、照片、亲笔签名等信息,时间还特别紧,传真就是首选。机密内容的信息不宜用未加密的电话、传真来传收。

(2) 准确传收。就是接受和传递信息要准确可靠,通讯渠道要畅通,防止信息在传收过程中发生"失真"现象。

(3) 注意保密。在科技飞速发展、竞争日益激烈的当今社会,通讯泄密是泄密的主要渠道之一。许多公司的核心技术秘密、商业机密都是通过通讯渠道无意中泄露而造成难以挽回的损失。因此,要做好通讯工作,一定要注意安全保密。

2. 通讯工作的基本要求

(1) 正确操作。无论是电话、邮件、传真、网络通讯,行政人员都应了解所使用的通讯设备的种类和性能。如以电话为例,其种类有单线电话、电脑电话、程控电话、录音电话、电视电话、自动接线电话、寻呼电话、投币电话、移动电话等多种;性能有三方通话、转移呼叫、自动录音、缩位拨号等。只有对各种通讯设备了解透彻,才能正确熟练地使用它。

(2) 追求效率。信息传收强调的是及时准确,因此,通讯工作也要追求高效。如以传真为例,传真的写作不同于信函,要求言简意赅,表述准确,切忌洋洋洒洒,无边无际。这样既可节省时间也可节省费用。电话接打也是如此,要求在最短的时间内说清所要说的内容,就不至于因长时间占用电话机而耽搁别人使用或业务往来。

(3) 热情细心。通讯工作要求态度热情,如电话接打要保持热情、愉快、轻快、适中的语调,并且面带微笑,这就会使声音悦耳动听。邮件处理要细致,误拆误投的事故就不会发生。

(4) 讲究礼仪。无论是信函、传真、电子邮件的写作还是电话的接打,都要注意写作礼仪、说话礼貌。如电话接打通常以"您好"开始,以"谢谢"或"再见"结束,电话语言要规范、得体,切合身份,这样会使人感到亲切舒畅。

二、通讯工作的具体内容

1. 电话接打

电话是现代社会中最常用的大众通讯媒介。行政人员每天有许多事情，都要通过电话来商谈、询问、通知、解决。接打电话工作虽然普通平凡，但它却是日常行政工作的重要内容。行政人员接打的是公务电话，与私人电话的接打完全不同，因此要规范地操作。

电话接打分为电话的接听和打出两部分。

(1) 电话接听的要点主要有：

第一，铃响即拿话筒，准确自报家门。电话应该在铃响三声之内接听。即使电话机离开自己的位置很远，我们也应立即赶过去拿起话筒。接听电话时，应立即停止与旁人的对话，主动自报家门，如“您好，××单位，请讲。”

第二，掌握电话内容，做好电话记录。我们可通过5W1H法，掌握电话内容。即何时When、何人Who、何地Where、何事What、为什么Why、如何进行How。听毕主要内容须重复一遍，人名、地名、时间、数字等一定要记录准确。若有疑问，应询问清楚。行政人员应养成电话铃一响，一手摘机，一手拿笔的好习惯，以便做好记录准备。电话记录要求简洁完备。(如表8-1所示)

表8-1 电话记录

来电人		传呼人	
来电时间	年 月 日 时 分	回电号码	
主要内容：			
处理情况		记录人	

通话完毕应按照“谁打出电话谁先挂断”原则，礼貌挂断电话。

第三，按照接听规范，礼貌应对电话。对于打给领导的电话，应先了解对方的身份、意图，然后请对方稍等，请示领导后再作处理。对于打给同事的电话，应马上帮助传达，或代为转达。如果几个电话铃同时响起，则应按事情的轻重缓急，分别及时处理。对打错的电话，应礼貌说明，不可粗暴挂断或责备。

(2) 打出电话的要点有：

第一，准备资料。打前应理顺思路，重要电话应列出提纲，人名、地名、时间、数据要核实无误，必需的资料应放在手边。

第二，正确拨号。应先熟悉一下对方的号码，或在电话簿、名片上做记号，以免看错、拨错。

第三，规范通话。通话后应先问好并自报家门，重要内容须提请对方记录并核实。请人转告要留下对方的姓名、电话。通话结束，应说“谢谢”或“再见”，方可挂断。

注意，若打电话给职位较高的人，应先与他的秘书联系，特别要注意语气的尊重和恭敬。

2. 邮件的收发

一个组织每天都会收到或发出大量的邮件，行政人员要做好收收发发的工作，不仅要细心与熟练，也需要掌握一定的程序和方法。

(1) 邮件收进的程序：

第一步：分类。邮件收进后第一步工作是根据其性质大体分为电报、特快专递、航空信等急件；政府部门或上级公司文件；业务往来公函；写明上司亲启的信函；汇票、汇款单；包裹、印刷品；报纸、杂志、私人信件等七类，然后按其轻重缓急分别处理。

第二步：拆封。对于属行政人员管理范围内的邮件进行拆封。开拆时不可随手就撕，要注意原件的完好、整洁，不受破损。邮件内附着的小附件，单据、名片等切勿遗漏。信封应与信纸、附件等订在一起。

第三步：登记。除私人信件外，其他公文、公函、汇票、包裹、杂志等均需分别登记，以便管理。登记时应写明：编号、收到日期、发出日期、发出单位、收阅人或部门、信件种类、处理办法、办理日期等。

第四步：分送。上司亲收件应立即呈送，应归部门办理的文件信函要及时送交各部门，需由多人阅办的文件可按常规程序传阅或分送复印件。同事的私人信件可放入指定信袋或转交。报章杂志则分别上夹或上架。

第五步：阅办。行政人员阅看文件、信函应仔细、认真。内容复杂的邮件要做摘要，有的还要提出拟办意见置于邮件前，然后分送上司或有关部门处理。

(2) 邮件发出的程序。邮件发出前要完成如下工序：

第一步：校核。由行政人员拟写的信函，发出前须仔细校核有无错、别、漏字，格式是否正确，表意是否准确，签名、盖章是否无误，附件有无遗漏等。

第二步：查对。封皮查对不可忽略，如查对地址、邮编、收件人、发件人、密级、邮寄方式等。

第三步：邮件寄发。按照邮件分类，分别寄发。

3. 传真

传真机全称电话传真机，是利用电话线路来传输数字信号，使接收方获得文字、图像等信息副本。传真机具有逼真、快速、自动接受、简单复印等特点，因此能准确无误地传示文字与图像，较之电话电报有更大的优越性，特别适用于传送批示件、签名、手稿、图像等等。行政人员在办公室内即可轻松使用,甚至在无人值班的条件下,传真机也可自动发送和接收信函、图纸。但是,传真也有缺点;一是容易被窃取;二是传递的文字图像保存时间不长,不能存档备用。

传真机的操作程序为:发送时,首先将发送原稿放入传真机内,并根据原稿情况选择发送参数(扫描线密度、对比度),然后拨通对方电话,听到回答信号后,表明对方已经开机准备接收,这时便可按下启动键开始发送,放下话筒。待发送结束后,传真机自动恢复到待机状态。接收方接到发送方的电话,通话后便可放下话筒按下启动键,开始接收,直到接收完毕。

4. 网络通讯

电脑网络通讯是将众多分散的用户的电脑终端、线路、外围设备和数据中心等联结在一起,形成网络,从而可以互相通信、信息共享和情报交换。秘书使用电脑网络通讯可以发送通知、召开会议、查询资料、传递信息,十分迅捷、方便,而且保密性能也好。政府机关、企事业单位经常有工作联系、业务往来、友好访问等,使用电脑网络通讯,方便快捷。

通讯工作除了上述内容外,还有电传、电报等通讯手段。

第三节　时间安排和规划

行政工作内容繁杂,行政人员经常是手忙脚乱,顾此失彼。要解决这个问题,将工作做得更有条理、更富效率,就需要合理地进行时间安排和规划。行政人员不仅要安排好自己的工作计划,还要协助领导安排好日程,协调各部门工作规划的实施,并对这些安排和计划周密推行,真正发挥参谋和助手的作用。这也是行政人员的日常行政工作之一。

一、时间安排的原则和要求

1. 时间安排的原则

(1) 周详考虑。各项时间安排和规划均要细致考虑,勿草率行事。事项安排要能有效衔接和相互联络。计划和安排如果规划得不切实际,既妨碍了各项工作的顺利推进,更会挫伤执行者的积极性,还会带来较大的精神压力。

(2) 妥善协调。进行时间安排时,经常会遇到诸如个人计划与组织计划存在冲突,领导日程安排太密,没有留出足够的弹性兼顾到领导的健康,各部门之间的会议时间、场地安排也存在冲突等问题,这些均需行政人员妥善调整,以保证计划如期完成。

(3) 严格推行。计划一经确定,一定要严格执行。因为它会涉及许多相关部门和人员，若不如期实施，将会带来一系列的问题。以公司部门经理会议为例，改期举行，不仅要分别通知，重新确定开会日期、地点，还要考虑是否影响经理们的后期工作。当然，碰到不得不变更计划安排时，一定要事先向相关部门和人员解释，以取得谅解。

(4) 适当保密。部门的活动安排、领导的行程往往与组织的经营动向有关，从而成为竞争对手刺探的情报。为此，行政人员在时间安排和规划时要注意适当保密。以会议安排为例，可制定“本周会议安排表”，只涉及时间、地点与与会人员，其他一律删除，发给相关人员和部门。

2. 时间安排的基本要求

按照时间安排和规划的原则，在具体操作时有如下四条基本要求：

(1) 时间安排要服从于组织的总目标和整体计划。任何时间安排和规划都只是整个组织工作的一部分。因此时间安排要服从组织的总目标、总任务和整体计划，要顾及上下左右的工作配合和工作制约，如发现有冲突，要及时进行协调、解决。

(2) 时间安排要兼顾工作效率和身心健康。在安排时间时，既要注意事项的前后衔接，又要注意劳逸结合，不满打满算，留有充分的余地，能随机应变，这样才能保护工作人员的身体健康和情绪稳定。

(3) 时间安排要得到事先确认。时间安排和规划确定后，一定要得到相关部门和人员的确认。行政人员有责任及时提示和督促实施日程安排。在一些重要活动前，行政人员还有责任做再次事先确定，以使安排准确无误。

(4) 时间安排要做到编填规范。时间安排和规划主要通过日程表来体现。日程表制作时要注意年、月、周、日的计划表要分别制作，彼此衔接，均须有备注栏，时间刻度要早于上班时间，晚于下班时间，每一事项要表明时间耗费。填写时要留有余地，能适应变动。

二、日程安排的主要内容

1. 工作计划制订

许多组织都有三年、五年甚至十年的发展规划与工作计划。长期计划是通过年度计划来逐步具体化、详尽化的。无论是组织整体、部分(如各个部门)还是员工个人的工作计划，除了要符合上述的原则和要求外，还要融合长短，区分轻重缓急来制定。

工作计划一般分为年度计划表、月计划表、周计划表和日程表四种。行政人员在编制时，无论是整体计划还是个人计划，首先应对工作目标和工作任务，如上级验收检查、各种会议、计划中的出差、新产品宣传活动等进行全面了解并作记录。然后根据长期计划和短期安排相结合、区分轻重缓急的原则，先远后近，先重后轻，先外后内，按年、月、周、日作出初步安排。使年、月、周、日的计划表相互结合，注意日程编排从长到短，由粗及细，不断详尽。

下面是某公司行政助理制订的2004年度总经理计划表（部分）（表8－2）、月份计划表（部分）（表8－3）、周计划表（表8－4）和日程表（表8－5）。

表8－2 总经理2004年度计划表（部分）

<table>
<tr><td>4月</td><td></td><td></td><td></td><td></td></tr>
<tr><td rowspan="6">5月</td><td>日 期</td><td>星 期</td><td>内 容</td><td>备 注</td></tr>
<tr><td>8</td><td>六</td><td>人才招聘活动</td><td>暂时保留</td></tr>
<tr><td>17</td><td>一</td><td>行业协会演讲</td><td></td></tr>
<tr><td>19</td><td>三</td><td>出差杭州</td><td></td></tr>
<tr><td>20</td><td>四</td><td>公司董事会</td><td></td></tr>
<tr><td>27</td><td>四</td><td>上级部门检查</td><td>具体日期等通知</td></tr>
<tr><td>6月</td><td></td><td></td><td></td><td></td></tr>
</table>

表8－3 2004年5月计划表（部分）

<table>
<tr><th>日 期</th><th>星 期</th><th>上午</th><th>下午</th><th>备 注</th></tr>
<tr><td>1</td><td>六</td><td colspan="2" rowspan="3">法定节日</td><td rowspan="3">暂时无安排</td></tr>
<tr><td>2</td><td>日</td></tr>
<tr><td>3</td><td>一</td></tr>
<tr><td>4</td><td>二</td><td colspan="2" rowspan="2">接待美国A公司来访</td><td rowspan="2"></td></tr>
<tr><td>5</td><td>三</td></tr>
<tr><td>6</td><td>四</td><td></td><td></td><td></td></tr>
<tr><td>7</td><td>五</td><td>总经理会议</td><td></td><td></td></tr>
<tr><td>8</td><td>六</td><td>人才招聘</td><td></td><td>暂时保留</td></tr>
<tr><td>16</td><td>日</td><td></td><td></td><td></td></tr>
<tr><td>17</td><td>一</td><td>行业协会演讲</td><td></td><td></td></tr>
<tr><td>18</td><td>二</td><td>新产品发布会</td><td></td><td></td></tr>
<tr><td>19</td><td>三</td><td colspan="2">出差杭州</td><td></td></tr>
<tr><td>20</td><td>四</td><td></td><td>公司董事会</td><td></td></tr>
<tr><td>21</td><td>五</td><td></td><td>出席合作项目剪彩</td><td></td></tr>
<tr><td>22</td><td>六</td><td></td><td>出席员工集体婚礼</td><td></td></tr>
<tr><td>23</td><td>日</td><td></td><td></td><td></td></tr>
</table>

表8－4　周计划表(时间5.16—5.22)

日期	星期	内　　容	备　注
16	日	8 9 10 11 12 1 2 3 4 5 6 7 8 9	
17	一	8 9 10 11 12 1 2 3 4 5 6 7 8 9 10 11 12 行业协会演讲；3 4 5 H先生来访	H先生来接洽商务，请营销经理作陪
18	二	8 9 10 11 12 1 2 3 4 5 6 7 8 9 10 11 12 新产品发布会；3 4 约法律顾问谈话	本公司礼堂，设计经理、营销经理作陪
19	三	8 9 10 11 12 1 2 3 4 5 6 7 8 9 8—9 出差杭州	当天来回，秘书陪同 公司派车
20	四	8 9 10 11 12 1 2 3 4 5 6 7 8 9 2 3 4 公司董事会	需提前做好文件资料准备工作
21	五	8 9 10 11 12 1 2 3 4 5 6 7 8 9 10 11 12 视察联营工厂；2 3 4 出席合作项目剪彩	地点：浦东新区××联营工厂
22	六	8 9 10 11 12 1 2 3 4 5 6 7 8 9 5 6 7 8 出席员工集体婚礼	地点：东方绿洲宾馆

表8－5　日程表(5月19日星期三)

时　　间	事　　项	备　　注
7:00	离沪赴杭	公司商务车准时发车
9:00	抵达杭州分公司	地点：杭州新新饭店
10:00	分公司全体部门经理会议	1号文件在公文包内
12:00	楼外楼聚餐	演讲稿附在2号文件内
14:00	分公司全体销售经理会议	杭州新新饭店，需3号文件
17:00	与杭州客商吴先生共进晚餐	地点：刘庄宴会厅
20:00	离杭回沪	
22:00	到沪	

2. 约会安排

约会是组织中的人员因公务与他人会见所作的预先约定，包括接受邀请出访或同意客人来访两种类型。它是组织与外界交往和联系的常用方法，属于时间安排和规划的一部分。行政人员经常要为各级领导和员

工安排约会,安排约会除了需遵循时间安排的原则和要求外,具体操作时还应注意:

(1) 养成订约习惯。要与他人见面,不可贸然造访,要养成事先约定的习惯,使双方都能做好准备,这是一种交往礼仪,也是提高工作效率的良方。

(2) 恰当安排约会。无论是发出邀请或是否接受来访要求,都要事先征求相关人员的意见,做好记录,才可办理。安排约会须问明:对方公司的名称、受邀人(或访客)的身份和姓名、约会时间、地点、会晤的主要内容等。

发出邀请通常有两种形式:一种是对贵宾的正式邀请,应写请柬,可通过邮寄或派专人送达;另一种是对较熟悉的客人,可以电话邀请。

接到请柬或要求来访的电话,也应征求当事人的意见后才能答应或婉拒。

约会一旦确定,就要纳入计划和日程表。

(3) 约前再次确定。凡超过三天的约会,要在前一天打电话给对方再次确定一下。如有变更,应即刻通知相关人员另作安排;如无变更,应及时提醒,准时赴约或等候来宾。

(4) 善用台历和备忘录。由于约会往往事先难以预料,所以行政人员不妨在办公桌上放一本台历,以便每天都可随手记下电话约会的内容。如能备一本小小的备忘录,随身携带则可以在办公室之外的任何地方、任何时间做记录。有时候,行政人员还要为出差的领导和员工准备约会卡片,以方便他们的工作。

3. 差旅安排

行政人员经常要为领导和员工出差办理相关事宜,主要有如下几方面:

(1) 做好准备工作。大致有三方面的准备。

第一,根据旅行的目的和要求,准备好相关资料,如谈判合同、协议书、科技或产品资料、演讲稿等。

第二,经办旅行的各种必要手续。如果是出国,要办理六项内容:撰写出国申请;办理护照;办理签证;办理"黄皮书";办理出入境登记卡;订购机票、车船票。

第三,预先联系。就是要事先与对方联系,把活动的时间和地点约好。

有时还要制定出差日程表、预订车票(或机票)、安排住宿。

(2) 随时保持联络。行政人员应与出差人员随时保持联系,以处理各种应急事项,解决各种突发问题。

(3) 做好接站工作。出差人员出差到了最后一站,行政人员要了解他们回程的车次、行李状况,以便届时派车接站。

如果是随同出差,还要做好旅途服务工作。

第四节　值 班 工 作

一般组织的行政部门都是实行8小时工作制。白天工作,夜间休息。我国还实行每周双休日制。这样,一年365天,有52个星期六、日,再加上10天法定假日,共有116天是非工作日。可是交通、生产、医疗、安全等部门都是每日24小时连续工作的,何况业务联系、人来人往、信息传递、自然变化也不可能都限制在工作时日之内,尤其是国际交往、世界性业务还涉及不同时区,这些都需要行政部门采取补充办法。因此,值班是一个组织不可缺少的经常性工作,也是行政部门的重要日常工作之一。值班具有联络、过滤、应急的功能,在接待客人、沟通信息、处理紧急事项方面发挥着无可替代的作用。

一、值班工作的原则和要求

1. 值班工作的原则

(1) 严守制度。制度就是值班工作制度。值班工作制度是值班人员必须遵守的行为准则,也是保证值班工作顺利进行的措施和保障。值班工作制度主要包括交接制度、请假制度、报请制度等,对上班、交接班、替换班、请假等作出明确规定。值班人员一定要严格遵守。

(2) 灵活权变。值班期间会遇到各种问题和情况需要处理,一般对于没有把握答复和处理的非紧急事项,值班人员可先请示、后办理,不能自作主张。对于值班期间发生的重要情况,要及时报告,不得拖延或不报。对于某些特殊紧急情况,应边办理边报告或先办理后报告。

(3) 安全保密。值班期间(尤其是节假日和夜间)不同于白天上班,人手少,任务重,安全隐患大,是各类火灾、盗窃、泄密事故的多发期。因此,值班人员要与组织的保安人员一起,认真做好安全保密工作,如锁好三铁(铁窗、铁门、铁柜),关闭的办公室不得擅自进人,亲属、朋友不得进入值班室等,以保证办公环境设施的安全,预防各类事故的发生。

2. 值班工作的要求

根据值班工作的原则,值班人员必须做到以下几点:

(1) 坚守岗位,尽职尽责。值班人员要有全心全意为人民服务的精神和高度的责任心,认真负责地对待承办的各项工作,一丝不苟地处理来函、来电和领导交办的事项,及时、准确地办理各项事务,办事都要有结果,决不能疏忽大意,掉以轻心。

(2) 提高警惕,胆大心细。值班人员必须具有高度的警惕性。一方面,值班时间要坚守岗位,决不能擅自离岗,更不能接受私人来访,在值班室内打牌喝酒招惹闲人,要严格遵守值班纪律。接待来访时,说话要有分寸,以防止一些人"钻空子"。对来访者一律要进行详细登记,要敢于同坏人坏事作斗争。另一方面,要仔细检查各要害部位、留心事故隐患,及时发现,及时处理,减少组织财物的损失。

(3) 耐心热情接待来访。值班人员接待来访来电要热情、细致、周到,做到"三勤":一要口勤,主动询问来访者的目的和要求,给人以热情;二要腿勤,积极为来访者联系工作,给人以帮助;三要手勤,勤记录来访者反映的有关情况,给人以认真之感。决不能对来访者搪塞敷衍,傲慢无礼,以维护和树立组织的声誉和威信。

二、值班工作的主要内容

1. 值班工作的组织形式

值班工作的组织形式大体上有三种:

(1) 办公室值班。大多数基层机关和小型企事业单位采用办公室值班形式,值班工作由组织的行政人员轮流担任。在下班后的中午、夜间和星期日、节假日执行任务,以维持组织运转,确保各项工作不中断或延误。值班地点通常就在日间办公的室内,备有办公桌椅、电话机、文件柜、床铺等。

(2) 专门值班室。中级机关和大中型企业往往设立专门的值班室,配备专职的值班人员,负责组织昼夜及星期日、节假日的全部值班工作。值班室内除办公用品之外,还放置床铺,以供每日 24 小时工作之用。值班工作人员、任务由行政主管负责安排。

(3) 介于前两种之间,专、兼职值班相结合,白日由专职人员值班,夜间和节假日由组织工作人员轮流值班。

2. 值班工作的主要内容

无论是节假日还是夜间值班,值班工作内容多、任务重,主要有:

(1) 来访接待。对于不同情形的来访人员,值班人员都要热情接待,并根据其来访的要求和不同情况,作出合理的安排,尽量在工作上为他们提供便利条件,如有的要请领导接洽,有的要介绍给有关部门。能给予答复的,值班人员要给予满意的回答。不能妥善解决问题的,也应视情况,进行耐心的说明和解释。同时,作为办公时间以外和节假日接待工作的补充,对外地人员还要注意帮助安排好食宿、交通等事宜。

(2) 通讯联络。接听并记录电话,接受并登记紧急文件,收受并转送电报等是值班人员的主要工作内容之一。对此,值班室一定要保证各种通讯器材畅通无阻,要备有各部门领导人和交通、公安、消防、急救等常用电话号码表,要密切保持与组织负责人的联系,以备不时之需。

(3) 处理突发事件。值班期间有时还会遇到突发事件,如发生事故、火灾、盗窃或暴雨、地震等，值班人员要遇事不慌、处变不惊，沉着、冷静、机智地加以处理，可立即向领导报告，就近组织人力抢救抢险，或依靠邻近机关、单位、部队，或保护事故现场，或紧急转移机要文件和贵重物资等。如上海石化总厂就曾发生过突然停电事故，由于值班室及时发现，领导及时指挥处理，减少了1 000多万元的损失。

(4) 承办领导临时交办的工作。临时交办的工作包括下达一些临时性会议通知，联系工作，受委托接送客人等。对领导临时交办的工作，一定要问明情况，按时办好，保证无误，并将办理结果及时向交办工作的领导汇报。此外，在节、假日，值班人员还要协助处理文书和印信等工作。

(5) 填写值班材料。对于当日发生的重要情况或经办的重要事项，值班人员除了做好值班记录外，还应填写《值班日记》(表8-6)、或《值班日志》(表8-7)等值班信息，做好《接待记录》等文字材料，以便向领导提供情况或备查。

表8-6 值班日记

第__页

值班人员		年月日	办理情况	值班人员		年月日	办理情况

表8-7 值班日志

年 月 日

事 项	办 理 情 况

值班员：________

第五节 印信工作

印信工作，是指组织公务印章和介绍信的管理、使用工作，属于行政人员日常工作范围。印信是凭信，具有法定性、权威性、效用性三性，是组织对内对外行使权力的标志。如果管理使用不当,会给本组织,乃至社会造成危害。因此,行政人员必须熟悉和掌握有关印信管理的基本内容,认真对待这项工作。

一、印信工作的原则和要求

1. 印信工作的原则

印信工作,一定要严格制度,防止任何纰漏的发生。所以,必须遵守如下原则:

(1) 严格制度。行政人员必须明确保管、使用印信的制度和纪律。使用印信必须经有关领导批准,其权限可分级掌握。如使用组织公章应由组织领导人批准,使用办公室公章由办公室领导人签批等。批准人都应有文字批准手续,并在用印登记表上注明。文字批准手续和用印登记,要妥善保存备查。

(2) 秉公无私。行政人员对印信的管理和使用一定要认真负责,敢于坚持原则,不糊涂用印,坚决不用人情印。如不委托他人或让领用人自己填写盖章,尤其不得将空白介绍信或单位信笺加盖公章后交给领用人。否则,出了事故,行政人员要负责任。

(3) 放置安全。应根据保密的原则选好放置的地方。一般应放在安全保密的地方,如可放在机要室或办公室,放置公章的办公桌应配有牢固的锁,放在保险柜里则更好。对印章还要经常检查,及时清洗,细心保护。

2. 印信工作的要求

根据上述原则,印信工作要做到如下几点:

(1) 专人负责。按规定,正式印章、专用印章、钢印和手印,均应指定专人保管,以保证印章的绝对安全和正常使用。缩印一般是在印刷凭证时使用,也应按使用印章的规定办事。名章和戳记,亦应指定使用人员管理,不可一般对待。

(2) 认真审阅。对所盖印章的文书内容必须认真审阅,尤其是对一些特殊情况用印,更要审阅清楚。即使与盖章人很熟,也不能碍于面子,稀里糊涂盖印。对于一些人事材料,如上报待批的领导班子成员人选名单、重要的纪检上报材料等,一般也应经管章人盖章,共同遵守保密规则。如需要经办人亲手盖章,不让印章管理人员经手,必须有上级领导明确批示,并登记清楚。否则,不能用印。

(3) 详细登记。登记项目主要有:时间、编号、用印单位、内容、用印数、经办人姓名、批准用印人姓名、盖印人姓名等。

(4) 盖印正规。以组织名义发出的公文、函件都必须加盖组织公章,正式公文只在文末落款处盖章。带存根的公函或介绍信、证明信等要盖两处印章：一处盖在公函连接线上，一处盖在单位落款处。凡在落款处加盖的印章都要“骑年盖月”。盖印时一般使用红色印油，应摆正位置，均匀用力，使盖出的印章完整、清晰、美观。

(5) 处理规范。一旦发现保管的印章有异常情况或丢失，应保护现场，及时报告领导，查明情况。必要时，应该报告公安机关协助查找。

二、印信工作的主要内容

1. 公章的管理和使用

公章是组织职责权力的象征，行政人员要充分认识管理和使用公章的重要性和严肃性，掌握有关公章的知识和规定，认真保管和使用好各类公章。

(1) 公章的由来。印章一词的含义比较广泛，应该包括古玺、印、章、宝、朱记、图书、花押、戳记、关防等历代公私印鉴。现在使用的公务印章是沿用古玺印而来的。在公章的式样上有了较大的改进。

(2) 公章的种类。公章的种类，按性质分，有单位印章、领导人印章(含签名章)、业务专用章(如财务专用章、收发文用章)等。行政人员管理的公章主要有三类：单位的公章，即自单位成立之日起，由上级机关颁发的机构全称公章；单位主要领导人因工作需要刻制的个人签名章或图章；行政工作专用印章，如收发章、办事章、校对章、封条章等。

(3) 公章的式样。公章的式样是由公章的质料、形状、印文、印文的排列、印章图案和印章的尺寸构成的。

公章按质料来分，有铜印、钢印、木印、塑料印、胶皮印、万次印等。公章的质料，由制发机关根据实际需要和一般惯例确定。用得较多的有钢印、木印、塑料印、胶皮印、万次印等。

公章的形状按照1999年国务院印发的《国务院关于国家行政机关和企业事业单位社会团体印章管理的规定》(国发[1999]25号，以下简称《规定》)规定，党政机关、国有企事业单位的正式印章一律为正圆形。其他公务印章可视情况而定，可有正方形、长方形、椭圆形、三角形等多种形式。

各级组织的公章所刊汉字，应当使用国务院公布的简化字，字体为宋体。民族区域自治地区的印章可并刊汉文和当地通用的民族文字。业务专用章和领导人、业务人员工作用章的式样、字体依据需要和习惯确定。

一般企事业单位的公章不能带有国徽，只有县以上的国家政权机关、法院、检察院、驻外使领馆的印章才能用国徽。这类印章的图形为中央刊国徽，国徽外刊机关名称，自左而右环形。没有行政职能的单位的印章中央刊五角星，五角星外刊单位名称，自左而右环形。党的各级机关的印章，刊有镰刀和锄头交叉的图案。

根据《规定》的规定，国务院的印章，直径6厘米。各省、自治区、直辖市人民政府印章，直径5厘米。自治州、市、县级（县、自治县、县级市、旗、自治旗、特区、林区等）和市辖区人民政府的印章，直径4.5厘米。乡（镇）人民政府的印章，直径4.2厘米；驻国外的大使馆、领事馆的印章，直径4.2厘米；国家行政机关内设机构或直属单位的印章，直径不得大于4.5厘米；企业事业单位、社会团体的印章，直径不得大于4.5厘米；国务院有关部委外事用的火漆印，直径4.2厘米；国务院的钢印，直径4.2厘米；其他需要使用钢印的单位，其钢印直径不得大于4.2厘米，不得小于3.5厘米。

（4）公章的刻制。凡机关、单位的公务印章，一律不得私自刻制。刻制印章有两种情况，一是由上级主管机关刻制颁发，另一种是由本单位法人代表申请，经主管部门批准，公安部门登记后，由专门刻制厂刻制。

不论刻制哪一级单位的印章，都要有上级单位批准成立该单位的正式公文，才能办理刻制手续。国家行政机关和企业事业单位、社会团体刻制印章，应到当地公安机关指定的刻章单位刻制。刻制印章时，须由制发印章单位开具公函，并详细写明印章的名称、式样和规格，到制发印章单位所在地的公安部门办理登记手续。公安部门指定适当的刻字单位承担印章的刻制任务。

（5）公章的颁发和启用。上级单位发给下级单位印章，称为颁发印章。颁发印章要做到手续完备，确保安全。制发印章单位颁发的印章要进行详细登记，并要留下印模。

公章刻制后不可随便启用，必须选定启用日期，提前向有关单位发出正用通知，附上“印模”。还应填写“印模卡”，一式两份，一份留存，一份交机关备查。办妥手续之后，到了规定日期，方可启用生效。

（6）公章的使用。使用公章应严格按上述的原则和要求办理。一般须经领导人批准并进行详细登记。（表8-8）

表8-8　用印申请

<table>
<tr><td>用印部门</td><td colspan="3"></td></tr>
<tr><td>经办人</td><td></td><td>份　数</td><td></td></tr>
<tr><td>用
印
内
容</td><td colspan="3"></td></tr>
<tr><td>领导签字</td><td></td><td>用印时间</td><td></td></tr>
</table>

（7）公章的停用与销毁。单位公章在该单位名称变更或机构撤销时，应即刻停用。停用印章要发文通知有关单位，标明停用印章的印模和停用

时间。停用的废印章要及时送交原颁发单位。

制发印章机关收回废旧印章要进行登记。对于那些重要的具有保存价值的印章,要分期妥善保存。对于那些一般的、没有保存价值的印章,应集中定期销毁。销毁印章须报单位负责人批准,由主管印章的人员监销。所有要销毁的废旧印章都要留下印模保存起来,以备日后查考。

2. 介绍信的使用和保管

(1) 介绍信的形式。介绍信一般有四种形式:

一是普通介绍信。这种介绍信内容较多,多为联系某项工作和事项,用印制的介绍信往往写不清楚,通常用信笺写,另外登记,并装入信封。

二是存根介绍信。这种介绍信一般铅印,分成两联,一联是存根,另一联是外出用的介绍信,正中有一间缝。这种介绍信有号码。主要用于介绍某人到何处办何事的一个凭证,内容容易概括。

三是专用介绍信。如办理出国护照介绍信以及业务部门、单位的专用介绍信。这些专用介绍信有特定的内容和样式。

四是证明信。证明信是以机关、团体、个人的名义用以证明某人的身份、经历或者有关事件的真实情况的专用书信。一种是以组织名义发的证明信;另外一种是个人证明信,除个人盖章外,组织也要盖章并证明该人的身份。

(2) 介绍信的使用和保管。介绍信和公章一般由同一人保管并使用,与公章须同等重视,不可缺页或丢失。开据介绍信要严格履行审批手续,严禁发出空白介绍信。

具体而言,凡领用介绍信者须经主管批准,行政人员不得擅自开具发放。开具介绍信时应由行政人员自已填写领用人姓名、身份,去往何单位、联系何业务、领用日期、有效期限等项,正本和存根必须一致。落款处及骑缝线上应加盖两次公章。行政人员不得委托他人或让领用人自已填写盖章,尤其不得将空白介绍信或单位信笺加盖公章后交给领用人。否则,出了事故,行政人员要负责任。

介绍信的存根要归档,保存期五年。因情况变化,介绍信领用人没有使用介绍信,应及时退还,将它贴在原存根处,并写明情况。如发现介绍信丢失,领用人应立即向机关、单位反映,及时采取相应措施。

第六节　保密工作

行政人员在工作中经常会接触、掌握和处理各种具有秘密性质的事项。不重视保密工作,就会给工作造成无法弥补的损失。如一项尚在酝酿中的新政策，若被泄露出去就会引起社会波动；组织领导层的敏感的人事变动，在讨论阶段就被外传，就会引起日后工作中的被动；一项花费巨大人力、物力、财力的新研制的技术或工艺，其核心配方被泄露，就会造成巨额的经济损失。因此，做好保密工作意义重大。

我们也要注意到对外开放给保密工作带来了新的难度。科学技术的突飞猛进，使得窃密手段不断发展，办公设备的保密难度也日益加大。保密工作面临的任务更加艰巨。我们唯有采取有效的防范措施，才能真正将保密工作做好。

一、保密工作的原则和要求

1. 保密工作的基本原则

(1) 积极防范。就是保密工作应立足防患于未然，主动把工作做在前面。保密工作本身主要就是一种防范性工作，要求把工作做在前，而不能等出了问题再来抓。行政工作本身具有一定的被动性，无疑会给保密工作带来难度。但只要我们正确认识了行政工作的保密特点，掌握了其内在规律，是可以主动采取防范措施的。比如机密文电的管理，从登记、传阅到立卷归档，历来有一套行之有效的制度。只要真正按这些制度办事，并且适应形势的发展不断加以完善，失密、泄密和被窃密事件是可以大大减少的。

(2) 严守纪律。行政人员在工作中必须自觉严格遵守十条保密纪律。即严格做到：不该说的话，绝对不说；不该问的机密，绝对不问，不打听；不该看的机密文件，绝对不看；不该记录的机密，绝对不记录；不在非保密本上记录机密；不在私人通信中涉及机密；不在公用电话、明码电报和普通邮信中办理机要事项；不在公共场所谈论机密；不在不利于保密的地方存放机密文件和机密资料；不携带机密材料游览、参观、探亲访友和出入公共场所。

(3) 内外有别。主要指涉密与非涉密人员要内外有别。如不应在有非涉密人员在场的条件下翻阅机密文件或资料，也勿将文件、资料铺满办公桌，以免非涉密人员办事时错拿和夹带；内部可传阅和知晓的事项对外或在外就不得乱传或随意谈论。行政人员不私下或日常交谈中随意谈论自己所知悉的秘密，对自己的家属亲友也不例外，要做到守口如瓶，滴水不漏。坚持涉密人员与非涉密人员内外有别，并不是对别的员工不信任，而是做好保密工作、执行保密纪律的基本原则。

2. 保密工作的要求

要做好保密工作，具体可从以下几个方面入手：

(1) 主观上重视。我国涉及政治、军事、科技、体育、金融等各个领域的不少失密、泄密、被窃密事件的发生，均是对保密工作主观上不重视、缺少保密这根弦造成的。保密工作并不仅仅是政治、军事上的事情，它与我们的日常学习工作密切相关。作为行政人员，我们在主观上一定要重视保密工作，增强保密观念，这是做好保密工作的前提和基础。

(2) 配备必要的保密设备。保密设备是行政人员办公的好帮手。这些设备主要有：文件碎纸机、电脑密码柜、密码机专用柜、保密资料柜、保密文件柜、部门或家庭无线防盗报警系统、各种商业密码保密装置、网络安全防火墙和电子防盗报警系统(如防盗窃钥匙坠、公文包、电子笔、电子纽扣、报警链、多用途防盗报警器等)。

(3) 掌握一定的保密知识。搞好保密工作，只凭良好的愿望和遵守规章制度的意识和自觉性还是不够的，还要具有一定的保密知识。如，计算机的应用越来越广泛，计算机内贮存着大量的秘密信息，要做到既发挥计算机的作用，又要防止泄密，就要了解计算机泄密有哪些渠道，应当怎样采取有效措施来杜绝泄密。又如我们在使用普通电话、手机等通信设备时，切不可忘记它们是不保密的。对此，行政人员要多接受保密培训，多听保密讲座，通过学习，掌握知识，养成良好的保密习惯。并将它渗透到日常工作中去。

(4) 正确处理好对外开放与保密工作的关系。在市场经济条件下，保密工作遇到了新的情况，出现了新的问题，带来了新的困难。比如，一些了解秘密的人员，由于跳槽、下海、辞职、停薪留职会带走原来的经济技术资料、工艺、技术、设计、配方、信息和经营管理情况。针对这些情况，必须加强对“企业秘密”、“商业秘密”、“工作秘密”的管理，重点加强科技成果、经济技术方面的管理，也要重视抓好管理人员的配置和科技人员的管理。既要正确处理好对外开放的各种关系，又不致出现泄密事故。

(5) 认真处理好信息披露和保密工作的关系。一个地方、一个组织在各个时期的信息披露，有利于组织提高自身的社会信誉和知名度，是树立组织形象的重要手段。而做好信息披露、搞好对外宣传工作的同时，要正确处理新闻信息披露中的公开性与保密性的关系。商业秘密及一切有经济技术价值的信息的获取是存在竞争和斗争的。因此任何组织和个人对外披露信息，必须经过有关部门审查，否则，不能作公开性报道。

(6) 方法上灵活巧妙。行政人员要把保密工作做好，不能生搬硬套一些原则，方式方法上要灵活巧妙。譬如，人际交往中既礼貌得体，又外松内紧，掌握分寸，做到既不泄密，又不得罪朋友，失去客户。

二、保密工作的主要内容

1. 保密工作的基本常识

行政人员要做好保密工作，必须对保密工作的基本常识有所了解，才能防患于未然。

(1) 基本概念。保密就是保守党和国家的秘密，防止失密、泄密、窃密。

这是国家工作人员的义务和职责。

保密工作就是从国家的安全和利益出发，将国家秘密控制在一定的范围和时间内，防止被非法泄露和利用，使其自身价值得到充分有效地实现所采取的一切必要的手段和措施。简言之，是指与国家的安全和利益密切相关的保守国家秘密的一切活动。

要做好保密工作，就要防止失密、泄密、被窃密的现象发生。其中，丢失秘密文件资料、产品、图纸、实物，无论其找到与否，是否造成危害，均称失密。凡是把秘密泄露给不应知道的人员称为泄密。凡是采取非法手段窃取、搜集、刺探、收买、出卖、提供党和国家秘密的叫窃密。

做好保密工作，最重要的是保守国家秘密。根据对国家安全和利益的密切程度，国家秘密可分为绝密、机密、秘密三级。根据 2010 年 4 月 29 日修订通过、2010 年 10 月 1 日起施行的《中华人民共和国保守国家秘密法》的规定，绝密级国家秘密是最重要的国家秘密，泄露会使国家安全和利益遭受特别严重的损害；机密级国家秘密是重要的国家秘密，泄露会使国家安全和利益遭受严重的损害；秘密级国家秘密是一般的国家秘密，泄露会使国家安全和利益遭受损害。

(2) 保密的范围。行政人员保密的范围主要有两大类内容：一是国家秘密；一是工作秘密。

所谓国家秘密就是关系国家的安全利益，依照法定程序确定，在一定时间内只限一定范围的人员知悉的事项。任何不经法定程序产生的秘密事项，都不是国家秘密。国家秘密，一旦泄露，会给党和国家的利益造成极大的损失。

《保密法》规定，国家秘密包括下列秘密事项：国家事务重大决策中的秘密事项；国防建设和武装力量活动中的秘密事项；外交和外事活动中的秘密事项以及对外承担保密义务的秘密事项；国民经济和社会发展中的秘密事项；科学技术中的秘密事项；维护国家安全活动和追查刑事犯罪中的秘密事项；经国家保密行政管理部门确定的其他秘密事项。政党的秘密事项中符合前款规定的，属于国家秘密。

所谓工作秘密，就是在公务活动中产生的，不属于国家秘密而又不宜于对外公开的秘密事项。工作秘密分为两类：

一类是商业技术秘密，根据《中华人民共和国反不正当竞争法》第十条规定，商业秘密是指不为公众所知悉的，能为权利人带来经济利益，具有实用性并经权利人采取保密措施的技术信息和经营信息。它主要包括：商业工作规划、计划，重要商品的储备计划、库存数量、购销平衡数字，票据的防伪措施，财务会计报表；军用商品的库存量、供应量、调拨数量、流向；

商品进出口意向、计划、报价方案，标的资料，外汇额度，疫病检验数据；特殊商品的生产配方、工艺技术诀窍、科技攻关项目和秘密获取的技术及其来源，通信保密保障等。这类秘密一旦泄露，会给企业和当事人造成一定的经济损失。

另一类属于领导层内部不宜公开或暂时不宜公开的事项，如正在酝酿而尚未确定的干部人事任免、领导人之间的意见分歧等，这类秘密一旦泄露，往往会给领导工作造成极大的被动。

(3) 泄密的追查步骤。行政人员如发现有失密、泄密、被窃密的情况时，应按具体的追查步骤操作。

首先，立即报告直接领导，以便及时采取补救或应急措施，并及时报告有关单位。

其次，发生泄密事件的组织，应当迅速查明被泄露事项属于哪类秘密，查清其所涉及的秘密的内容和密级、造成或者可能造成危害的范围和严重程度，搞清事件的主要情节和有关责任者，并及时采取补救措施；同时，报告有关保密工作部门和上级组织，以便尽可能地将泄密所造成的损失降到最低限度。

根据我国的《保密法》和《保密法实施办法》的规定，违反保密法律、法规和规章的行为将受到行政处分，情节严重的，还要依法追究刑事责任。

2. 行政保密工作的主要内容

就行政工作而言，保密的范围落实在具体工作中，主要体现为以下几个方面：

(1) 文件保密。文件保密包括秘密文件、资料、图表等的保密和密码、密码电报及传真的保密。这是行政保密工作的重要内容。文件保密是行政人员保密工作的重点。因为文件涉及军事、政治、经济、外交等各方面的秘密，是传达国家和组织方针、政策的重要工具。

要做好文件的保密工作，必须遵守相关的操作程序，否则，必然导致文件泄密。如，在文件准备阶段，要合理地划分密级，确定适宜的拟稿人选和环境，确认发放范围和份数，制定印刷上的保密事项；在文件运转阶段，要有严格的收发登记，不得违反有关规定，擅自投递；在文件使用阶段，要按照规定传阅，专人传达，知密人员保密性强等。其中任何一项失误，均可导致文件泄密。此外，在文件印刷、印制管理等各个环节，都要注意符合保密的规定要求。

(2) 会议保密。会务工作是行政人员的一项重要的日常工作。尤其是一些重要会议，有高级领导人出席的，必然会涉及重要机密问题。因此行政人员应严格按照程序，做好会议的保密工作。

会前就要布置保密工作，进行必要的保密安排。如会前必须考虑如下保密因素：一是与会人选问题；二是通知方式和内容问题；三是与会文件保密问题；四是会址保密问题以及相应的安全保卫问题等。

会议期间，对会议是否公开，何时公开，都应由组织领导人作出决定，在未正式公开之前，不得泄漏。在会议中应注意如下保密问题：一是与会人员不得随意变换；二是未经批准不得随意记录、录音、录像；三是未经批准，不得报道会议内容；四是会议的文件、资料的发放要登记；五是会议结束时要妥善处理文件资料。如清理和检查会场，看有无会议重要文件遗失；会议上发放的文件，需要清退的，应办好退还手续，规定让与会者带回的文件，也要求回去后交组织机要部门保管，私人不应留存等。

在会议结束后，也应做到：一是不随意公布会议的情况，尤其是对会议上高级领导人的重要讲话和重要内容都不得随意扩散；二是传达会议内容应注意保密要求；三是会后不得追记、翻印会议内容和文件。其中，任何一项操作违规，均可导致会议泄密。

(3) 新闻报道保密。大众传媒是一种公开化的信息载体，信息在现代社会就是一种重要的战略资源。由于大众传媒包含的信息量大，传播迅速，内容涉及一个国家政治、经济、军事、文化、科技等各个领域，而且公开发行，从中收集情报既合法，又简便，能够以最少的支出得到最大的收获。因此，几乎所有的情报机构都把从大众传媒上收集秘密视为一条途径。它也是我国办公室泄密的渠道之一。据有关资料表明，目前情报机构收集到的 80% 以上的我国情报是从报刊等公开刊物中获得的。因此，注意新闻报道和出版物的保密十分重要。

行政人员经常与媒介有往来，向媒介进行宣传或发布各种信息同样也是行政人员的职责之一。因此行政人员在从事这项工作时，一定要遵守有关新闻保密的规定，凡是在报道中可能涉及本组织的某些机密时，应当对报道内容进行适当处理，或请示领导人确定报道范围，严防从传媒中泄密。

(4) 科技保密。先进的科学技术，一旦和工农业生产或国防建设相结合，就会使生产力产生飞跃，而一项新的科技成果往往要花费大量的人力、物力、财力和相当长的时间才能研制成功。有些科技成果还会大大提高劳动生产率，产生很高的社会经济效益，如我国先进的电子、机械、工艺美术品等进入国际市场，就能为国家换取大量外汇。因此，科学技术一旦失密，不仅损害组织的经济利益，而且还会威胁到国家安全。

俗话说，战场上泄露军事秘密，有可能造成全军覆没；同样，市场竞争中泄露科技情报，就有可能造成无法弥补的经济损失。这点似乎还未引起我国企业家们的足够重视。科技领域的泄密事件频繁发生，造成了不可估量的损失。情报界有句话说得好：一个情报可以造就 100 个企业;同样,我们要补充一句,一个情报可以摧毁 100 个企业。在市场竞争中,谁掌握了高科技信息,谁就掌握了竞争的主动权,并赢得胜利。正如美国可口可乐公司的经营信条所言：保住秘密,就保住了市场。

不少企事业、机关的行政人员大都承担一定的对外接待任务,对我国独有的发明创造、工艺技术等,行政人员应有很强的保密观念。遇到问题时,要主动及时向主管领导请示,要防止各种以参观访问为名,窃取科技情报的事件发生。在这方面美国的硅谷非常值得我们借鉴。

(5) 通讯保密。现代化的办公通讯普遍使用无线通信和有线通信。这些通讯设备虽然先进,但极易泄密。行政人员在使用这些设备时,要按照有关保密规定进行,防止监听、窃听。

无线通信,是借助于无线电波在空间传播而达到传送信息目的的通信方式。它具有建立迅速、机动灵活、移动方便等优点,因此是我国各组织的主要通信手段。但是它的保密性能差,易受到侦察和干扰,任何人只要有相应的设备,就可收到无线电设备发射的电磁波,因而容易泄密。例如：一部超短波电台发出的信号可覆盖直径数十公里的地面;一部中等功率的短波电台发出的信号可以在地面和电离层之间多次反射,传送到数千公里以外的地方;而一颗地球同步卫星发出的信号可以覆盖全球 1/3 的面积。在无线电波有效的范围内,无论在地面还是天空,只要采用适当的接收设备就可以进行侦听。使用无线通信泄密的途径主要有明语、通信密码被人破译、报务人员违反通信规定、通信纪律,造成失密。

利用导线传输信息的通信方式叫有线通信,有线通信按其传输线路的种类可分为明线通信、电缆通信、波导通信等。有线通信的优点是：保密性能好,通信质量稳定,不受干扰等。但它也有明显的不足,就是造价高,维修工作量大,易受自然损害及炮火袭击。有线通信泄密的途径主要有电话泄密、架空明线电磁辐射泄密等。

行政人员在运用通信工具时,应注意：在处理电报时必须坚持“密电密复”、“明电明复”的原则,严禁明密混用;不要在无保密装置的电话中,尤其是无线电话上涉及国家秘密。打长途电话时要提醒长途台不要接在微波上,必要时可在通话中使用移动的暗语或代号;不在无保密装置的传真机、电传机上传递国家秘密;使用国内保密机或进口保密机,必须按有关规定严格履行报批手续。

(6) 电子计算机保密。计算机存储信息量大,往往可以成为机密集中的地方,国外十分重视它的保密工作。我国现阶段,计算机已普遍进入办公室,作为基本的办公机器使用,其中必然要输入大量的政治、经济、科技、文化教育等方面的数据,计算机也就成了保密数据库。因此,要注意计算机的保密工作。

在已经研制的用于办公室工作的计算机网络系统和计算机程序中,都已注意到它在工作中的保密要求,并采取了相应的措施。由于计算机技术的发展异常迅速,行政人员要不断更新知识结构,在利用计算机进行操作和管理的同时,掌握计算机的保密技术,以适应现代化办公手段的要求。

加强计算机的保密,必须做到以下几个方面:

首先,加强操作计算机的工作人员的培训和教育。要确保工作人员的纯洁可靠,这是计算机信息保密安全的首要前提。

其次,对计算机的放置有一定的要求。计算机是采用高脉冲电路工作的,有较强的电磁波辐射。电磁波向外辐射时,会将计算机的信息带出去而产生泄密。因此,对放置条件和环境较差而涉密较多的计算机,应采取以下三种防范方法:一是采取机房屏蔽,把电磁波控制起来;二是电磁干扰,用干扰信号覆盖;三是信息加密。

再次,计算机使用过程中的保密。主要注意如下几个方面:第一,计算机,特别是进口计算机,在启用前,必须请有关部门进行安全保密检查。第二,计算机信息最好划分密级,秘密的信息不能在公开的计算机系统里加工、储存、传递。第三,由于计算机的数据文件的主要载体是磁盘,容量大,易拷贝,因此,要建立严格的登记和保管制度,秘密的内容要加密拷贝。

【知识要点】

1. 行政日常工作的概念:是指行政人员每天都要做的,有固定模式的工作。

2. 行政日常工作具有服务性和繁琐性的特点。

3. 行政日常工作的原则:原则中求灵活、繁杂中求规范。

4. 行政日常工作的程序包括:自然程序、理论程序、指令程序、法定程序、技术程序、习惯程序。

5. 要做好通讯工作,必须遵循恰当选择、准确传收、注意保密的原则。

6. 通讯工作的基本要求是正确操作、追求效率、热情细心、讲究礼仪。

7. 电话接听的要点主要有:铃响即拿话筒,准确自报家门;掌握电话内容,做好电话记录;按照接听规范,礼貌应对电话。

8. 打出电话的要点:准备资料、正确拨号、规范通话。

9. 邮件收进的程序主要有:第一步分类;第二步拆封;第三步登记;第四步分送;第五步阅办。

10. 邮件发出的工序主要有：第一步校核；第二步查对；第三步邮件寄发。

11. 时间安排的原则有：周详考虑、妥善协调、严格推行、适当保密。

12. 时间安排的基本要求是：一要服从于组织的总目标和整体计划，二要兼顾工作效率和身心健康，三要得到事先确认，四要做到编填规范。

13. 值班工作的原则主要有：严守制度、灵活权变、安全保密。

14. 值班工作的要求有：一要坚守岗位，尽职尽责；二要提高警惕，胆大心细；三要耐心热情接待来访。

15. 值班工作的组织形式大体上有办公室值班，专门值班室值班，专、兼职值班相结合三种。

16. 值班工作的主要内容有：来访接待，通讯联络，处理突发事件，承办领导临时交办的工作，编写值班材料等。

17. 印信工作的原则主要有：严格制度、秉公无私、放置安全。

18. 印信工作的要求有：一要专人负责；二要认真审阅；三要详细登记；四要盖印正规；五要处理规范。

19. 印信工作的主要内容包括：公章的管理和使用；介绍信的使用和保管。

20. 保密工作的基本原则主要有：积极防范、严守纪律、内外有别。

21. 保密工作的要求有：一要主观上重视；二要配备必要的保密设备；三要掌握一定的保密知识；四要正确处理好对外开放与保密工作的关系；五要认真处理好信息披露和保密工作的关系；六要方法上灵活巧妙。

22. 保密工作就是从国家的安全和利益出发，将国家秘密控制在一定的范围和时间内，防止被非法泄露和利用，使其自身价值得到充分有效地实现所采取的一切必要的手段和措施。简言之，是指与国家的安全和利益密切相关的保守国家秘密的一切活动。

23. 要做好保密工作，就要防止失密、泄密、被窃密的现象发生。其中，丢失秘密文件资料、产品、图纸、实物，无论其找到与否，是否造成危害，均称失密。凡是把秘密泄露给不应知道的人员称为泄密。凡是采取非法手段窃取、搜集、刺探、收买、出卖、提供党和国家秘密的叫窃密。

24. 国家秘密的密级分为绝密、机密、秘密三级。绝密级国家秘密是最重要的国家秘密，泄露会使国家安全和利益遭受特别严重的损害；机密级国家秘密是重要的国家秘密，泄露会使国家安全和利益遭受严重的损害；秘密级国家秘密是一般的国家秘密，泄露会使国家安全和利益遭受损害。

25. 行政人员保密的范围主要有两大类内容：一是国家秘密；一是工作秘密。

26. 行政保密工作的主要内容有：文件保密、会议保密、新闻报道保密、科技保密、通讯保密、电子计算机保密。

【案例及思考】

大学一毕业，小琴就在一家大型国企总经理办公室做行政人员。然而没多久，她就被解雇了，这是为什么呢？

下面是小琴日常工作的一些镜头，透过镜头，也许你能找到答案。

镜头一：

“喂，财会室吗？我是总经理办公室。今年全年的工资统计表你们做出来了吗？”某日，小琴正在给公司的财会室打电话。

财会室回答说：“统计出来了。”

“我正在给领导写年终总结，急等着要这个表。你给送来吧。”小琴说。

“我们也正忙着，你自己来抄好了。”叭，电话断了。

小琴亲自跑了一趟，发现财务室的人脸色很不好看，有一些数字，小琴没搞明白，提了一些问题，对方也是爱理不理的，这是怎么了，我哪儿得罪她们了？

镜头二：

某星期天下午5时，小琴正准备结束值班，回家休息，突然电话铃响了，传来了急促的声音：“出事了，请赶快派人来。”“先生，请你冷静一下，到底出了什么事，把情况说清楚。”原来，单位里一辆面包车与一辆大卡车相撞，司机重伤，另有3人受伤，车损严重，已不能开动，请求单位急速处理。小琴冷静地做好电话记录，心想这可是大事，一定要领导来处理。于是拨通了总经理的手机，详细地说明了情况，自己就下班回家了。

镜头三：

某日中午，总经理的姐夫拿着一份还款计划来到办公室，要求小琴帮着盖个担保章，并说总经理已经同意了。小琴碍于情面，就盖上了章。哪知，总经理知道此事后，脸立刻黑了下来……

镜头四：

在一次同学聚会上，大家春风得意地谈论着自己所在外企的灿烂前景，不少同学还劝小琴，国企没有前途，赶紧跳槽。小琴不服气地说了自己所在企业即将到手的一个个大订单“到时候，你们说不定都要跳槽到我们企业来呢！”……没料到，过了不久，几个大订单落了空，总经理正在纳闷，怎么煮熟的鸭子也飞了呢？脸色愈加难看。

镜头五：

上周，总经理要出差，让她起草一份在董事会上的发言报告。她想时间还有一周，不必着急，于是深思熟虑，决心好好给总经理露一手。其后的几天，她忙于完成另外几件小事。突然一天上班之时，想到总经理明天就要起程了，可是他要的报告还未见一字。结果，一份本想轰轰烈烈、一鸣惊人的报告变成了一份毫无特色、草草而就的文件。

现在你明白小琴为什么会被解雇吗?

分析提示：

关于小琴被解雇的原因，我们可以从行政人员在通讯工作、值班工作、印信工作、保密工作和时间安排方面的工作原则、要求和工作规范来考量小琴的日常工作，从而踏实做好日常行政工作，避免重蹈小琴的覆辙。

【思考题】

1. 行政人员应如何做好通讯工作?
2. 行政人员该如何使行政工作安排得有条不紊?
3. 值班时遇到突发事件，作为行政人员该如何处理?
4. 印信工作和保密工作要注意哪些原则和要求?

【拓展阅读】

杨跃是某大型国企的厂办行政人员。负责厂长日程安排是他的日常工作之一。这不，今天是周五，他又要为厂长安排下周的日程了。

杨跃知道，本厂的上班时间为上午8:30—12:00，下午1:00—4:30。每逢周一例会，各车间负责人参加。下周例会将要讨论的议题为：关于与Y厂联营的事宜。下周有三八节，厂长要主持表彰大会。

厂长已在本周明确告诉他，下周二上午，本厂召开新产品新闻发布会(上午10:00)；下周三、周四白天(全天)，厂长要参加行业协会讨论会(地点：上海国际会议中心)；同时，厂长已接到Y厂电话，约请厂长周三晚上在金贸大厦洽谈业务，厂长要求，在参加洽谈会以前，与Y厂联系一下，厂长要去该厂考察，Y厂地点在上海金山区；Z公司业务经理来访，要求拜访厂长，厂长同意下周安排半小时接见，具体请杨跃安排。另外，厂长准备下周约本厂法律顾问谈话两小时。

杨跃思考了一下日程安排应注意的原则和要求，很快就用表格形式将厂长下周的主要工作内容体现了出来。(表8-9)

做完安排，杨跃审视了一下已经为下周做的各项准备工作：本周已与Y厂联系好下周一下午去考察，各车间负责人已接到下周一例会的议题和考察的时间安排，三八节表彰大会的发言稿、行业协会的讨论发言稿及相关资料已准备就绪。华夏公司的约请要进一步确定，新产品发布会的各项准

表 8-9　2005 年 3 月 6 日—3 月 12 日安排(拟)

日期	星期	内　　容	备　注
6	日	8 9 10 11 12 1 2 3 4 5 6 7 8 9	
7	一	8 9 10 11 12 1 2 3 4 5 6 7 8 9 例会（9—11）　考察 Y 厂（2—6）	各车间负责人参加，议题为：关于与 Y 厂联营的事宜。 下午安排小型面包车，各车间负责人随同。
8	二	8 9 10 11 12 1 2 3 4 5 6 7 8 9 新产品发布会（10—12）　本厂三八节表彰大会（3—4）	发布会地点：本厂大礼堂，设计主任、营销主任、各车间负责人作陪。 三八节表彰会地点：本厂小礼堂，厂长主持。
9	三	8 9 10 11 12 1 2 3 4 5 6 7 8 9 行业协会讨论会（9—5）　与 Y 厂洽谈业务（7—9）	讨论会地点：上海国际会议中心。 洽谈地点：金贸大厦
10	四	8 9 10 11 12 1 2 3 4 5 6 7 8 9 行业协会讨论会（9—5）　华夏公司约请(待定)（7—9）	讨论会地点：上海国际会议中心
11	五	8 9 10 11 12 1 2 3 4 5 6 7 8 9 约法律顾问谈话（9—11）　Z 公司业务经理来访（2—3）	地点：均在厂长办公室
12	六	8 9 10 11 12 1 2 3 4 5 6 7 8 9	

备工作已在进行中……

一切安排都有条不紊。于是杨跃拿起日程表快步走向厂长办公室，请厂长修改、确认。

阅读提示：

本阅读是行政人员规范进行领导一周时间安排的样板。可以为学习者或刚进入行政工作领域的职场新人提供时间安排和设计的借鉴与参考。

第九章　行政接待和礼仪

本章基本问题

接待工作是一个组织协调联系各方、树立良好社会形象的主要环节。作为接待任务的主要承担者，行政人员要了解接待的类型，清楚接待的原则和要求，按照接待的程序一步步落实接待工作。在具体的接待活动中，行政人员除了要承担接待过程中的事务工作外，还要负责安排会谈、宴请，组织参观游览和文艺演出等接待中的礼仪活动。

无论是接待工作还是日常的行政工作，行政人员都要注重个人礼仪、工作礼仪和活动礼仪，以体现个人良好的风度修养和组织的精神风貌。

第一节　行政接待概述

行政接待工作是一个组织协调联系各方、树立良好社会形象的主要环节。中高级机关和大型单位往往设有专门的接待部门负责接待工作，基层机关和小型单位的接待工作就落在了行政人员身上。

一、行政接待的含义和基本要素

接待，通常包含对来宾的迎送、接洽和招待，行政人员的接待不同于某些机关的信访接待，主要区别在于两者的接待对象不同，信访接待的对象是人民群众，而行政接待工作的对象是具有公务关系的社会组织的代表。据此，接待的具体含义是指对因公务活动而来的内外宾客的接洽和招待，是一种有着公共关系职能的活动。

一项接待活动通常包括五个要素：

1. 来访者，即接待对象，可以是一个人、数人，也可以是一个代表团。

2. 来访意图，即来访者希望通过来访而要达到的目的。

3. 接待者,即对来访者进行接洽招待的行政人员或其他相关人员。接待活动的接待者一般包括领导人、专职接待人员、业务部门的人员和行政部门的人员。

4. 接待任务,即根据来访者情况而确定的接待方针和安排,多由接待计划来体现和固定。

5. 接待方式,即根据接待任务而确定的接待的规格、程序、方法等。

二、行政接待的类型

1. 按接待对象划分,可分为:外宾(境外客人)接待、内宾(国内除本系统外的客人)接待和家宾(本系统、本单位的客人)接待。

2. 按相互关系划分,可分为:上级组织来访接待、平级组织来访接待和下级组织来访接待。

3. 按接待内容划分,可分为:工作接待(围绕某一方面的工作而展开的接待)、生活接待(以安排吃、穿、住、行为主要内容的接待)、事务接待(以处理临时性的事务为主的接待)。

4. 按公开程度划分,可分为:公开接待、半公开接待、秘密接待。

5. 按来访意图划分,可分为:务虚性接待(以友好访问、参观、学习为目的的接待)、务实性接待(以通过会见、会谈等方式解决实际问题的接待)。

三、行政接待的原则

1. 以礼待人,互相尊重

中华民族历来是重交往、讲礼节的民族,接待活动作为一种典型的社会交际活动,务必以礼待人,相互尊重。尤其是在涉外接待中,由于各国有着不同的习俗做法,行政人员必须尊重对方的礼节、民族、宗教、语言、风俗习惯,以免伤害对方的感情;要体现中华民族的道德风尚和文明素养,以增进彼此间的友谊,维护我国的形象和声誉,体现我们行政人员较高的礼貌素养。

在接待事务中,行政人员作为组织的代表,对于任何来访者,不管是上级机关来的,还是下级单位来的,也不管其身份、地位、资历、国籍如何,都应该平等相待,热情诚恳。

以礼待人主要表现在四个方面,一是在态度方面,要不亢不卑,稳重自然,落落大方。在整个接待过程中,要始终给来宾以亲切、温暖、舒适的感觉,对于那种"门难进、话难听、事难办、脸难看"的衙门作风应坚决摈弃。二是在仪表方面,要面容清洁,衣着得体,和蔼可亲。三是在举止方面,要稳重端庄,风度自然,从容大方。四是在言语方面,要声音适度,语气温和,礼貌文雅。

2. 俭省节约,细致周到

接待事物在某种意义上也是一项消费活动,需要人力、物力、财力的大量投入。作为负责接待工作的行政人员,无论是对内还是对外,对上还是对下，都要坚持精打细算、勤俭节约，不搞摆阔气、讲排场、大吃大喝、铺张浪费的不正之风。

同时，接待工作的内容往往是具体而琐碎的，涉及方方面面的部门和人员，这就要求行政人员在工作中要做到耐心、细致、周到，要善于统筹计划、总结经验、摸索规律，不断提高办事能力。

3. 遵守制度，按章办事

在日常接待中，不少来访者认为，行政人员接近领导，在办公室的作用和地位相当大，因此他们会向行政人员请客送礼，以期获得行政人员的好感。作为承担接待工作的行政人员，一定要严格遵守单位制定的有关接待方面的规章制度，婉拒对方的好意。当然在具体操作的时候要分清情况。如果对方送的是联络感情的小礼物（如挂历、对方公司的徽章等），可以收下，但如果是价值昂贵的礼物，一定要退回，同时可附上一张便条表示感谢，并向对方解释单位有纪律规定不许收礼。

在规模较大、时间较长的团体接待中，行政人员同样要严格按制度办事。如财务制度，不要搞超标准接待，避免计划外开支，更不可把开支转嫁给下级单位。有时领导人不熟悉有关财务规定，任意批条子，行政人员有责任加以提醒、监督。

4. 安全保密，内外有别

接待活动尤其是重要的接待活动，要注意做好安全工作和保密工作，同时注意内外有别。安全包括饮食安全、住宿安全、交通安全。为了保证接待的安全，必要时可同有关安全保卫部门联系，采取严格的防范措施，消除一切不安全的隐患，确保整个接待活动的顺利进行。保密包括会谈保密、文件保密和某些活动保密。这要求行政人员在接待各色人等，迎来送往的过程中，应注意言谈举止的分寸，严格遵守保密纪律，不泄露国家和单位的机密。如在接待来访者时，应遮盖住办公桌上的重要信函与文件；与来访者交谈时，一般不要先提及单位的业务状况和领导人的动向。要记住，行政人员的任务是为来访者和领导人讨论安排一个合适的时间与场所，而不是与来访者讨论问题的。

四、行政接待的要求

接待工作大多要经过“迎宾”、“会宾”、“送宾”三个阶段，对行政部门和行政人员而言，无论是接待内宾还是接待外宾，接待活动都必须按照以下五个基本要求来操作。

1. 要掌握来宾情况和用意

尽快了解来访者的情况，判断来访者的意图，是做好接待工作的基础。来访者的情况具体包括：来访者的国别、地区、所代表的机构或组织，来访者的人数、身份、职务、性别、民族、宗教信仰、生活习俗，抵离的时间、交通工具，来访的目的、任务及有关的背景材料等。

不同的来访者来访的用意也不同。有些来访者用意很明确，如上级交派的重要接待活动，上级部门会有明确的交代；有的来访者用意是藏而不露，如打着参观学习、友好访问的旗帜，实质上是要窃取情报的。对于来访者的用意，行政人员一般可通过对方的证件、信函、收集到的来访者的情况、来访者的自我介绍以及同来访者的交谈等多种渠道来判断。对于未约而来的“不速之客”，行政人员更需要在短时间内掌握上述情况，判断其用意，以使后面的接待工作心中有底。

2. 要拟定接待方案

“凡事预则立，不预则废”。在充分掌握来宾情况和意图的基础上，行政人员还要制订出切实可行的接待方案。接待方案的内容包括：

(1) 接待方针，即接待的指导思想和总原则。一般根据来访意图和双边关系来制订。如有的接待应当热情友好，有的接待则应不亢不卑，有的接待还要故意冷落。

(2) 接待规格。接待规格往往体现了对来访者的重视和欢迎的程度。根据来客和陪客的职务、级别，接待规格可分为高格、低格、对等三种。高格接待就是陪客比来客职务要高，低格接待就是来客比陪客的职务高，对等接待就是陪客与来客的职务、级别大体一样。基层接待多采用低格和对等。

注意，接待规格应当恰当，并非越高越好。规格过高，影响组织的正常工作；接待规格过低，影响上下左右的关系。外宾接待要严格按照国家的有关规定来执行。作为行政人员，要为领导当好这个参谋。

确定接待规格，也就为接待工作定了基调，就可以确定以下的接待内容：一是迎送、陪同的我方领导人的级别；二是客人吃、住、行的标准；三是迎送仪式的规模；四是接待活动中礼仪活动的次数和隆重程度。

(3) 接待方式。包括迎送、宴请、会见、会谈、文艺演出、参观游览等。

(4) 接待日程。根据接待活动，安排具体的接待时间表。

(5) 接待经费预算。接待经费有的是主方提供，有的是客人自理，也有的可双方共同负担。在涉外接待中，应按国际惯例来操作。如以部长、副部长级为例，访华随员在 10 人以内，我方免费招待，凡超过限额者，其费用自理。方案中对经费的来源和支出都应当具体说明。

拟出接待方案后，应交主管领导审批，也可征求来访者的意见。日程确定以后，应抄送给来访者。

3. 要撰写有关材料

在接待过程中，行政人员还要负责撰写大量的材料。这些接待材料包括：汇报材料、发言材料、参考材料、欢迎词、欢送词、祝酒词、答谢词、协议书、会议纪要、视察纪要等。这些材料，有的需要事先撰写，有的则是在接待过程中撰写，有的是事后撰写。材料准备要注意内外有别，涉外材料要做到口径统一，注意保密。

4. 要落实接待事项

对于已经拟订并经主客双方同意的接待方案，行政人员要精心组织实施。如安排迎接、拜会、宴席、会谈、参观、游览、送别，以及安排住宿、准备礼物、安排交通工具、联系新闻报道、布置安保工作等，都是接待活动的重要内容。落实各项接待事项，是接待活动的主体，直接关系着接待工作的质量和效率。这部分内容将在接待程序中具体介绍。

5. 要处理好后续工作

一项接待工作完成后，还要认真做好各项后续工作。如及时进行接待工作总结，向领导汇报接待情况，进行经费结算，有关材料立卷归档等，以便总结经验、吸取教训，改进工作。

这五大要求也是接待过程的五个基本步骤，因此，在具体操作时，要注意先后顺序，不可颠倒。

第二节　行政接待程序和事务工作

行政接待的程序和事务工作直接关系到行政接待工作的质量。它不但是行政人员个人素质和能力的体现，更是一个组织的工作作风和对外形象的直接反映。因此，行政人员必须重视并切实按照行政接待程序做好行政接待的各项事务工作。

一、行政接待程序

行政接待的程序分为内宾接待程序和外宾接待程序两种，具体如下：

1. 内宾接待的一般程序

① 接受任务→② 了解来宾→③ 制订计划→④ 预订食宿→⑤ 迎接来宾→⑥ 商议日程→⑦ 安排会谈→⑧ 陪同参观→⑨ 送别客人→⑩ 接待小结

2. 外宾接待的一般程序

① 接受任务→② 了解来宾→③ 制订计划→④ 预订食宿→⑤ 欢迎来宾→⑥ 商议日程→⑦ 礼节性拜访→⑧ 宴请→⑨ 正式会谈→⑩ 签定协议书→⑪ 陪同参观游览→⑫ 互赠礼品→⑬ 欢送来宾→⑭ 接待小结

二、行政接待活动中的事务工作

在具体的接待活动中，行政人员除了要承担接待过程中的事务工作外，还要负责安排会谈、宴请，组织参观游览和文艺演出等接待中的礼仪活动。

1. 接待过程中的事务工作

主要包括接待准备工作和迎送时的事务工作。

接待活动中要提前准备的事务工作，主要包括：

(1) 预订住房，用车，机、船、车票，戏票，宴会、拜会地点等。在涉外接待中，对一般代表团，除身份较高的团长外，均可用面包车或大客车；重要代表团，可请公安部门配备开道车；有高级官员来访，则应由公安部门派员随团活动。外宾房内，除了有特殊要求外，一般仅备茶水即可。当然，有时可根据来访者的爱好而安排些特殊的物品，如水果、花篮或有特殊标记的毛巾等，能起到更好的效果。有重要领导出面会见的，需要先与外办联络。预订宴会应向承办饭店讲清团名、中外宾客人数、菜数、宴请主持人、宴会费用标准及饮食习惯等。重要外宾和人数较多的代表团的宴会要发请柬，东道主要讲话，应事先准备请柬并拟好祝酒词。

(2) 准备专业活动，落实参观单位。要了解来宾的意向、要求并及早向有关单位介绍，事先准备好资料，安排好场所，并要向参观单位交代接待方针和注意事项，事先安排好介绍人员。

(3) 准备礼品。要按接待计划准备好有纪念意义或有民族特色的礼品，这对接待初次来访者尤为重要。

迎宾时的事务工作，主要包括：

(1) 来宾抵达前，要掌握确切的抵达时间，检查房间，核对房间数目，确定楼层安排是否妥当，同时将宣传资料、日程安排等一并放入房内。

(2) 提前(一般在来宾抵达前 15—20 分钟)到达机场、车站、码头。

(3) 来宾抵达后的主要工作是：到机场、车站、码头迎宾。双方见面、介绍、握手，并由主方安排坐车。行政人员则提取行李，及时送至来宾的住宿地。

(4) 待来宾稍事休息后，行政人员与来宾商议活动日程，看看有无增减的活动项目。

送宾时的事务工作，主要有：

(1) 票务。行政人员要及早领取来宾的车、船票或机票，认真查点票数、航次、时间。

(2) 行李。行政人员要提前通知来宾出发时间和交托行李的时间、地点，认真清点。

(3) 结账。行政人员要通知服务台和车队准备好自费来宾的账单，以便及时结算。最后检查房间，看有无遗忘物品。

(4) 送行。行政人员一般在来宾抵达机场前 15 分钟到场，并为来宾办理各种有关手续。

2. 会谈中的事务工作

会见或会谈从方式上来分，有会见和拜会两种。我方主动安排会见客人的叫会见，对方要求会见我方的叫拜会。会谈的内容广泛，其仪式和程序比会见正规，因此，会谈前要做好充分的准备。

举行会谈或会见时，行政人员的事务工作主要有：

(1) 会见前要落实好车辆，充分估计交通状况。

(2) 来宾抵达时，主见人要在贵宾室门口迎接，接待人员则在大厅或大楼门口迎候，并引导来宾进入贵宾室。

(3) 会见时，座位安排通常为半圆形，按国际惯例入座，即以进门为准，右为客，左为主，或对门为客，背门为主。

(4) 会见或会谈时，要作好专门记录，会后对来宾提出的领导许诺的问题，应负责落实，作好后续工作。

(5) 会见结束，宾主双方合影留念，然后在贵宾室门口握手告别，重要来宾可送至大厅或大楼门口。

3. 宴请中的事务工作

在国际、国内交往中，宴请是一种重要的礼仪，也是最常见的接待形式之一。搞好宴请，可以融洽双方感情，有利于达成共识，取得谅解和一致。

宴请一般包括国宴(State Banquet)、正式宴会(Banquet, Dinner)、便宴(午宴 Luncheon, 晚宴 Supper, 早餐 Breakfast)、冷餐会(Buffet, Buffet-dinner)、酒会(Cocktail)、茶会(Tea Party)、工作进餐(工作早餐 Working Breakfast，工作午餐 Working Lunch，工作晚餐 Working Dinner)和客饭等。

宴请前的事务工作包括：

(1) 确定宴会的邀请范围。应按国际惯例，一般主方人员人数不宜过多，应大致与来宾相同或稍多。

(2) 确定宴请的规格。原则上按接待计划来执行。一般凡公费招待的对外宴请(中菜)，通常为四菜一汤，冷盘和点心除外。

(3) 确定宴请的时间和地点。时间安排应考虑对方的禁忌，如宴请基督徒不宜选择十三日。宴请的地点一般在宾馆内进行，也可根据需要选定。如冷餐会可在露天举行。

(4) 确定菜单。菜单应考虑主客双方的喜好与禁忌，如宴请伊斯兰教徒应用清真席，不用酒，甚至不用带酒的饮料；印度教徒不能用牛肉；回教徒不食猪肉；佛教徒用素食等。无论哪一种宴请，均应事先开列菜单，并征求领导意见。

(5) 发出邀请。正式宴会一般应事先发出请柬，涉外宴请以主人名义发出，国内宴请可以单位名义发出。

(6) 现场布置。正式宴请活动应体现严肃、庄重、大方的气氛,酒会、茶话会则可轻松活泼些。大型宴会有讲话、致辞,要准备好扩音设备。布置好桌次和席位。安排桌次,应先确定主桌,只有两桌,主桌一般设在进门的右侧或里侧。桌数多时,主桌应围在次桌中间或面向次桌。次桌的高低以离主桌的距离而定,距离相同时,涉外宴请应按国际惯例,即右高左低,右客左主(如图 9－1)。国内则相反。

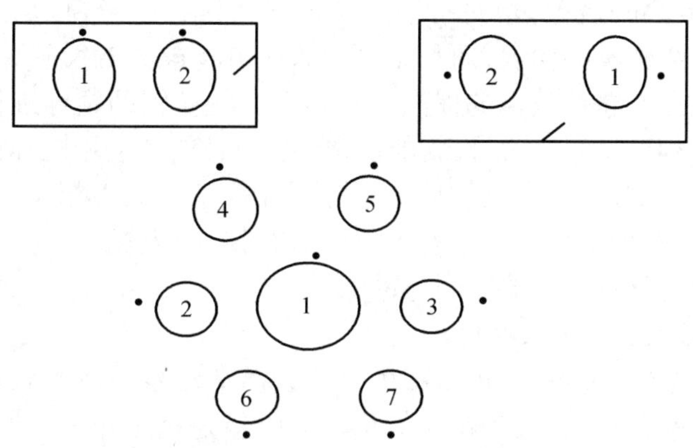

图 9－1 涉外宴请桌次安排

席位的高低以离主人的座位远近而定。距离相等时,涉外宴请按右高左低、右客左主来安排(如图 9－2)。席位排妥后,应制作席位卡,写上姓名,置于桌上。涉外宴请,应用中外两种文字书写,中文在上,外文在下。重要的宴请,还要安排好休息室。

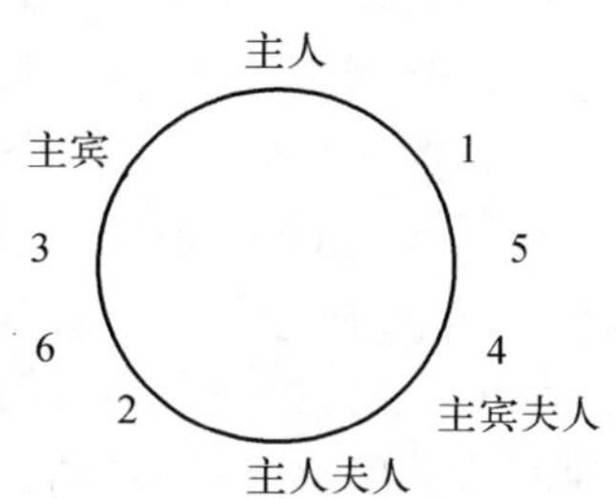

图 9－2 涉外宴请席位安排

宴请的程序包括:

(1) 迎宾。宴会开始前,主人一般站在门口迎接客人。重要的宴请,还可由主人带领排成迎宾线,列队迎候。主宾到达后,由主人陪同进入休息室或宴会厅。主人陪同主宾入座后,全体人员就座,宴会即开始。若宴会规模过大,则主桌以外的人员先入座,主宾由主人陪同最后入座。

(2) 讲话。涉外宴请,讲话的时间应在热菜之后,甜食之前,先主后客。一般事先交换讲稿。国内宴请,则是在宴会开始之前。

(3) 宴请的时间一般可掌握在一个半小时左右。宴请时,要注重礼仪礼节,尤其是涉外宴请。我方行政人员应主动关照来宾,尽可能普遍地与同桌来宾交谈,不要只和自己人长谈而冷落了来宾。主人应向来宾敬酒,但不要劝酒,我方行政人员饮酒不要超过自己酒量的1/3。

(4) 送宾。宴会结束后,让来宾先退席,主宾告辞,主人送至门口。主宾离去以后,原迎宾人员顺序排列,与其他客人握手告别。

第三节　行政工作礼仪

礼仪是社会的规范,也是行政人员的常务工作。学习、掌握和运用礼仪,不仅是个人修养的体现,而且是行政人员办事能力的反映,工作艺术的体现,对行政工作总体效益的提高大有帮助。如在辅助领导进行决策的过程中,对礼仪程序做妥善安排,就能使领导在具体的活动中既体面又掌握主动;在与“人”打交道时,如果能恰当地运用礼仪来理顺人际关系,就能消除隔阂,增进理解,使工作顺利进行。行政人员知礼、懂礼、重礼,不仅有利于工作,还能由此推动社会的文明与进步。

一、行政人员的个人礼仪

行政人员个人礼仪,是指行政人员在公务活动各种场合和日常工作各种情景中的仪容、姿态、行为举止。简而言之就是指工作人员的言谈举止、仪容服饰。行政人员若能恰如其分地运用各种礼仪,既显示个人魅力,又增添组织的风采,往往在公务活动中产生意想不到的效果。

1. 个人礼仪的基本要求

(1) 遵守TPO原则。个人礼仪应注重的首要原则就是TPO。T(time)是指时间,P(place)指地点或场合,O(objective)指目的。在人际交往中,TPO是人们普遍承认的基本原则,它揭示了一个最基本的道理,即个人礼仪行为的一切,都是有明确目的的,而为了这个目的的实现,又必须注重实现目的的环境、时机。否则会事与愿违。如行政人员随领导外出办事,却不顾时机场合,语言张狂,卖弄聪明,表态越位、礼节越位,结果既误事又失去领导的信任。

(2) 掌握PAS原则。PAS原则是个人礼仪的又一重要原则。P(profession)指职业,A(age)指年龄,S(status)指地位。PAS是指个人礼仪要求注重不同职业、年龄、地位的差异,才能恰到好处,锦上添花。作为组织和领导的代表,行政人员尤其要掌握好这点。以着装为例,行政人员应给人以整洁、端庄、生气勃勃的印象,过度修饰、浓妆艳抹或不修边幅、零乱邋遢,都与行政人员的职业、身份和地位不相符。

(3) 坚持健康原则。个人礼仪的另一原则是健康原则,即要有健康的身体和健康的心态。作为一名行政人员,每天的工作千头万绪,身上的担子也很重,唯有拥有健康的身心,才能更有效地工作。一方面,生活要有规律,饮食有度，忙闲相适，不熬夜，多锻炼，选择健康的生活方式；另一方面，要有理想有追求，诚实自信，幽默宽容，要善于自我调节情绪，塑造积极健康的心态。

(4) 协调自然本色原则。自然本色，是个人礼仪又一重要原则。礼仪行为应该是内在的自然流露，而不是附庸风雅或表面做作的拙劣模仿。礼仪只有与自我的本色相协调，才会显得自然，刻意做作只会带来尴尬。如年轻人在工作中表现活泼，在有些场合，不知道如何应对，按其第一反应来处理，反而显得自然、率真，流露的是真情。而成熟稳重的行政人员若是为显年轻，穿着活泼、举止活泼，反倒让人感觉轻浮和失礼。因此，讲究礼仪不能只重外表而忽视内涵，只重形式而不讲实质。行政人员讲究礼仪，既要追求个人礼仪的完善周到，又要在礼仪中融入真情，与自然本色相协调，才能魅力无穷。

2. 行政人员的言谈

有道是"言为心声"，一个人谈话的具体内容可以反映出其教养、情趣、品位、阅历。在公务场合，作为工作人员进行较为正式的交谈时，行政人员有必要视谈话的时间、地点和场合，对交谈的具体内容进行斟酌，以确定哪些内容适宜交谈，哪些内容不合适交谈。确定了这两个要点，交谈便有章可循了。

与他人交谈，既要注意交谈的内容，也要注意表达的方式。在具体陈述时，行政人员要在语言、语态、语气、语音、语速等方面多加注意。

(1) 正确使用语言。如与外宾交谈，一般活动可使用外语，官方活动，应当使用中文。与外地客人交谈，宜用普通话，与本地客人或家乡人交谈，可使用方言。

(2) 语态亲切，不亢不卑。充当"说"者时，不指手画脚，咄咄逼人。充当"听"者时，不三心二意，用心不专。

(3) 语气平和礼貌。也就是平等、和气，尊重对方。

(4) 语音纯正、适度。即无论中文、外文，力求发音纯正，不带乡音、土音，以免产生误解，音量适中，忌高声大嗓。

(5) 语速轻快。也就是讲话的节奏均匀，不过快、过慢或忽快忽慢，而是让人感到轻松愉快。

(6) 陈述有度。即具体交谈时，要注意双向交流，委婉表述，礼让对方。不我行我素，强人所难或一言不发。

3. 行政人员的举止

俗话说，"听其言，观其行。"在公务场合，行政人员的举止行为往往备受其交往对象的关注。人的举止行为是一种无声语言，比之于言谈更能体现一个人的真实品行。在举止方面，行政人员必须做到：

(1) 举止文明。即任何情况下,都要对自己的举止行为多加检点,并对有关细节备加重视,使行为不仅显示自己的良好修养,还显示自己的成熟与稳重。如不在外人面前修饰个人仪表,整理个人服饰,与人交谈,不手舞足蹈,指手画脚。外出办事不风风火火。在公务场合,行政人员的举止行为要坐立有相,守时守约,卫生整洁,尊老爱幼,以显示稳健沉着,不愠不火,有条不紊,泰然自若之态。

(2) 举止优雅。就是行政人员的举止既要高雅脱俗,又要能给人以美的享受。具体而言,就是要做到：举止美观、举止大方、举止自然。举止美观,就是一个人的举止动作漂亮好看,能够给人以美感。要做到举止美观,就要对自己的动作有所要求、有所约束,就要认真学习,反复训练,并遵守有关规则。举止大方,就是举止行为要显得洒脱、大气,不卑不亢。换而言之,就是要求在各种场合不忸怩作态、拘束怯场。举止自然就是在举止美观、大方的同时,不矫枉过正。举止自然的关键就是在举止行为美观大方的同时,力求"顺理成章"、"水到渠成"。这就要防止过分程式化、过分脸谱化和过分戏剧化。

(3) 举止敬人。就是行政人员要诚心诚意地通过自己的举止行为向对方表达敬重之意。具体而言,要做到两方面：一方面,行政人员要注意以举止来表达对对方的重视,任何时候不让对方产生目中无人之感;另一方面,行政人员还须以个人举止来表达对对方的敬意,在任何情况下,都不可让自己的举止行为傲慢无礼。

(4) 举止有度。一名久经历练、训练有素的行政人员,会使自己在正式场合的一切举止行为表现得适时、适事、适宜、适度,也就是说要使之合乎常规,符合身份,适应对象,并且配合场合,这便是所谓举止有度。举止有度之中的"度",实际上就是有关行政人员举止行为的基本规矩。适应这个"度",即可称为举止得体;达不到或者超越了这个"度",则为举止犯规。

4. 行政人员的仪容

仪容就是行政人员的仪表姿容,包括他(她)的面容、发式、气味及总体精神面貌,仪表美了,给人的第一印象就好了。

仪容的基本要求是要做到昂扬健康、和谐自然、清洁卫生。具体可从发型和面容来体现。

(1) 发型。发型是人的仪容美的关键,俗称"发式是人的第二面孔"。恰当的发型会使人容光焕发,风度翩翩。发型设计要与脸型、体型、季节、年龄、职业、气质等因素相适应,体现和谐的整体美。

不论男女,头发都应该是清洁、蓬松、无头屑,并散有淡淡的香味。青年男性行政人员宜梳理短发,一般多以三七开的分头为主,不留鬓角,也不要擦油太多显得太亮太滑。年纪稍大的男性行政人员可留背头,但也应勤剪勤洗,保持整洁。女子的发型除了清洁之外,同样要注意与脸型、身材相配,并根据不同场合调整改换发型,以适应环境气氛。一般说来,女性行政人员在日常工作时不宜长发披肩,宜将头发扎、编或盘起来,会更显精神、干练。参加社交活动,则可精心制作,使发型高贵雅致。

(2) 面容。面容是仪容美的根本,美容就是通过对面部的改善美化,达到美的目的。对面部进行美容,要注意以下五个基本准则:

一是正确认识自己,保持面容清洁。化妆的目的是要突出优点,修饰缺点,就是要依据本人的脸相特点来确定怎样美容才能做到“五官端正”。修饰面容,首先也是清洁,一个人要给人清爽干净的感觉。眼角不能有眼屎,鼻腔要干净,耳朵的凹槽里也不该有积垢,牙齿应该洁白光亮,不能有口臭,工作时不该吃葱蒜辛腥食品,不应留长指甲,指甲缝更不能有积垢。干净的人才能给人容光焕发的感觉。

二是以修整、自然为准则。生活中的美容化妆,以修整统一、和谐自然为准则。恰到好处的化妆,给人以文明、整洁、雅致的印象。浓妆艳抹,矫揉造作,过分的修饰、夸张,是不可取的。

三是正确选择使用化妆品。化妆品是美容化妆的物质条件。化妆品虽琳琅满目,种类繁多,但其功用可分为三大类:清洁类化妆品,用于清洁皮肤;护肤类化妆品,用于保养皮肤;修饰类化妆品,用于修饰化妆。使用化妆品要注意:一是根据自己的肤色选择;二是根据自己皮肤的性质选择;三是要注意化妆品的质量;四是不要频繁更换化妆品。

四是不同的场合,不同的妆色。化妆的浓淡要视时间、场合而定。在白天日光下,工作时间、工作场合,适合化淡妆。浓妆艳抹,厚厚的粉底,重重的唇膏,与周围的工作气氛不相宜,让人感觉你不是在认真地工作,甚至认为你不稳重。在这样的环境中,应当力求表现自然、质朴,采用不露痕迹的化妆手法。晚上,参加舞会、宴会等社交活动,可穿着艳丽、典雅的服装,在灯光照耀下妆色可浓些,可使用发亮的化妆品。外出旅游或运动时,不要化浓妆,在天然秀丽的风光中,最宜表现一个人的自然美。

五是化妆时应避免的细节。如一般不要在众人面前化妆,因为那是非常失礼的;不要非议他人的化妆,每个人都有自己的审美情趣和化妆手法,一定不要对他人的化妆评头论足;不要借用别人的化妆品,这既不卫生,也不礼貌;男士的化妆要能体现男子汉的气质,不可搞得油头粉面,花里胡哨。

5. 行政人员的服饰

服饰包括服装、饰品、领带、围巾、手表、包袋、眼镜等,它们构成了人的身体以外的全部装饰。行政人员的服饰装扮既是自尊自爱的表现,也体现了对交往对象的尊重。在公务场合行政人员的服饰装扮不可随意,需遵守一些基本的规范。

(1) 符合身份。行政人员是为整个组织提供综合服务的工作人员,因此其服饰装扮应以朴素简约为主要风格,中规中矩。朴素简约不是土里土气,繁琐浮躁,而是穿着打扮简单实用,大方干练,这既有利于做好具体工作,又有利于赢得各方人士的信任。如在办公场所,行政人员的服饰应显得自然、端庄、大方。外出考察、参观,则要入乡随俗,不喧宾夺主,

(2) 区分场合。行政人员的穿着打扮要与自己所处的具体场合相适应。在不同场合里,穿着打扮应有所变化。这些场合主要有公务场合、社交场合与休闲场合。

在公务场合中,行政人员的穿着打扮基本要求是：正统、端庄、规范,即要中规中矩。着装宜为制服、西装、套裙,或者长袖衬衫配以长裤、长裙,饰物以少为佳,女性以淡妆为宜。

社交场合,如聚会、宴会、拜会、舞会、音乐会等,行政人员的穿着打扮的基本要求是：时尚、典雅、个性。着装以时装、礼服、民族服装以及个人制作的服装为主。遇到要求身着礼服的场合,男性可穿深色中山装,女性可穿单色旗袍。社交场合不宜着过于正式的制服或过于随意的便装。在社交场合中,可适当佩戴饰物。饰物讲究档次高、款式新、做工精。忌佩戴低档、过时、粗糙的饰品。在社交场合中,女性要化妆,化妆的浓淡应与所处场合相协调。头发应精心修饰。

休闲场合,如居家、健身、旅游、逛街等,行政人员穿着打扮的基本要求是：舒适、自然、方便。着装以家居装、运动装、牛仔装等为宜。切莫选择制服、套装、套裙、时装、礼服等各式适用于正式场合的服装,否则会显得不协调。在休闲场合中,头发只要干净整洁即可,一般没有必要佩戴饰物和化妆。

(3) 遵守常规。行政人员的穿着打扮有一些基本常规,须自觉遵守。这些常规主要包括专业规范、内部规范与社会规范。所谓专业规范,指的是有关穿着打扮的技巧与方法。如男士穿西装套装要遵守“三色原则”这一专业规范,女士戴两件以上的饰物时,须遵守“质色相同规则”,违反此常规,即使档次再高,也会显得不协调和粗俗。所谓内部规范,是指行政人员所在单位内部的有关穿着打扮的具体规范。如一些单位要求全体员工在工作时必须选择正装,禁止男士蓄留长发或蓄须等(有宗教信仰的除外)。所谓社会规范,是指社会上对行政人员穿着打扮约定俗成的看法或惯例。包括国内社会规范,如社会上对行政人员的穿着打扮都强调朴实无华、典雅含蓄;国际社会规范,如出席宴会或观看正式演出时,要求出席者身着正规的礼服。两者若发生冲突,则以国际规范为准。

总之，仪容服饰也是一门学问，一种文化，它所产生的效应，直接影响行政人员的工作成效，我们必须认真对待。

二、行政工作常用礼仪

行政人员无论是接待来访、组织会务，还是从事日常的行政工作，都要与人打交道。因此，行政人员一定要做到以礼待人，懂礼、守礼、重礼。这里，介绍一下日常行政工作和接待过程中的一些基本而常用的礼仪礼节。

1. 称呼

无论是介绍还是交谈，对人的称呼都是礼仪的重要表现，恰当的称呼会给人留下良好的印象。

在我国，20 世纪 90 年代以前，不分男女老少、职业、地位，一概称呼“同志”，对长者和同辈称“老王”、“老李”之类，对晚辈称“小王”、“小李”等。目前我国对人的称呼一般有这么几种：

(1) 对有职务、职称和学位者，可以称呼其职务、职称和学位。如“张县长”、“李局长”，“王教授”、“郭医生”、“郑博士”等。就学位来说，只有博士才作为称谓使用，一般也是在与专业有关场合才使用，国内外都是如此。

(2) 对一般的工作人员或交往对象，称呼男士为“先生”，称呼女士为“小姐”、“夫人”、“女士”等。

(3) 对亲密朋友或晚辈，可直呼其名，但对长辈或不熟悉的人，直呼其名，或只叫人家的姓名，都是不礼貌的。特别忌讳的是以“喂”相称，或叫“那边的”等。

对外宾的称呼，也分几种情况：

(1) 一般情况下，男士可称作先生，女性可称小姐、太太或女士。

(2) 用姓名、职称、衔称等来称呼，如：“李先生”、“黄女士”、“市长先生”、“议员先生”等。

(3) 对部、省级以上的高级官员，可称“阁下”。在美国、德国、墨西哥等国家则不习惯称“阁下”，而一概称先生。

(4) 君主制国家，按习惯称国王、王后为“陛下”，称王子、公主、亲王等为“殿下”，对有公、侯、伯、子、男等爵位的人可以爵位称呼，也可称阁下或先生。

(5) 对医生、教授、法官、律师，可以单独称呼“医生”、“教授”、“法官”、“律师”，也可以在称呼前加上姓氏，如“王医生”、“李教授”等，还可以在称呼后加上大人或先生，如“路易法官大人”、“亨利律师先生”等。

(6) 对军人一般称军衔或军衔加先生，如“中校先生”、“哈列上校先生”等，有些国家对将军、元帅等高级军官，则称呼为“阁下”。

(7) 对教会中的神职人员，可以姓名加上教会职称或职称加先生。如“牧师先生”、“威尔逊神父”等。

2. 来访迎接

行政人员应掌握来宾的身份和抵达的时间,及早通知有关人员,在来宾抵达前到机场、车站、码头迎接客人。迎接身份较高的来宾,应事先在机场、车站或码头安排贵宾休息室,并准备好饮料。

接客时,行政人员应根据客人的特征或标志,主动上前询问。若双方不相识,可举醒目的标志牌。确认来宾后,行政人员应主动与对方握手问候,并做自我介绍,然后将前来接客的相关人员一一介绍给客人。

3. 确认来宾

如果是在办公室,有客人来访,行政人员应该立即从座位上站起,点头微笑表示欢迎,并有礼貌地说声“请进”。对认识的来客,最好能叫出姓名,然后自我介绍;对初访者,行政人员可通过名片确认来客。待客人入座后,应送上一杯水或饮料,并迅速了解客人的来意,同时根据不同的情况分别处理。

行政人员要学会善用名片,通过名片确认来宾。接受对方递送过来的名片时,一定要郑重地看一下,一边看名片,最好还说上句“认识您很高兴”之类的话,以表示尊重,并按名片上的最高头衔称呼对方。同时郑重地将名片放在自己的名片夹或口袋内(最好是上衣口袋)。千万别一眼都不看,随便放在一个地方,这在礼节上是很不妥当的。因为,名片代表一个人的地位,随便对待名片,就等于随便对待人一样。与对方交换名片也大有讲究,一般应用双手或用右手递交自己的名片,双目注视对方,微笑致意,说些“请多联系”之类的话。在同日本朋友交换名片时,还要鞠躬并说声“请多多关照”。宴间交换名片时,应站起来,交换之后再落座。如遇上交换名片时,自己名片忘带,可主动向对方说明,并主动自我介绍。千万别因为自己名片少,当着众人给这位而不给那位,这样做是失礼的。

东西方人在对待名片上是有一定差异的。一般西方人对名片的使用是谨慎的,有选择的,不似东方人发放范围那么大。西方人感觉不想深交的人,都不送名片。如一位年轻的导游翻译,在欢迎宴会上,他到各个桌上,每人发了一张名片,一发几十张,弄得一帮老外不知所措,后来只有外国领队回敬了他一张,弄得这位导游也不知如何是好,只能苦笑!

国际社交场合中,名片亦可以做简单礼节性通信之用,表示欢迎、祝贺、介绍、感谢、辞行、慰问,甚至吊唁之用。如星级饭店欢迎贵宾下榻,经理可派人送鲜花并附上自己的名片。

表示各种含义作用时,要根据不同用意用铅笔在名片左下角注明。这些含义国际上均有固定的缩写字母：如祝贺用 P. T. ,感谢用 P. R. ,辞行用 P. P. C. ,恭贺新年则要写上 P. F. N. A. ,等等。

作为行政人员应准备一本名片簿存放名片,同时在每张名片的旁边注明来客的特征,见面时的简要情况,以便再次接待时,能迅速、准确、自然地称呼对方。

4. 介绍

介绍是使彼此不相识的双方相识的一种手段。分为自我介绍和为别人做介绍两种。

客人到达时,应由迎接的行政人员上前自我介绍,并主动与客人握手,表示欢迎。自我介绍就是自己介绍自己的情况,一般包括: 自己的姓名、身份和所在单位等。自我介绍应注意简明、谦虚。

如果双方陌生,可由行政人员作介绍。为别人作介绍应注意以下几点: 第一,要把被介绍人的职务、姓名说得准确、清楚。第二,要注意介绍的顺序。一般先按地位高低来介绍,同时要注意年龄与性别。第三,介绍时要礼貌地用手示意,不能用手指指点点。

5. 握手

握手是现代社会最常用的一种交往礼节。在社交场合中,正确的握手姿势应该是: 伸出右手,四指并拢,掌心略微向上,手的高度大致与对方腰部上方齐平;同时,上身略微前倾,注视着对方,面带微笑;也可双手握住对方的右手,以示尊敬。在握手时还常伴一定的握手语表示问候,如:"你好"、"欢迎光临"、"路上辛苦了"、"照顾不周,请多多包涵","一路平安"等。男士与女士握手时,只握女士的手指部分。军人应先行军礼,然后与对方握手。

握手的时候应该掌握以下几个要点:

(1) 握手的力度。同性之间(尤其是男性之间)的握手应当有力,表示热情;与下级或晚辈握手,可适当用力,给人一种信任感;与上级或长辈握手,则用力应稍小,否则给人一种强迫的感觉;异性之间的握手,不可用力,只轻轻一握即可,否则,就会失礼。

(2) 握手的次序。一般应该是客人、年轻者、身份地位低者和男性应先问候对方,待主人、年长者、身份地位高者和女性先伸手,然后与之相握。注意,无论哪一方先伸手,对方都应该毫不迟疑地回握,否则都是非常失礼的行为。

(3) 握手的禁忌。不可一边握手,一边左顾右盼;当多人与你握手时,不可双手交叉相握;男士不可戴着手套与他人握手,而女性带着薄手套与人相握不算失礼。不要用脏手、湿手与他人相握;不要在别人与你握手的时候毫无反应,给人以冷漠、疏远的感觉。

6. 陪车

上车要让领导人和客人先上,行政人员后上。行政人员要主动为领导或来宾打开车门,并以手示意,待领导和来宾坐稳后再关门。车到目的地,行政人员要先下,为领导或来宾打开车门。在乘车的座位上也有讲究,习惯的坐法是:“右为上,左为下,后为上,前为下”。也就是说,若行政人员主陪,要请来宾坐在汽车后排右侧的座位上,行政人员坐在来宾的左侧(图9-3),尤其忌讳来宾入座后行政人员从同一个门进座。正确的做法是从另一个车门进座。如果有领导人主陪,行政人员坐到前排司机旁边的座位上,领导与来宾坐在后排,领导坐在来宾的左侧(图9-4)。如果是领导主陪两位来宾,则领导坐在后排两位来宾的中间(图9-5)。

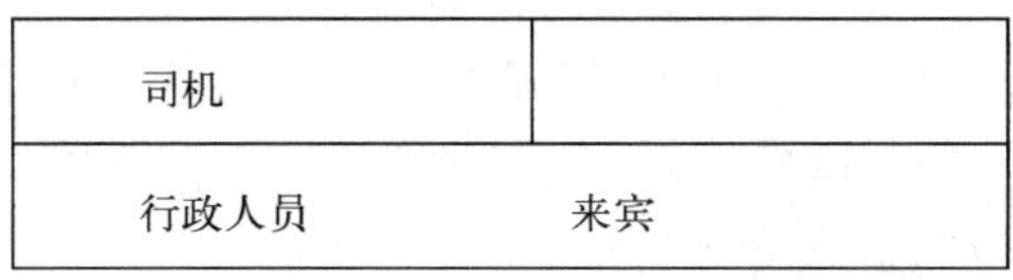

图9-3

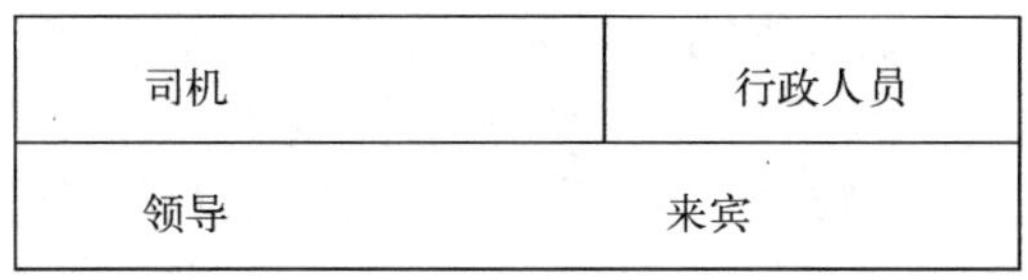

图9-4

司机		行政人员
来宾	领导	来宾

图9-5

7. 行路和引导

陪同来宾走路,一般应请客人位于自己的右侧,以示尊重。如行政人员承担主陪任务,应并排走在来客的旁边,不能落在后面;如果行政人员是陪访随同人员,应走在来客和主陪人员的后面。行政人员随同领导外出,一般应走在领导的两侧偏后一点或后面。不论是陪客还是随领导出访,走到路口或走廊拐角时,应走在客人的前方数步位置,用手示意方向,并有礼貌地提示“请这边走”;进门时主动拉门,请领导或客人先进去。

8. 送客

行政人员往往是和客人最后一个告别的人,稍微有失礼,就会影响组织的形象。

(1) 行政人员要根据客人的身份、对本单位的重要性以及其他具体情况,决定送客至办公室门口还是电梯口或是大门口汽车旁。无论送到那里,行政人员都不要表现出急于离开的样子,与客人握别时,应该目送或挥手致意,待客人完全消失后再离开。

(2) 客人离开时,行政人员要帮客人检查有无遗忘的东西,送客人上车或上电梯,行政人员应代为提携重物。

(3) 如果发现客人有东西遗忘,应立即打电话与物主联系,如物主不在,则不要讲明遗忘的东西是什么,只说明有要事,请他回个电话。

【知识要点】

1. 接待的具体含义是指对因公务活动而来的内外宾客的接洽和招待,是一种有着公共关系职能的活动。

2. 一项接待活动通常包括来访者、来访意图、接待者、接待任务、接待方式等五个要素。

3. 行政接待的类型,按接待对象划分,可分为:外宾接待、内宾接待和家宾接待;按相互关系划分,可分为:上级组织来访接待、平级组织来访接待和下级组织来访接待;按接待的内容,可分为:工作接待、生活接待、事务接待;按公开程度,可分为:公开接待、半公开接待、秘密接待;按来访意图划分,可分为:务虚性接待、务实性接待。

4. 行政接待的原则为:以礼待人,互相尊重;俭省节约,细致周到;遵守制度,按章办事;安全保密,内外有别。

5. 行政接待的要求有:要掌握来宾情况和用意;要拟定接待方案;要撰写有关材料;要落实接待事项;要处理好后续工作。

6. 行政接待的程序分为内宾接待程序和外宾接待程序两种。

7. 在具体的接待活动中,行政人员除了要承担接待过程中的事务工作外,还要负责安排会谈、宴请,组织参观游览和文艺演出等接待中的礼仪活动。

8. 宴请前的事务工作包括:确定宴会的邀请范围;确定宴请的规格;确定宴请的时间和地点;确定菜单;发出邀请;现场布置。

9. 宴请的程序包括:迎宾;讲话;宴请的时间控制(一般在一个半小时左右)和送宾。

10. 行政人员个人礼仪是指行政人员在公务活动各种场合和日常工作各种情景中的仪容、姿态、行为举止。简而言之,就是指工作人员的言谈举止、仪容服饰。

11. 个人礼仪的基本要求:遵守TPO原则、掌握PAS原则、坚持健康原则、协调自然本色原则。

12. 与他人交谈,要正确使用语言;语态亲切,不亢不卑;语气平和礼貌;语音纯正、适度;语速轻快;陈述有度。

13. 在举止方面,行政人员必须做到：举止文明;举止优雅;举止敬人;举止有度。

14. 行政人员仪容的基本要求是要做到昂扬健康、和谐自然、清洁卫生。具体可从发型和面容来体现。

15. 行政人员的服饰要符合身份;区分场合;遵守常规。

16. 日常行政工作和接待过程中的常用的礼仪礼节主要有：称呼;来访迎接;确认来宾;介绍;握手;陪车;行路和引导;送客。

【案例及思考】

来的都是客①

今天是星期一,上午来公司的客人似乎特别多。十点多钟,我陪科长外出办事,在等电梯的时候,遇到一个四十几岁的中年人。穿一件印有某快递公司字样的工作服,满脸的不高兴,嘴里似乎念念有词。看样子,这位客人没什么经验,值班的艾丽丝可能也没接待好。我注意到科长的眉头锁得特别紧。

下午四点多钟,我们一回到办公室,科长就问艾丽丝,今天快递公司那位客人怎么回事。

“没有什么。”艾丽丝不在意地说,“上午十点来钟,快递公司的人刚进来,我问他预约了没有;正在这时,中国银行的荣行长就来了。他约好是十点整跟姜总见面。荣行长进来之后,我给荣行长和他的秘书沏了两杯茶。我给姜总打过电话之后,领着荣行长去接待室,我就对那位快递公司的先生说对不起,我太忙,要喝茶,茶杯在饮水机旁,自己倒一下。等我从接待室回来,那位客人就走了。”

“艾丽丝,知道吗,你今天犯了两个方面的错误。”科长开门见山,毫不客气地说,“第一,你没有坚持接待客人先来后到的原则。”

“可是荣行长是姜总的老朋友,而且还是预约好的。”

“我知道荣行长是姜总的老朋友,他们中行也是我们多年的开户行,但是,在值班接待客人的时候,无论如何你也不能违反先来后到这条公平的原则。你在接待快递公司的客人的时候,见到荣行长进来,你只要朝他稍微笑笑,跟他说声请稍等就行了;正因为荣行长是我们的老朋友,所以他肯定会理解你的做法。今天快递公司那位先生我也见了,估计是位下岗再就业不

---

① 摘自谭一平著:《狐狸信条与穿山甲法则》,学苑出版社2003年版,第144—146页。

久的人，没有多少经验，所以他也只好带着一肚子怨气走了。如果要是换了一个脾气急躁的，看你这么厚此薄彼，当时跟你吵起来，说你势利眼，你怎么办？这会给荣行长和其他客人一个什么印象？当然，荣行长嘴上当时肯定不会说什么，但一定会把这事记在心里。他甚至会想，你东岩公司平时不老说自己把顾客当作上帝，原来就是这么对待上帝的呀！如果要是真的这样，你艾丽丝怎么办？”

艾丽丝把头低下来了。

“还有，你今天在接待客人时，犯了以貌取人的错误。”

“我没有以貌取人。”艾丽丝小声反驳。

“你没有以貌取人？”科长狠狠地问。“作为秘书，他预约没预约，你心里没数？你问他预约了没有，实际上就是看他是个推销速递的，告诉他是个不受欢迎的人。不要问客人预约没预约，我已经说过多次了，你们怎么就改不了这毛病?!”

艾丽丝不敢反驳科长了。

“的确，现在有许多送水、送饭、文具、快递公司的人上门推销，会影响一些我们前台的接待工作。即使如此，你见了他们，也不能表现出一副不耐烦的样子，摆出一副高高在上的架势。你无形的优越感会让他们产生自卑感，甚至产生怨气。当他们推销的时候，你只要婉言谢绝，他们一般不会胡搅蛮缠。”

“可也挺烦人的。”艾丽丝说。

“这就是秘书的工作。何况婉言谢绝也不费什么事。”科长说：“重要的是，我们不能给别人一种店大欺客的感觉。我们公司是希望在中国扎根，成为一家百年老店。作为百年老店靠什么？靠的是诚信！诚信是什么？诚信就是童叟无欺！你们经常去麦当劳，为什么不学学人家？据说前些天高考，很多考生拿着复习课本去麦当劳，许多人只要一杯饮料，有的甚至连一杯饮料都不买，就在麦当劳一待就是好几个小时。对于这些考生，麦当劳不但不赶他们走，反而特意为他们延长了营业时间。”

振聋发聩！办公室里鸦雀无声。

“话又说回来，你们以貌取人，要是那位穿快递服装的客人并不是快递公司的，而是公司某位老总的亲戚，或其他重要单位的客人，你们怎么收拾局面?”科长盯着大家问。“作为前台的值班秘书，用现在时髦的话来说，你就是公司形象的代言人。许多客人对公司的第一印象，就是来自于你们这些前台值班秘书的态度，他们往往会把你的态度当作公司对他们的态度，他们也会把你的态度当作公司领导对他们的态度。所以，你们大家都要真正记住‘来的都是客’这句古训！这不是老生常谈唱高调！客人就是我们的衣食父母。你今天用什么态度接待客人，客人明天就会用什么态度对待我们的公司!”

科长的话让我陷入深思之中，如果我是艾丽丝，我的做法会与艾丽丝一样吗？我应该如何做才能符合接待工作的基本原则呢？

请问：

1. 科长所言，体现了什么？
2. 能否从这个案例中总结出日常接待的基本礼仪？

分析提示：

本案例可以结合行政接待原则的第一条，即以礼待人，互相尊重来思考和分析。在接待事务中，行政人员作为组织的代表，对于任何来访者，都应该平等相待，热情诚恳。注意态度、仪表、举止和言语方面的表现，以体现行政人员较高的礼貌素养。

【思考题】

1. 作为行政人员，要做好接待工作需要掌握接待工作的哪些基本原则和要求？
2. 请谈谈行政接待的基本程序？
3. 行政人员的个人礼仪需要注意哪些方面？
4. 行政工作中有哪些常用的礼仪？请举例说明。

【拓展阅读】

有朋自远方来，不亦乐乎？①

下午，王琳(深圳TMY酒店管理公司总裁行政助理)正在埋头整理明天开会要使用的资料，桌上的电话响了，王琳拿起电话：“您好，总裁办公室!”“王琳，进来一下!”电话里传来许总(TMY公司总裁)兴奋的声音。“好的!”挂断电话，王琳一边走进办公室，一边暗自揣摩许总如此高兴的原因。“王琳，要派给你个大任务！明天将有四位DB酒店管理公司的同行从沈阳过来参观学习，交流管理经验，你就负责这几天的接待工作吧！尽可能安排得最好。如果这次给他们留下好的印象，我们两家公司可能达成协议，以后双方经常保持合作关系，资源互补，人员之间可以加强相互往来，也增加了

① 摘自孙秀丽等编著：《第一次做高级秘书》，中国经济出版社2003年版，第248—252页。

学习与合作的机会。你要尽量使他们有宾至如归的感觉啊。这里是他们希望在这几天里能得到哪些帮助的要求，你拿去看一下。从明天他们下飞机开始到离开的一系列活动都由你来安排组织吧，一切靠你的表现了！还有，告诉他们我最近比较忙，但明天晚上我会给他们接风。”“好的！”王琳充满自信地接下了任务。

离开总裁办公室，王琳先在记事本上写下简单的接待计划：

1. 安排住宿；

2. 接机；

3. 每天正餐安排；

4. 活动安排，跟其他部门打好招呼，并打印出详细的时间安排表。

写完这些，王琳马上开始给各个方面拨打电话，先是打到 DB 酒店管理公司，问清楚了来访人员的名单，何时抵达深圳，对吃饭住宿是否有什么特殊要求。一切都确认后，王琳打电话到 TMY 酒店公关部刘经理那里：“你好，是刘经理吗？我是王琳。”“哦，王琳，你好！”“明天我们公司有几位客人来访，想订三间豪华套房，请帮个忙吧！”“明天是吧，好的，没问题，我这就去预定了！”“我们还需要那部豪华小巴去接机，而且在未来几天，我们都得用到那部车。也请你事先给安排一下，我一会儿把用车单给你送去。”“哦，好的，没问题。我这就去安排。”“另外，这两天他们还会对我们酒店的管理小组进行观摩学习，你们也准备一下吧！我一会再跟李总说一下情况，希望你们密切配合。”“好的，请放心！”

接下来，王琳又拨通了李总的电话，与李总通了气。又将活动进程做了整体规划和安排，打印成文，请许总过目后，顺利通过。一切都安排好了，终于可以歇口气了。一切就看明天的了！

第二天一早，王琳与车队司机小马出发了，来到机场，等了半天也认不出谁是客人，王琳后悔不迭，百般准备却有一疏——忘记准备正规的接应牌了！只好随便拿出一张纸，手写上 DB 酒店管理公司的名字和四位客人的名字。终于，三个东北大汉和一位文静干练的女士，看着接应牌走了过来，王琳立刻迎上去，热情地说：“请问，几位是 DB 酒店管理公司的吗？”为首的一人应道：“是的，我是赵力。”王琳笑着伸出手：“你们好，我是 TMY 酒店管理公司的总裁秘书王琳，因为许总很忙，无法亲自前来迎接，只好由我代表许总迎接你们。希望你们不要见怪！欢迎你们来到深圳！”赵力跟王琳客气地握了握手，又将另外三位同事介绍给王琳。王琳一边问着旅行情况，一边接过钱小姐的看来比较重的箱包，一行人谈笑风生地走出机场。

一路上，王琳向来客介绍了深圳最近的发展情况和一些著名的景点之类。小马将车安全驶到 TMY 大酒店，王琳将他们送入酒店，安排他们入住,“各位,一路辛苦了,请先到房间洗个脸,稍微休息一下,11:30我们就在中餐厅的牡丹厅用午餐。然后大家好好休息一下。明天才开始正式活动。我们这几天的具体行动安排表就在你们房间的书桌上,如果有什么需要请大家尽管说!”

用过午餐,王琳安排几位客人入房休息,并通知大家晚上18:00许总将在SZW饭店给几位接风洗尘,到时她会过来接大家。安顿好这边,王琳又开始准备晚上的接风宴了。

不到18:00,王琳在前台打了电话通知几位客人下楼,然后一行人前往SZW饭店。到了SZW饭店,许总已经在贵宾厅等候了,见到众人进来,许总起身迎接:“欢迎你们啊!”王琳马上给几位引见:“各位,这就是我们TMY酒店管理公司总裁——许海瑞先生。许总,这位是赵经理,这位是……”入座后,王琳说:“今天的菜是我点的,大部分是SZW饭店的特色菜,还有一些东北菜,希望大家能吃得顺口!”赵力经理立刻回答:“没问题,我们都相信你。而且我们也都不是挑剔的人。”开始用餐前,许总说了一些简单的迎接词。用餐过程中,王琳不停为客人敬酒,在许总谈话间隙,简单介绍深圳建设的情况、奇闻趣事,使晚餐在轻松友好的气氛中进行下去。

第二天,开始了王琳安排的一系列参观和学习活动。王琳先向他们介绍了TMY酒店的组织结构和公司的管理理念,发给每个人一个印刷精美的宣传册。然后具体参观了酒店的设施设备,各个部门工作情况。管理公司管理的每个酒店都有其不同之处,都有其不同的管理特色,但在细节之处不同的背后,又有着共同的地方,那就是在参观完之后,几位来宾与酒店管理公司管理小组成员在一起探讨的问题了。DB酒店管理公司的客人们在几天的参观和学习中,得到了不少的知识,受益匪浅。

几天的参观学习后,东北来的同行不得不回去了,在机场,他们依依不舍地跟王琳告别,纷纷感谢王琳这些天来的热情招待,表示回公司后会向总裁积极反映,以便日后促成双方的合作,并邀请王琳日后一定要到东北去做客。

这几天的接待工作终于圆满完成了,接下来就是要整理接待工作日程报告,并做出总结给许总过目了。王琳甩甩头,昂首跨步走出机场,准备开始投入新的工作。

阅读提示:

本阅读材料中的王琳是行政工作人员做好接待工作的典范。王琳对接待事务的处理和安排,包括如何制作接待计划,如何落实接待程序,安排接待事务,如何在接待工作中体现行政人员应有的礼仪风范等,值得学习者和初入职场的行政工作人员借鉴和参考。

第十章　会议管理

<table><tr><td>

本章基本问题

会议是各组织实施行政管理的一种常用手段，也是行政人员的一项重要业务工作。因此，行政人员需要了解会议的作用和局限性，了解会议的种类，熟悉会议的组织过程和办会的每个环节；在会议组织过程中，会前做好精心准备，会中提供周全服务，会后及时总结经验教训。

同时，行政人员不能忽视，任何会议都是人力、财力和物力的耗费，还要不断协助领导改进会议方法，控制会议成本，力求在较短时间内，解决较多的问题，提高会议效果。

</td></tr></table>

第一节　会议概述

会议是现代组织实施行政管理的一种常用手段。人们通过会议交流信息，集思广益，研究问题，做出决定，部署和检查工作等，从而推动社会的不断发展。

一、会议的含义

什么是会议？单从字面上理解，“会”就是聚集、会合之意，“议”就是讨论、议事，会议就是一些人聚集在一起议事。这样的理解虽然八九不离十，但还不准确。因为三五成群的私下议论、知己好友的“侃大山”都不是会议，只有三个人以上聚合在一起，就某个或某些议题进行讨论或解决，才是会议。两个人谈话或讨论叫交谈或会谈，三个人以上，没有主持人又没有中心议题的谈话叫闲聊。另外，众多人聚合在一起，也有主持人或主办人，但不是为了讨论或解决问题，而是为了显示某种精神或力量，如庆祝会、欢迎会、声讨会等；或是为了同一个目标而进行的有组织的活动，如运动会、展销会、追悼会或者宴会、舞会等，虽然也被称作什么“会”，但这些“会”，只是聚会，

“会而不议”,和我们这里讨论的“会议”在性质和作用上是有区别的。

因此,对会议的严格定义应该是：某一社会群体为解决某一问题而吸收有关人员进行讨论、商议或表决的一种组织形式。它是人类社会一种有组织的正式活动形式。

二、会议的作用和局限性

1. 会议的作用

(1) 会议是组织存在的表现。如果一个团体没有开会,或长时间没有成员的聚首讨论问题,或者只是非正式地聊天,则不但会使每个成员对它的向心力减弱,而且团体本身也失去了表现存在的方式和亮相公众的机会。有时候,组织成员往往会通过坐在一起开会的方式表现自身的团结一致,力量强大。

(2) 会议是领导活动(决策)的有效手段。各级领导机关制定政策、布置工作、调查情况、统筹协调、宣传动员等活动的开展,都离不开各类会议。从控制论的观点来看,领导活动是由收集信息、制定决策、监督控制、反馈调节等构成的一个循环系统,在这个系统中的每一个环节都可借助会议的独特作用。

(3) 会议是发扬民主、统一思想的表现方式。作为一项聚众议事的活动,会议本身就有着民主的内涵。每个与会者都是一定数量的公众的代表,会议本身充分赋予了每个与会者充分发表自己观点、见解的权利。虽然会议也有组织者和领导者,但从本质上说,会议不是专制形式,而是民主形式。同时,通过会议,能统一思想,形成体现众人意志的决议,推进决策民主化的进程。

(4) 会议是群体沟通的良好方式。人与人面对面的开会既是信息的沟通,也是一种情感的交流。团体中人与人的情感交流是人类群居本性的需要。从沟通的角度来看,会议是一种群体沟通方式。群体沟通优于个体沟通的地方在于这种沟通是面对面的,能够获得及时反馈,而且是多方交叉进行,是一种比个体沟通更高效率的沟通方式。因此,会议能够鼓舞士气,融洽关系,提高组织成员的工作热情。

(5) 会议是集思广益的渠道。在开会的过程中,如果能让与会者没有压力而畅所欲言,会议就会成为一个良好的集思广益的场所。在组织中,与会者多是来自不同部门的人员,或是不同领域的专家,他们能从各自立场出发提出观点。这样就能沟通认识,通报情况,促进相互的了解,还可以丰富、修正彼此的观点,最终得出更加合理的结论。

正因为会议有这些功能,所以,会议成为现代社会人类活动的一种普遍形式。任何机构组织,都离不开会议这种活动形式。

2. 会议的局限性

在肯定会议积极作用的同时，也应看到，会议绝非解决一切问题的万能之法，不要过分夸大它的作用。会议的局限性主要表现在：

第一，会议只是整个工作过程中的一个环节，只能解决部分问题，不能解决全部问题；

第二，会议只是工作的手段，不是工作的目的，更不是工作的结果。

如公司领导通过会议把任务部署下去了，只是使下面各部门明确了各自的工作任务和要求，而任务的具体实施到圆满完成，还需要一系列的后续工作跟上去，包括督促、协调、检查，甚至现场指挥。所以若不用开会同样能把事情办好，就完全没有必要"遇事必会"，造成财力、人力、时间和精力的浪费。

因此，我们必须明确精简会议的重要性，可开可不开的会议坚决不开，开短会能解决的问题绝不开长会。

三、会议的种类

现代会议按不同的标准可划分成多种类型。掌握现代会议的分类方法和具体种类，有助于行政人员协助领导者根据会议内容的需要选择合适的会议类型，同时也有助于做好会务工作。

1. 按会议的规模划分

可分成：

(1) 特大型会议，即万人以上的集会。

(2) 大型会议，即千人至数千人的会议。

(3) 中型会议，即百人至数百人的会议。

(4) 小型会议，即十人至数十人的会议。

(5) 特小型会议，即十人以下的会议。

2. 按与会者所代表的范围划分

可分为：

(1) 国际性会议，即与会者来自不同的国家(地区)或代表不同的国家(地区)。

(2) 全国性会议，即与会者来自或代表全国各地或各条战线的会议。

(3) 区域性会议，即一个国家同一区域内的若干单位共同参加的会议。这里的"区域"，既可以是行政区划，也可以是自然区域和经济合作区域。

(4) 单位性会议，即一个具体的组织内部召开的会议。

3. 按与会者相互关系划分

可分为：

(1) 纵向关系会议，即由上级组织召集下级组织的会议。与会者之间具有上下级关系。

(2) 横向关系会议,即每个与会者以平等的身份和相同的权力参加的会议,如“人民代表大会”、双边或多边的会议、会谈,等等。

4. 按与会者的身份划分

可分为:

(1) 全体性会议,即所有成员无一例外都应参加的会议。

(2) 代表性会议,即在全体成员中按一定的规则或程序产生代表,由代表参加的会议。这些代表的产生,可以按法定的程序,如人民代表的选举,也可以由指派产生。

5. 按会议的时间划分

可分为:

(1) 定期性会议,即会期固定的会议。

(2) 非定期性会议,如临时或紧急召集的会议。

6. 按会议的公开程度划分

可分为:

(1) 公开性会议,即允许群众旁听或记者采访并可完全公开报道的会议。

(2) 半公开性会议,即只允许公开其中一部分信息的会议。

(3) 内部性会议,不涉及秘密事项,但也不需要公开的会议。

(4) 保密性会议,即涉及秘密事项,严格限制与会人员和传达范围,并且不得泄露任何内容的会议。

7. 按会议的方式划分

可分成:

(1) 现场会,即在事件发生现场召开的会议。

(2) 观摩会,又称演示会,即通过观摩操作演示,相互切磋交流的会议。

(3) 电话会,即利用电话系统召开的会议。

(4) 电视会,即利用电视实况转播或电视电话系统召开的会议。

(5) 广播会,即通过有线或无线广播召开的会议。

(6) 座谈会,即以围坐的方式召开的会议。

(7) 茶话会,即略备饮料、水果、茶点的会议。

(8) 工作性餐会,即边进餐边商谈工作的会议。

(9) 报告会,即会场中专门设有主席台的会议。

8. 按会议的功能划分

可分为:

(1) 决策审批性会议。

(2) 论证鉴定性会议。

(3) 研究讨论性会议。

(4) 传达布置性会议。

(5) 总结交流性会议。

(6) 宣传教育性会议。

(7) 沟通协调性会议。

(8) 调查听证性会议。

(9) 庆祝表彰性会议。

(10) 纪念追悼性会议。

(11) 商洽谈判性会议。

(12) 信息发布性会议。

(13) 交友联谊性会议。

(14) 迎送典礼性会议。

上述会议类型是从不同角度划分的。各种会议类型相互之间有所交叉。

第二节 会务工作

要组织一次成功的会议,必然包括会前的精心准备、会中的周全服务、会后的及时总结三个主要阶段。

一、会前的准备工作

据调查发现,会议的成功与否,75%取决于会议前的准备工作。因此,在会议三阶段中,会前的准备工作最为重要。

会前的准备工作主要包括:会议筹划、会场布置工作、会议文件的制发、会前的接待和检查工作等内容。

1. 会议筹划

会议筹划就是制订会议计划。会议计划一般包括三部分内容:一是确定会议的要素;二是拟订会议的日程;三是预算会议经费。

会议要素包括:会议目的、会议名称、会议时间、会议地点、与会人员和会议议题等六个方面。

(1) 会议目的,就是通过会议要解决什么问题,以期获得什么结果。这在很大程度上决定了会议的内容、对象和开法,并与会议的宗旨和基调直接有关。就一般而言,会议目的大致离不开我们在前面谈到的会议作用中的五个方面,但具体到一次会议,应更为明确和具体。一次会议可以只是为了一个目的,如为了获取用户对本公司产品和服务的信息反馈,也可以具有两个以上的目的。

(2) 会议名称是制订会议方案时必须考虑的一个内容。会议名称有揭示会议的性质;揭示会议的主要内容;揭示会议时间、区别会议届别、指明会议出席对象、明确会议地点和范围等的作用。确定会议的名称,可以从会议的性质、内容、会议时间、地点、出席对象、组织者等角度来考虑,但不必把这些内容全部包含进去。会议名称构成的一般模式是"会议主办单位+会议主题(或届次)+会议性质"。如"国际管理协会技术训练专题讨论会"。会议名称既要力求简洁,又要注意庄重。严肃的大会必须用完整的全称,尤其是在正式的会标、会议通知上。如:"中国共产党第七届中央委员会第二次全体会议",就不能简称为"七届二中全会"。简称只能用于口头或非正式场合。

(3) 会议时间包含两方面的内容：一是指确定会议召开的时间,一是指会期的长短。确定会议召开的时间,必须考虑会议的筹备工作是否来得及;与会人员能否出席;还要考虑选择最佳的召开日期和最佳的召开时段。确定会期的长短,必须根据会议的内容和实际需要,既要考虑会议成本,因为会期越长,会议成本就越高,也要考虑与会人员的身心状况。有关专家研究测定,人在会议进行过程中的心理生理状态通常呈现为以下五个阶段：0—45 分钟,注意力集中阶段;45—75 分钟,精力分散阶段;75—90 分钟,倦意上升阶段;90—120 分钟,反向活动积极阶段;120 分钟—散会,态度无所谓阶段。因此,会议时间尽量压缩在 1 小时以内。如果会议的内容很多,则要分单元进行。

(4) 会议地点的确定有三条原则。第一,需要原则,即服从于会议内容的需要。如党的全国代表大会就需要在首都召开。第二,择优原则,是指会场及其辅助设施齐全,会议地点的交通条件便利,气候、自然环境、社会环境等条件优越的地方,适宜选择为会议地点。尤其是召开涉外会议,这些条件必须加以考虑。第三,节约原则。就是能就近召开决不求远,非涉外会议力求节约。三个原则中,以需要原则为主,如果会议需要,即便是穷乡僻壤,交通再不方便的地方,也要作为会议的地点。

(5) 与会人员是会议的主体。确定会议的出席人员,必须考虑以下三个问题。一是会议出席人员的合法性和法定人数问题。如全国人大的出席者,只限于人大代表。职工代表大会,需有 2/3 以上的职工代表出席,会议才算有效。而且法定人数必须保持于会议的始终。二是考虑出席人员的必要性问题。必须出席的人一定要出席,可出席可不出席人员和不必出席的人员,以不出席为好。要避免逢会就请第一把手的倾向。三是考虑出席人员的适量性问题。就是应考虑将与会人数控制在一定的范围内。因为人数过多,就有懒于思考者;人数越少,会期越短,效率越高。

(6) 会议议题,就是会议所要讨论或解决的问题。确定议题须遵循如下原则：一是重要性原则。即凡是法定性的、规定性的、指令性的、时效性的、围绕中心工作的会议都是重要的。二是必要性原则。重要性的会议,合议性强的议题,不能做文字记录的保密性会议,只有通过会议的形式,不能通过其他形式解决问题的会议都是必要的。三是合法性原则。就是所确定的议题必须符合国家的法律法规和政策的有关规定;同时议题的确定程序必须符合国家关于会议程序的有关规定。四是可行性原则。即某一议题提交会议讨论时能取得一致意见和预期的决议,或某一议题不仅能取得一致意见和预期的决议,而且能在实际工作中得到贯彻和落实。五是鲜明性原则。就是会议议题必须明确,不能含糊,否则与会者无法发言,会议也无法作出决议。六是单一性原则。所确定的会议议题要力求单一、集中,一般来说,一次会议以一个讨论议题为宜。

拟订会议日程包括确定会议方式,明确会议的议程、日程和程序。

(1) 会议的方式除了直接面谈的聚会方式外,还有电话会议、电视电话会议、计算机会议等。会议组织者可根据需要和可能确定某种会议的方式。

(2) 明确会议的议程、日程和程序

会议的议程是指会议所要讨论议题的程序。会议议程应概略、简单、醒目(见表 10 - 1)。

表 10 - 1　某公司 2004 年职工代表大会议程表

某公司 2004 年职工代表大会议程表

1. 审议 2004 年工作总结
2. 讨论 2005 年工作计划
3. 审议并通过 2004 年财政决算及 2005 年财政预算
4. 增选职工代表

一般来说,性质重要的会议,会议议程要拟得详细一些,具体要包括会议日程和会议的程序。规模小、会期短的会议,拟定一个总的议程即可。

会议的日程是指围绕议程安排所拟订的会议进程的具体安排。会议日程应详细、具体、有序(见表 10 - 2)。

表 10 - 2　某公司 2004 年职工代表大会日程安排

内　容 日　期	下　　午	晚　　上
12 月 15 日	开幕式	舞会
12 月 16 日	代表分组讨论	茶话会
12 月 17 日	代表分组提案	电影
12 月 18 日	主席团会议	职工文艺演出
12 月 19 日	闭幕式	联欢会

会议程序是指某一次具体会议中，按照时间先后或一定秩序依次排列的工作步骤。会议程序应让人一目了然(见表 10 - 3)。

表 10 - 3　某公司 2004 年职工代表大会闭幕式程序

时　间	内　容
13:30	宣布大会开始、奏国歌
13:35	致开幕词
13:40	总经理做 2004 年工作报告
14:30	分管副总经理做 2004 年财务决算报告
15:00	分管副总经理做 2005 年财务预算报告
15:30	大会结束

会议费用的预算公式为：会议成本＝隐性成本＋显性成本

隐性成本＝2ABC，2 是常数，指管理人员为开会而中断日常工作所造成的损失；A 指该单位每小时全部平均工资的 3 倍；B 指与会者的人数；C 指会议时间(小时)。

显性成本＝会议设施租用费＋会议场地租用费＋旅费＋食宿费＋文件资料准备费等

具体内容在后文有详细阐述。

2. 会场的布置工作

会议前的事务工作包括会场的准备、会议文件的制发、会议前的接待、通讯、居住、安保等方方面面的工作。这些都是行政人员的重要工作内容。

会场的准备工作包括六方面的内容：

(1) 座位排列形状设计。会议的座位排列形状可根据会议的不同需要来设计(见图 10 - 1)，不同会场座位形状体现不同的意义和效果。

如，圆形和方形的优点是无明显主席位置，体现平等和相互尊重的精神，容易形成融洽、亲切与合作的气氛，有助于本来比较陌生的与会者相互熟悉进行不拘形式的发言和插话，畅所欲言、交流思想、沟通情况；同时，也便于会议主持者细致观察每位与会者的意向、表情，及时准确地把握与会者的心理状态，并采取措施引导会议向既定目标发展，或根据实际情况，调整目标，从而保证会议取得成果。不足之处是开会人数受到限制，易无会议中心。上下式座位形状，由于专门设立了主席台，其优点是出席人数多，主席台明显，有会议中心，能控制整个会场，故具有严肃、庄重的气氛。但这种座位形状的不足之处是，会对在主席台的发言者造成一种心理压力。如果事

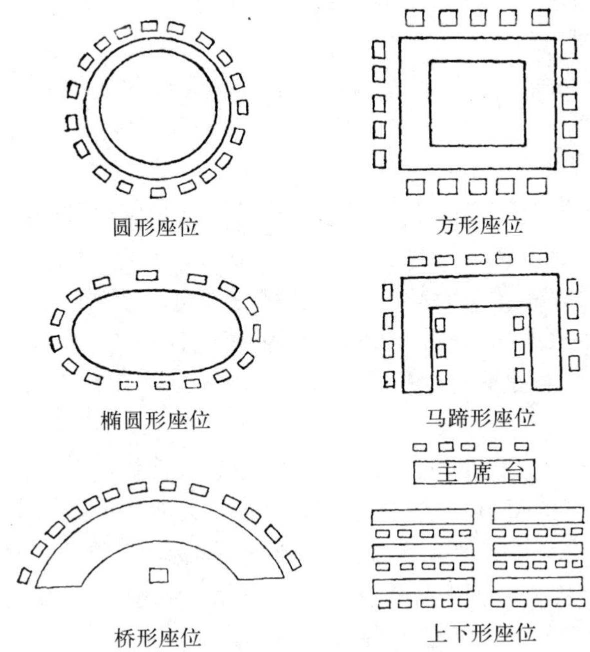

图 10－1　会场座位排列

先准备不充分,现场发挥不好,或缺乏控制会议的能力,很容易使台下秩序混乱,而且开会人数多,易出现与会人员开小差的现象。

一些联谊交友性的茶话会,也可把座位摆成若干个小圆形,围成一圈。这种座位形状能提供较多的谈话中心,便于与会者自由组合,相互结识、交流。但大会主席应具有较强的组织和控制会议的能力。

(2) 场地划分。大型的露天集会,有时需事先划分好各组(代表团)的场地。室内大型会议的听众席,也应事先按组划分,以便与会者按组集中,便于联系。如果与会者的身份不同,应按正式、列席、旁听的次序从前向后排列。按组划分座位时,要避免一个组的成员的座位排得过于横宽和狭长,这样不利于讨论。

(3) 安全保卫措施。大型会议由于人多拥挤,应事先规定进口和出口并设有足够的安全通道和安全门,以确保在紧急情况下能及时疏散。有重要领导人或外宾参加的会议,或者系保密性会议,必须对会场设施及其周围环境进行安全检查。

(4) 视听器材和通信线路的落实。会场较大的应安装扩音设备。电视、电话、广播会议事先要办理好租用通信线路的手续,通知各分会场准备好必需的接收器材,并且事先调试,确保性能可靠;需要进行演讲、报告活动的会议,应配备黑板、投影机、放像机、录音机等视听器材。与会人员的桌上摆放纸笔等文具。

(5) 会场气氛布置。会场气氛的布置同会议的效果有着密切的联系,其主要内容有:

会标,即会议全称的标题化。凡正式会议应当将会议全称用大字书写后挂(贴)在主席台的正上方。会标能增强会议的庄重性,揭示会议的主题和性质,激发与会者的参与感。

会徽,即体现或象征会议精神的图案性标志,具有强烈的感染和激励作用。会徽一般有两种:一种是以本组织的标志作为会徽,如党徽、国徽、团徽、警徽等;另一种是向社会征集,选择最能体现或象征会议精神的图案作为会徽。

画像,凡纪念追悼性的会议应当挂有纪念或追悼的对象的画像。

标语,适当的标语可以烘托会议的主题,渲染会议的气氛,振奋与会者的精神。会议标语的制作应当做到简洁,具有鼓动性和号召力。

花卉,适当布置花卉,能点缀会议的气氛,给人一种清新、活泼的感觉,并能减轻与会者长时间开会的疲劳。

灯光,灯光的强、弱、明、暗及颜色会给会场带来不同的效果。

注意会场的整体色彩与色调。色彩与色调能对人产生不同的心理感受。比如红、橙、黄等颜色给人以热烈、辉煌、兴奋的感觉,青、绿、蓝等颜色给人以清爽、娴静的感觉。如代表大会,表彰庆祝大会,会场的色调布置要鲜亮、醒目一些,以显示热烈、庄严、喜庆的气氛。一般性短会,不必作特殊布置。

(6) 主席台的布置,应同整个会场布置相协调。由于主席台处于会场的中心地位,众人瞩目,因此主席台布置更应当重视。会场气氛的许多方面,首先应当从主席台布置中体现出来。除此以外还要考虑:

一是主席台的座位安排。应根据主席团人数多少来安排座位和桌子。可以是一排,也可以是多排。除前排外,后面的桌子也可分两边排列(见图 10－2),排与排之前要空开走路的距离。

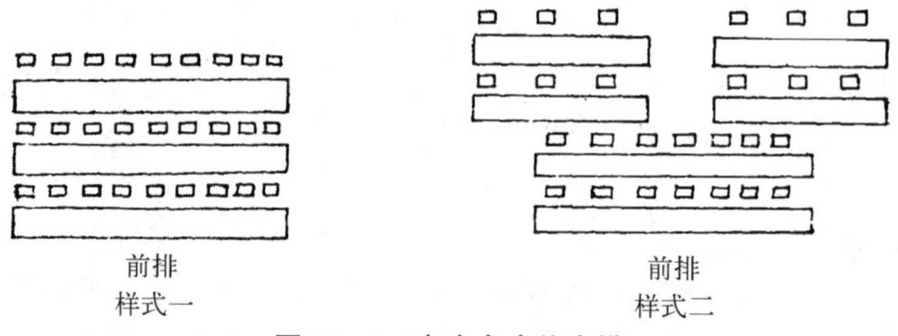

图 10－2 主席台座位安排

二是讲台的摆放。如有专门的报告或演讲,可另外设置讲台。讲台可设在中央,也可设在一侧或两侧。设在中央的,位置应低于主席台,以免报告人挡住坐在主席台中央的领导人的视线。

三是话筒的安置。主席台前排的每个座位都应装有话筒,便于领导人讲话、插话。

四是休息室的安排。重要大会的主席台旁应有休息室,供领导人到达时休息、谈话。

五是主席台的座次排列。一般安排会议主席台座次的原则有:按领导人职务高低,由中间至两边,由前至后依次排列;会议主席台座次按字母顺序排列;用抽签的方式来排会议主席台座次;国内会议的通常做法是,身份最高的领导人坐在前排中央,其他领导人按左高右低的顺序间隔排列,即第二位领导人坐在身份最高的领导人的左侧,第三位领导人则坐在其右侧,余类推(见图 10－3)。

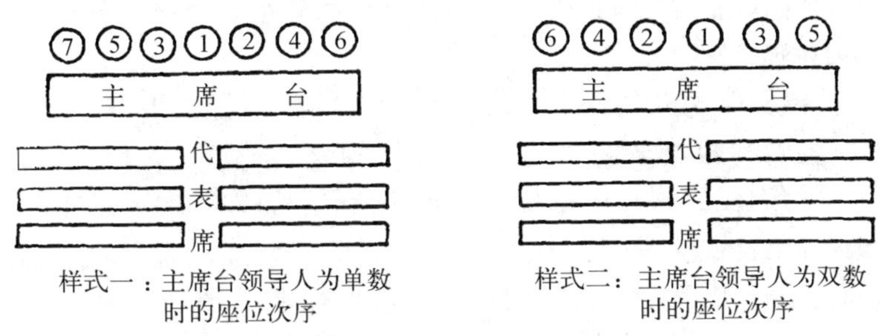

图 10－3　主席台座次排列

3. 会议文件的制发

比较重要的会议都要事先准备文件。会议文件有两大类:

一类是供会上学习参考的文件资料,如有关政策、方针、法规,经验交流、学术论文以及专业、技术性资料等。这类文件是会议的组织单位、与会单位或个人提供的,会前应加以筛选、修改和把关。会议结束后有些不能让与会人员带走的,应做好回收工作。

另一类文件就是会议本身所产生的文件,如开幕词、工作报告、讲话稿、会议记录、会议简报、会议决定、会议纪要、闭幕词、会议总结等。其中,开幕词、工作报告、领导讲话稿是必须在会前准备妥当的,其他文件则在会议过程中或会议结束时形成。这类文件可以让与会人员带走,作为进一步学习或传达、贯彻之用。

(1) 开幕词是会议开始时会议主席所作的发言稿,一般带有预告及礼仪性质,比较简短。内容大体包括三方面:① 对来宾和与会人员表示欢迎;

② 对会议的内容、任务、目的作简要介绍；③ 预祝会议成功。

(2) 工作报告是会议的主要文件，其中的主要内容往往是会议讨论的中心议题。工作报告必须有实质性的内容，既可以是对前阶段工作成果、经验、缺点的回顾与总结，也可以是对后阶段工作提出计划、预算、部署或展望。工作报告既要全面，又要重点突出。篇幅一般较长，几千字到几万字不等，视内容而定。

(3) 发言稿指的是除工作报告之外的其他与会者的发言稿。发言稿也要有具体的内容，但不像工作报告那样面面俱到，而是有所侧重，或是背景介绍，或是财政开支，或是人事管理，或是专业技术，或是会议关心的其他问题等。有些会议对发言时间有限定，发言稿一般不宜太长。发言稿有些是由发言人亲自撰写，也有些是由行政人员代为起草，发言人再修订定稿。

(4) 其他会议文书。除了文件之外，行政人员还必须准备好会议所用的技术性、程序性或服务性文书材料，如：会议通知、会议议程表、日程表、会议须知、作息时间表、与会人员名单、通讯录、分组名单、住房安排表、工作人员名单、车辆调度表等。

(5) 会议文件的准备程序。一般先由领导根据会议内容、目标和要求确定要点，授意行政人员起草。行政人员按照领导授意，收集资料，写成初稿，呈给领导审阅；领导审阅后提出意见，交回给行政人员修改，或是自己修改。行政人员修改后再次呈给领导，由领导审定后签发。行政人员或文员将签发的文稿打印、装订成正式文件。其程序如下：

领导授权——行政人员起草——领导审阅——行政人员修改——领导签发——打印制作

会议文件应努力做到篇幅短小，文字简洁，内容精要。一次会议的文件数量不宜过多。需要讨论审议的文件，应尽可能在会议之前发给与会者。所有的文件都要经过严格认真的校对，然后按与会者人数缮印、装订，并按每人一套装封，一起分发。会议文件要精简，如毛泽东所说，会议文件要下毛毛雨，不能下倾盆大雨。

4. 会前的接待和检查工作

(1) 会前的接待工作，包括根据参加会议的实际人数和接待的要求预定住房、安排伙食、准备车辆等。

(2) 会前检查。会前检查是会前准备工作的落脚点，是保证会议能顺利召开的必要环节。会前检查的内容包括前面所述的全部项目。但重点有两个：一是会议文件的准备情况，二是会场的布置。检查的方式有两种：一是领导听取行政人员的汇报，然后作出指示；二是现场实地检查。这两种方式相辅相成，不可偏废。

以上是普通会议的准备事项。如会议中有发奖、表决、选举等活动，还应另外做好相应的准备。

二、会中的服务工作

1. 会议期间的信息工作

会议信息工作的基本程序是：记录、核实、汇总、整理与筛选、编写、发送或归档。其方法大致如下：

(1) 记录。记录的方法主要有现场笔记、录音、摄影和录像。这几种方法各有优劣。其中行政人员做现场笔记是一种主要的方法。多采用通用文字记录或专业符号速记(会后应译成通用文字稿)。重要的会议可由两名行政人员同时记录。这种做现场笔记的方法的优点是简便、节约、可控性强，缺点是精确度不高，易漏记、错记；各种会议均可使用，但更多用在会议讨论、小型会议和即兴发言的场合。录音的优点是精确性，缺点是过于精确，后期整理工作较麻烦，多用于大会发言、专题报告和重要讲话。摄影和录像的优点是形象生动，缺点是设备要求高，且不便于后期信息汇总。因此，通常只作为会议的宣传、补充和纪念之用。

(2) 核实。行政人员在会议现场做的发言记录很可能有遗漏或错误，需要会后及时核实。两位行政人员同时记录的，需将两份记录对照、相互补充，合成一份较完整的会议记录。有录音的，应将录音与文字记录核对、补充或修改。会场上未听清的内容，尤其是重要的人名、地名、时间、数据、引文等，必须找发言人核实无误。

(3) 汇总。小型的会议只有一份会议记录，自然比较简单。如果是大中型会议，或同时有几个会场，或有大会发言又有小组讨论，信息来源不止一处，就需要汇总。信息汇总首先是把多种会议记录汇合在一起，或听取、记录各小组的口头汇报，或收阅发言人的发言稿，或是因某种原因不上台发言却提交的书面发言稿。总之，应将会议全过程中所提供的信息尽可能齐全、完整地收集、汇总在一起。

(4) 整理与筛选。汇总的信息往往是大量的、分散的，甚至是杂乱的、良莠不齐的，必须加以整理。整理的第一步是“归纳”，即将多数的、同类的信息归纳在一起。剩下个别的，如果是重要的、正确的，自然也应该挑选出来，这就进入第二步“筛选”。筛选就是过滤、挑选出有用的信息，同时把极少数陈旧的、不真实的、无意义的信息扬弃。

(5) 编写。经筛选的信息，仍然是原始信息，须由行政人员加以编写。编写的方法可以是归纳法，即行政人员把共同的、有代表性的意见予以归纳、概括，用简明的文字重新表达。第二种方法是“摘要法”，即把重要的发言原文原句摘录。对相片、录音和录像则采取选用和剪辑的方法。总之，行政人员应将会议的文字与录像信息编写并挑选出来,印制成资料,供与会人员学习参考。

(6) 发送或归档。经编选、印制的材料,有利于会议进展的,应及时发送给与会人员。暂时不用但日后有参考价值的材料,则应立卷、归档,以备会后查考之用。

(7) 会议信息编发的形式主要是会议简报。会议简报具有“简、真、新、快”的特点。每期字数在二三千字左右,内容广泛,编发速度快,仅供会上交流之用。也可带回作为宣传、传达的材料,但不能公开发表或引用。

2. 会议期间的事务工作

(1) 接站。即在与会者到达的机场、码头、车站迎接,并安排好车辆。迎接时应树有醒目标志。与会者分批到达时要避免漏接。

(2) 报到与签到。报到是指办理了到会的总的手续,但不一定证明其参加每一次具体的会议活动。而签到则是在每一次会议活动的签到簿上签名,证明他参加了这一次具体会议。报到时,行政人员要做好以下工作：第一,查验入场凭证和其他有效证件;第二,请报到者填写有关登记表,如姓名、年龄、性别、单位、职务、联系地点,既证明他已报到,又可据此编制会议通讯录;第三,发给文件材料,包括会议日程表与会议注意事项,如有保密材料应让其签收,并嘱其妥善保存,会后交回;第四,接收报到者带来的需要在会上分发的材料;第五,安排住宿或引导报到者进入会场。签到的方式有簿式(与会者在事先准备好的簿子上签署自己的姓名以示到会)、卡片式(将印制好的签到卡片预先发给与会者,开会入场时签上名交给行政人员即可)和计算机自动签到(将签到卡片送进签到机,显示器上立即会显示出与会者的姓名、职务、年龄、编号等系列资料数据,并自动统计,贮存)等。

3. 会议现场服务工作

(1) 会场服务包括引导与会者入席、退席以及纸笔和茶水供应,指引与会者使用会场的生活设施,照顾与会人员会间休息,满足与会人员的临时需要,等等。

(2) 会场服务还包括接听会场外打来的电话,接待来访的客人,尽可能排除场外因素对会议的干扰。

(3) 小型会议由行政人员服务,大中型会议则应组织其他工作人员协助行政人员做好会场服务工作。

(4) 会场临时调度。当会场发生意外情况或意外事故时,行政人员应及时建议会议主持人修改会议程序或暂时中止会议,必要时协助主持人,组织与会人员撤离会场。

(5) 会议期间要为与会者的吃住行提供全面的服务。对于与会者的合理要求要予以满足。要认真做好与会者回程票的预订工作。除了后勤服务外,还应安排文化娱乐活动,使与会者劳逸结合。

三、会后的总结工作

1. 会议效果的衡量

一次会议结束以后,要认真地总结经验,肯定成绩,找出差距,有的要向上级领导进行汇报。总结的内容之一,就是对会议效果进行评估。有一种简单的做法是:在出席者离开会场之前,请他们填写一份事前准备好的简单表格(见表 10-4)。

表 10-4　会议效果评估表

● 为什么要出席这次会议?	
● 这次会议对你有用吗?	是或否
● 你畅所欲言了吗?	是或否
● 你对会议的主持方式满意吗?	是或否
● 作为这次会议的结果,你知道自己将做什么吗?	是或否
● 还有哪些事情尚未完成?	
● 进一步的行动由谁来负责?	
其他意见	

得到这些问题的答案(即使无人填写"其他意见"),你就能评估这次会议。如果下次再开会的话,便能做得更好。

2. 会后的事务工作

会后事务主要有会场清理、人员离会、会议决算等方面。

(1) 会场清理。会场的临时布置(如会标、彩旗、盆景等)应撤除,一切用具、用品要清点、归好。搬动过的桌椅要恢复原样,会场地面、门窗应清扫、擦洗干净。尤其是会议所要参考、学习的文件应收齐、归档,废弃的文书应回收,用碎纸机销毁,不留纸屑,这也可防止泄密。

(2) 人员离会。跨地区的会议要及时安排与会人员返回。应提前准备返程车、船、机票或送行的交通工具。住宿的应结清账目,不遗留带来的文件、物品等。会后的送行与会前的迎接应同样的热情、周到。

(3) 会议决算。开会既有预算,必然也有决算。会议过程中的一切花费,应严格按照预算计划开支,因此决算应与预算大体相当。一般会议实到人数小于应到人数,那决算也应该略小于预算。也可能实到人数大于应到人数,或由于会议延长会期、增加活动等其他原因造成会议增加开支的,其决算也就大于预算。这应在决算表中注明情况,然后提交领导审核,再到财务部门结账。总之,办会应注意节约,切不可大手大脚、铺张浪费。

(4) 会议文书的立卷归档。

总之,要召开一次成功的会议要做到充分准备、严密组织、服务周到、确保安全。

第三节　会议的成本和效率

会议是提高管理者工作效率的一个重要手段。计算会议成本就是为了通过会议的实际投入与会议效益相比较来控制和降低会议成本,以提高会议的效率和质量,使会议为管理者带来更大的帮助,而不是成为管理者的包袱。下面我们就从会议的成本和会议成本的控制两方面来阐述。

一、会议的成本

1. 管理上的效益

有效的会议能使我们取得很大的管理效益。其具体的效益在上述“会议的作用”中已有体现。如果用公式可表述为:

会议的管理效益＝会议成本⟶无限大

该公式的含义为:不成功的会议,会使我们损失(在可计算的范围内)至少是整个会议的成本。什么是不可计算的范围内,就是因为去开会,我们可能不能及时接听一个重要客户的电话而损失了一大笔生意,也可能不能及时处理顾客的投诉而开罪一批用户等。这些都是有可能发生的情况。“无限大”的含义是,当我们成功地召开了会议,凝聚了人心,众志成城,齐心协力,目标一致,共同努力,那它所产生的能量,所带来的效益将是无穷大的。

2. 经济上的效益

经济上的效益一般是可估算的。当然,管理上和经济上的效益两者不能截然分开。因为管理效益最后也要通过经济效益来体现。

(1) 会议成本的计算。目前国外企业普遍采用的会议成本的计算的方法为:会议成本＝隐性成本＋显性成本。

隐性成本＝2ABC,其中,2是常数,指管理人员为开会而中断日常工作所造成的损失;A指该单位每小时全部平均工资的3倍;B指与会者的人数;C指会议时间(小时)。

显性成本＝会议设施租用费＋会议场地租用费＋旅费＋食宿费＋文件资料准备费等

(2) 会议成本公式的含义。一是与会者的工资、收入。计算方法是,将其个人的平均小时工资收入之和乘以其实际参加会议时间(小时),即得出该人此项时间价值＝A/3C。再将所有与会者各个人的此项时间价值相加，因为个人的收入是不等的，也是个人的隐私，故只设一个大致的平均值，约＝ A/3BC

二是因参加会议而减少的个人工资收入之和以外的劳动产值。在任何一个社会性组织中，个人劳动产值总是大于其工资与其他收入之和，不然，该社会组织就无法维持再生产，哪怕是简单再生产。个人劳动产值一般为其工资与其他收入的 3 倍以上，这里取 3 倍。也就是说，因参加会议而减少的个人工资与其他收入之和以外的劳动产值，约＝ 3A/3BC＝ABC

三是因参加会议而引起的经常性管理工作停顿所造成的损失。管理工作千头万绪，盘根错节。由于开会，往往会使相关的管理工作被削弱。例如，不能接见有关人员（包括本单位和外单位），会耽误这些人的时间和工作；不能及时处理一些重要的、紧急的事情，可能会因错过时机而失去一次重大成功的机会。这种种损失，以上述两项之和的两倍计算，这样就是＝2ABC。

四是显性成本，就是会议的实际经费开支。如会议室租用费，文件、材料制作费，会议用品费，交通费（乘坐飞机、车、船等费用），会议人员路途、伙食补贴、住宿费，工作人员伙食、住宿、补贴，如请主讲人，主讲人的费用等。

这样一计算，会议的成本真的是非常大的。正因为会议成本高，所以，会议成效成为很多管理者关注的问题。美国和日本都很重视对会议的科学组织和管理。1987 年美国报刊列出的最吃香的 25 个职业中，就有一个是“会议策划专家”。日本的一些工业公司，每次开会时，都要把会议成本分析账挂在醒目处，以提醒与会人员节约时间，提高会议效率。还常邀请会议研究专家作为旁观者参加会议，请他们对会议质量进行评估，提出建议。

二、控制会议成本的途径

1. 增加会议成本的表现

要了解减少会议成本的途径，我们先来看一下增加会议成本的表现：

(1) 会多成灾。召开会议是党政机关、企事业单位重要的工作方法之一。它在发扬民主、沟通信息、加强联络等多方面发挥着不可低估的作用。但是相当长一段时期来，“会多成灾”已成了人们公认的事实，我们形象地称之为“会海”。其表现是遇事无论大小，一律都要开会，似乎会开得越多，办法也就越多，工作也就能干得越好。如果任其发展下去，不仅会大大削弱会议的作用，而且将造成无法估量的损失。

会议多是世界各国普遍存在的问题。国外有些会议研究者发现，企业经理在会议上所花费的时间达 50％以上。据日本效率协会统计，全日本科长以上管理干部工作时间的 40％是在开会。

我国 20 世纪 50 年代曾反对过的“五多”之一是“会议过多”;80 年代依然如故。有人调查后发现,某行政机关科长以上干部,每月仅开会,就占去整个工作时间的 40%以上;一位副市长每月参加各种会议,竟占去整个工作时间的 60%—80%,其中约有 1/3 的会议,是可参加可不参加的。时至今日,会议成灾仍未得到控制。请看一位全国人大代表、市委书记含带苦涩给自己写下的这副对联:“这文那文‘文山’高百米何时可越过,会来会去‘会海’深万丈哪日能跳出。”他向记者提供了一张 1989 年参加会议的统计表:全省性会议 11 次 68 天。市直机关各类会议 113 次 64 天,市委会议 83 次 58 天。平均每星期赴会 4 次,全年有一半多的时间泡在会里,真所谓大会三六九,小会天天有。

(2) 吃喝玩乐成风。近几年来,会议泛滥之势更是史无前例。究其原因,主要因素是开会能提供公费或免费吃喝玩乐的机会,且又能名正言顺地不工作,真是何乐而不为呢?一些全国著名的旅游城市,如昆明、哈尔滨、杭州等地,一年都有好几个月泡在“会海”中。北方某大宾馆的经理对采访他的记者说:“我们宾馆的生意很好,一年到头客房都是爆满的,但赚的全是会议经费。”

举办会议是虚,吃喝玩捞是实。有些会议举办单位,会前根本不做资料和文件的准备,也没有什么议题,却热衷于筹办酒席、购置礼品。有些代表参加会议也不做任何准备,只是带一张嘴巴、一双手,吃喝风十分普遍。就是最正规的学术性会议,最后也免不了吃上一顿,更不用说有的专以会议为名,大吃大喝了。酒席的规格越来越高,几百元一桌到上千元一桌,某些会议照吃不误。吃了还要玩,因此会议都选旅游点去开,有的开了几年会,五湖四海都玩遍了。临走时还要捞上一把,礼品也在升温,最初是从一支圆珠笔开始,现在已发展到送照相机、毛毯、手提电脑的程度。为了筹集吃喝玩乐的款项,“以会养会”早已是公开的秘密了,乱拉赞助,乱收会务费,各种不正之风纷纷显灵。简化会议已成为当务之急。

(3) 空谈成习。有的会议,会前不做充分准备,既不定议题,又不备文件,泛泛而谈,不着边际,结果,议来议去,解决不了实际问题。

2. 控制会议成本的途径

如何才能控制会议的成本,提高会议的效率呢?主要途径有:

(1) 会议数量控制。为了切实减少会议数量,要做到可开可不开的会议坚决不开,涉及相关工作的会议合并开,能用其他形式如公文、现代通信手段等解决问题的会议不要开。总之,会议要“少”而“精”。

(2) 会议经费控制。就是对会议使用的经费要严格管理、监督,提倡勤俭节约,杜绝滥花滥用。会前就要做好成本预算,严格控制成本,提高人们对会议效率的意识。这对实行会议控制,也有意义。

(3) 会议内容控制。主要是对目标、议题、发言的控制。要做到目标不明确的会议坚决不开,准备不充分的会议推迟开,议题过多的会议分段开,发言时无轨电车不准开。

(4) 会议规模控制。就是要严格控制参加会议的人数,建立全局性会议的审批制度,克服凡会必请主要领导到场讲话的倾向。

(5) 会议地点控制。就是要内外有别,要限制在旅游风景区召开会议,反对利用参加会议游山玩水。会场选择要经济实用,反对动辄借住豪华宾馆。如有条件,提倡开电话会议。

(6) 会议时间控制。尽量做到长会短开,准时开会、准时结束,对发言时间进行限制,已有书面文件的,不必照本宣读。对一个单位内的所有准备召开的会议,在时间上要统筹安排,避免重要会议在时间上重叠。为此,有的单位提倡实行站着开会或发言限时的做法。值得我们借鉴的是美国耶鲁大学。在其300周年校庆中,校长的发言总共不到1分钟,核心内容是:耶鲁,我们的耶鲁,自始至终坚持为人类文明和社会进步服务的理念。①

【知识要点】

1. 会议的严格定义应该是:某一社会群体为解决某一问题而吸收有关人员进行讨论、商议或表决的一种组织形式。它是人类社会一种有组织的正式活动形式。

2. 会议的作用有五点:会议是组织存在的表现;会议是领导活动(决策)的有效手段;会议是发扬民主、统一思想的表现方式;会议是群体沟通的良好方式;会议是集思广益的渠道。

3. 会议的局限性主要表现在:会议只是整个工作过程中的一个环节,只能解决部分问题,而不能解决全部问题;会议只是工作的手段,不是工作的目的,更不是工作的结果。

4. 要组织一次成功的会议,必然要包括会前的精心准备、会中的周全服务、会后的及时总结三个主要阶段。

5. 会前的准备工作主要包括:会议筹划、会场布置工作、会议文件的制发、会前的接待和检查工作等内容。

6. 会议筹划就是制订会议计划。会议计划一般包括三部分内容,一是确定会议的要素;二是拟订会议的日程;三是预算会议经费。

---

① 耶鲁是有300年历史的名校,出过5位美国总统,是美国造就国家首脑最多的摇篮。毕业生中有16位诺贝尔奖和80位普利策新闻奖、奥斯卡奖得主及无数出类拔萃的人才。

7. 会议要素包括：会议目的、会议名称、会议时间、会议地点、与会人员和会议议题等6个方面。

8. 拟订会议日程包括确定会议方式，明确会议的议程、日程和程序。

9. 会场的准备工作包括6方面的内容：座位排列形状设计；场地划分；安全保卫措施；视听器材和通信线路的落实；会场气氛布置；主席台的布置。

10. 会议文件有两大类：一类是供会上学习参考的文件资料，另一类文件就是会议本身所产生的文件。

11. 会议信息工作的基本程序是：记录、核实、汇总、整理与筛选、编写、发送或归档。

12. 会议期间的服务工作有：接站；报到与签到。

13. 会后的总结工作包括：会议效果的衡量；会后的事务工作(会场清理、人员离会、会议决算、会议文书的立卷归档)。

14. 会议成本的计算方法为：会议成本＝隐性成本＋显性成本。其中，隐性成本＝2ABC，其中，2是常数，指管理人员为开会而中断日常工作所造成的损失；A指该单位每小时全部平均工资的3倍；B指与会者的人数；C指会议时间(小时)。显性成本＝会议设施租用费＋会议场地租用费＋旅费＋食宿费＋文件资料准备费等。

15. 增加会议成本的表现：会多成灾、吃喝玩乐成风、空谈成习。

16. 控制会议成本的途径有：会议数量控制；会议经费控制；会议内容控制；会议规模控制；会议地点控制；会议时间控制。

【案例及思考】

会务组织与安排[①]

10月18日的交流会，王琳也算临危受命，但她愿意挑战自己，挑战未知。她相信机遇偏爱事先有准备的人，只要自己提前做好各项准备工作，把各个环节考虑得尽可能详尽周到，把问题消灭在萌芽之中，这样发生不测的可能性就会大大降低。她要争取把不可控的因素化解为可控的，至少是在预料之内的或可预测的。在每个关键的环节，她想应该考虑可能出现的问题，问题出现后又将采取什么措施来解决。这样一切工作都有备无患，只要准备阶段的工作做好了，以后的工作就可以按部就班，会议的成功也会水到渠成。

王琳在自己的心里先理了一条线，会前需要做哪些工作，会中又有哪些

① 摘自孙秀丽等编著：《第一次做高级秘书》，第139—146页。

工作，以及会后还有哪些工作。

她都先在纸上一一罗列出来：

会前，会务组织——会议主题确定；与会人员确定；会议议程和日程安排；信息收集整理、会议文件准备；会议通知；会议经费预算；食宿安排；接送车辆安排；会场布置。

会中，会务管理——事务性工作；组织联络工作；文字工作。

为了筹备好这次会议，许总也给予了极大的支持，特授予王琳一定的人事调动权，并要求公司各部门要予以尽可能的协助。这使得王琳筹办会议的工作在公司内部是一路绿灯。但王琳不想滥用这个权力，一方面是公司中每个人本来都有自己的工作，如果自己唐突调人，必定打乱原来的编制和任务安排；另一方面，她也不想给许总添麻烦，让别人说自己当上秘书才几天就狐假虎威，对自己和许总都会造成不良的影响。再说，这也是自己的一次锻炼机会。所以，她请示许总，只有自己实在忙不过来的时候，再给自己增添帮手。许总欣然同意。

在许总授命王琳担任会议总负责人那天，王琳就和许总讨论了会议的主题。许总说："这次交流会的关键就是要让大家突破在小圈子里恶性竞争的意识，我们应该强调把蛋糕做大，而不是盯着那个小小的蛋糕，想着我要分哪块。这次会议要强调的是我们在这个集团内就是一家人，我们应该学会资源共享，信息共享，才能在扩大的市场上每个饭店都获得比以前多得多的利润，不要窝里斗。其实，我们把每个饭店成功的地方、失败的地方摆出来，大家共同讨论解决，每个饭店都会获得更多的有益经验，可以借鉴。每个饭店可以在各自之间进行比较，分析我差在哪里，我为什么差，为什么别人能做到的我不能做到。这样激起饭店的雄心壮志，也许不久我们就会获得大大不同于现在的业绩。"

按照许总的意思，王琳拟定了会议主题：饭店经验交流，提升集团优势。

在确定与会人员时，王琳建议许总，这次会议是否可以考虑只召集总经理前来交流，而财务总监可以考虑在以后有足够的经验之后再扩大范围或召开专门性的交流会。"许总，我可不是为了减轻工作量哟。"王琳以开玩笑的方式阐明了自己的态度。王琳的想法是，首先作为一次尝试性的会议，应该尽可能地把会议掌控在可操控的范围之内；其次，人太多，也不一定能取得更好的效果。后来，许总与董事会讨论后，决定采纳王琳的建议，把与会人员只确定为各饭店的总经理。

因为交流会的时间为一天，王琳在充分考虑了各种活动和会议内容之后，并请示了许总的意见，对会议日程安排如下：

日　期	时　间	内　容	地　点	备注
10月18日上午	8:00—8:30	许总讲话	公司会议室	
同上	8:30—11:30	各饭店总经理发言	同上	
10月18日下午	2:00—4:00	讨论	同上	
同上	4:00—5:00	许总总结	同上	

信息收集和准备材料花了王琳较多的时间，一方面她要收集相关的信息资料，包括国内国外饭店管理公司概况，以及目前我国和世界饭店业的现状等，作为许总确定的议题的重要依据。另一方面她得早点把许总的讲话稿草拟出来。事情得做到前面去，王琳总是这样想。而且信息搜集和准备是会议成功与否的关键所在，所以她从一开始就没有放松信息的收集。这一切都紧锣密鼓地进行着。她动用她可能动用的资源，包括发放问卷，向自己的大学同学请教、网络搜索等。信息的收集、准备使她对目前管理公司的总体情况以及各饭店的实际情况有了全面的把握，她对会议的成功充满了信心。

离会议的召开还有9天的时间时，她赶紧把会议通知用传真发给各饭店总经理秘书。虽然之前已经通知过各饭店，但因为会议中涉及各饭店总经理的讲话和讨论，她希望各饭店也是有备而来，真正把会议讨论的气氛调动起来，才能够解决一些实际的问题，取得预期的效果。所以应给他们留够准备时间。另一方面，她还需要各饭店能够提前把他们的讲话内容和问题发过来，以便提前对会议做好内容安排和引导，保证会议正常有序地进行。王琳是个善于为他人考虑的人，当然这样也有利于自己工作的开展。她的通知是这样的：

通　知

××饭店：

TMY酒店管理公司为了促进各托管饭店的发展和壮大，拟定于2001年10月18日在我公司会议室召开经验交流会，会议以讨论形式进行，会期一天。敬请贵饭店总经理××提前做好准备，届时请准时参加。

此致！

TMY酒店管理公司总裁行政助理王琳

2001年10月9日

接着，王琳就陆续收到各饭店总经理秘书的复函，说总经理届时将准时参加，并将各自的讲话稿传真过来。有的饭店离公司较远，当天不能往返

的，请求王琳安排接送和住宿事宜。王琳分别与各饭店总经理秘书确定每位总经理的到达车次、航班，又及时把这些信息传递给车队，保证到时能准点准时接车。

由于公司有直营的 TMY 酒店，根据对方秘书要求的档次规格，王琳又为与会人员定好房间。

一切总算准备就绪，今天已是 18 日了，已是检验王琳工作成果的时候了。

今天一早王琳就到了公司，再度把会议室检查了一番：大幅标题端端正正地挂在正前方，照明、音响、录音设备也准备得一应俱全。环形会议桌中央的花卉显现出勃勃生机，好像预示着会议将取得圆满成功。

早上 7 点 30 分左右，就有总经理陆续到达。王琳早已等候在会议室外，一一把各位与会人员引领进会议室。

8 点，会议准时开始。王琳坐在许总身边，现在她的工作是做好会议记录，把每个人发言的要点、提出的问题、存在的分歧点、会议的结论等如实地记录下来。从许总讲话开始，会议就处于一种激情高涨的气氛中，各位总经理对许总的看法深有共识，以前只是苦于没有这样的机会。所以大家的发言都很积极踊跃，有的问题是无须争议的，有的问题则存在严重分歧。比如，如何建立自己的网络预定系统的问题，有人说要各饭店集资自建；有的说加入国际大型饭店现成的预定网络系统。王琳的脑子转得飞快，她得把各位的发言先过滤一下，提炼出他们的谈话要点。这时她速记的优势终于发挥出来了。上午会议结束时，王琳写了密密麻麻满满 10 页。她的会议记录的结构是这样的：

会议名称：TMY 酒店管理公司饭店高层峰会
会议时间：10 月 18 日上午 8:00—11:30
会议地点：TMY 酒店管理公司会议室
出席者名单：（各饭店总经理名单以及公司部门经理名单）
应到人数：22 人
实到人数：22 人
主持人：许海瑞
记录员：王琳
会议内容：……

上午会议结束后，王琳让小刘安顿好各与会者。王琳自己还得加紧在下午会议开始前写出会议简报，把上午会议的情况、进程，会议讨论、争论的问题以及所有发言的要点总结一下，使许总和各位总经理能够及时了解会

议的情况和讨论结果。

下午的会议出现了一点小插曲。HY饭店的李总经理认为许总提出的价值增值方案难度太大。前一段时间，许总就到这家饭店去考察过，觉得这家饭店的漏洞太多：管理层态度消极，对新方案的实施抵触情绪很大，很多中层经理没有发挥应有的管理监督作用；一线员工素质参差不齐；饭店缺乏有效的激励约束机制，干好干坏一个样，很多人的积极性没有有效地调动起来。许总当时的意见就是要使饭店业绩有所改善，首先得对人员结构进行调整，该撤的撤，该升的升，该辞的辞，该奖的奖。李总觉得这个难度太大，牵涉太多的人事关系，怕自己有一天"官位"不保。所以今天他把这个问题带到了会上。

许总说："首先，我得肯定你的勇气，你能把这个问题带到会上来，说明你还是有胆识的。但是你的胆量用错了地方，你不应该想着拿它来和我讨价还价，你的顾虑太多，所以你的改革就会有很多阻力。其实，你没看到，我们这儿在座的各位，谁没有经历过你的那一步？他们当时也有你的那种想法，担心得罪人，担心下级不服从。有这些顾虑是正确的，但决不可以就此成为妥协的理由。你要做的是把这些问题解决好，而不是绕道行走。在这样一个激烈竞争的市场环境中，不进则退，你的所作所为，将无异于把饭店推入死亡的深渊！你若觉得不好做，不推行，我同样可以先撤了你！"这是王琳第一次听到许总这样言辞激烈的讲话。王琳想，这也许就是作为领导的风范吧，该强硬的时候就得强硬。

李总涨红了脸，别的总经理也都僵坐在那儿。这是个异常紧张的时刻，大家都保持着沉默，会议室出奇的安静。王琳见状，心想大家可别就此"静坐示威"，得赶紧把这个难关渡过去。但是一方面她得考虑许总讲话的效果，太早打破僵局，许总讲话的作用就会大大削弱；但如果没有人来打破这个局面，李总的面子上过不去，后面的讨论也无法进行。

于是过了两分钟，王琳站起身来，一一给许总和其他总经理续水。就这个小小的举动，打破了会议的气氛。李总说："大家能做到的，我也能做到。"许总要的就是这句话，他的语调也一下子缓和了许多："推行新模式，总会受到这样或那样的阻力，其中最为强大的阻力不是资金，不是技术，而是人。但是我们又不能绕开它。各位的难处，管理公司不是不知道，所以我们会尽量帮助大家解决这个棘手的问题，得罪人的事让我们去做。你们的任务，就是在新体制下加强管理，严格绩效考核。"这个问题总算解决了。王琳心里悬着的石头也总算落了地。

后面的会议进行得很顺利。

会后，大家对会议的效果很满意。大家都认为通过这种交流，互通有无，各个饭店对自己的长处和弱点都有了比较清楚的把握。而且把问题提出来，大家出谋划策，集思广益，有助于有效地解决各自的经营管理难题。总之，这次会议达到了预期的效果，各饭店对公司的信心和信任提高了。王琳及时把大家的这些信息反馈记录下来。

散会之前，王琳把代购的车票、机票发给各总经理，然后通知车队把他们高高兴兴送到车站、机场。更繁重的任务还在后面：下午的会议记录得再加工加工，上下午的会议纪要要赶紧整理出来，争取明天给许总和各饭店发一份。趁热打铁效果最好，高效率的工作，也是公司形象的反映。王琳常常把自己当作公司的形象大使。不过，要收获就得先付出，王琳又得加班了。

请问，从王琳的会务工作中，你得到哪些启示？

分析提示：

会务该如何组织与安排，是一个非常繁琐而又细致的工作，每个环节环环相扣，往往是一个环节没有处理好影响整个会议的质量。王琳应对得从容而规范，值得每个行政人员学习和借鉴。

【思考题】

1. 请问会议有哪些局限性和作用？用具体实例来分析你所在的单位哪些会议需要开，哪些会议不必开。

2. 请举一实例说明，举办一次会议有哪些具体的会务工作？

3. 会议成本的公式是什么？请按会议成本公式，计算一下你单位曾开过的某次会议的成本。

【拓展阅读】

2001年上海APEC会议会务工作花絮[①]

安检严密精细

一、紧锣密鼓“安保战”

为了确保会议能够安全进行，上海警方抽调了上万警力，就APEC安保工作进行了数次演练，让上海成为“世界上最安全的地方”。

中央会场戒备森严。作为本次APEC会议的中心会场，位于浦东新区的上海国际会议中心及周围地区自然成了安检的重中之重。从工作人员的门卡到记者的手机，从摄像设备到饮料食品，安检人员对每一样物品都严格

① 资料来源：整合自2001.6—2001.11，新华网、人民网、中国青年报、合肥晚报等各公开媒体和网站的信息。

把关,在会场内外筑起了一道“安全防线”。

早晨 6 点钟,所有记者都早早来到距离会议中心百步之遥的国际新闻中心接受安检。在国内召开的国际会议采访中,提前安检这么长时间还不多见。每一项安全检查都格外细致,每位记者都必须通过安检门的 X 射线扫描仪,此外,记者随身携带的仪器也要经过周密检查,手机要重新开机,采访机要当场播放,摄影记者的照相机都必须按动快门试拍一张照片。这些都是必需的防爆检查。就连饮料也成了安检对象之一,一位记者被要求当场喝一口随身携带的可口可乐,据说是为了预防液体炸弹。

新闻中心出口处有一条十分可爱的小狗,名叫 Steve,它是专门负责检察会议场地中是否藏有炸弹的工作犬。

二、五星级饭店装上“电子眼”

从 10 月 11 日开始,上海各大五星级饭店与各个展场内都展开了严密检查,进饭店安检严密程度绝对不输于搭乘飞机。担负主要安保工作的武警上海总队制订了一系列详尽的方案,让恐怖主义在上海没有空间。包括浦东香格里拉、金茂凯悦在内的酒店地下停车场一律不准停放外来车辆;大门也都架设起由北京公安部运来的电子检查仪器,包括行李检查仪与电子安检门。饭店接待员笑脸盈盈地要求进入饭店的旅客把手表、手机卸下,随身行李送进检查仪,然后通过电子安检门。安检人员要求所有旅客携带的手提电脑当众开机,以严防任何意外。饭店再气派的门厅都被挂上红丝绒,禁止通行;宽敞的门面被缩小成狭窄的通道。

三、海陆空推出安检新举措

APEC 会议期间,前所未有的大量专机将飞临上海机场。上海方面已进一步强化了空港的安全管理。专门成立了航空安全委员会,对两个机场的安全实行统一管理、监督和指挥,细致周密地制定了 APEC 机场程序,并成功地组织了着陆系统、消防、旅客疏散三次演习。

在上海虹桥机场,除了正常的安检人员外,不时可以看到武警巡逻小分队流动巡逻。上海浦东机场的专机坪早已封闭,并新增了 30 万平方米,可同时停放 22 架大中型专机,上海浦东机场已成为世界上第一个可同时接待 15 位元首级贵宾的机场。

上海市界与外地衔接的关口自 10 月 1 日起也增加了荷枪实弹的武警进行临检。沪杭高速公路、沪宁高速公路的边界上都有武警盘查进出车辆,往来的货车都是临检的重点。同时,有关部门还加强了周边水域的巡逻。

通讯全方位有保障

APEC 会议前夕,上海电信、上海移动和上海联通等电信部门通力合作,已顺利完成了 16 项通信保障任务,海底光缆、卫星地球站及机动卫星车组成的多重保险的通信服务保障体系将为与会者提供全方位的通信服务。

会场布置精美

APEC会议新闻多，新闻中心有时一天要举办八九场高级别新闻发布会及记者招待会。每一场会议都在不同的会场、都有不同的布置要求，从主席台桌椅到记者用椅，从讲台到话筒，从饮水到水杯，从标题纸到会议专用铅笔，从鲜花到绿化布景……一切的会务配置和礼仪接待都马虎不得。有的发布会，世界主要媒体还要进行现场直播。APEC双部长联合记者招待会前夕，中心工作人员熬了一个通宵，更换了主发布厅的巨幅背景；赶制了符合电视上镜效果的主席台台前围裙；还调试了话筒音箱，仅更换话筒及同声翻译器的电池就达2 000多节。礼仪小姐要同时迎接42位贵宾上台，并承担其他发布会礼仪服务，她们抓紧会议间隙熟悉贵宾出场线路，从立姿、走姿、指引手势及问候语都反复操练，确保以最好的环境和最优的服务迎接嘉宾。难怪，美国国务卿鲍威尔的保镖是跷着大拇指向工作人员告别的。

会议服务热情周到

一、协调员室内“马拉松”

为使记者们得到最便捷的服务，新闻中心专门在电子媒体记者工作区、文字记者工作区、东道主转播中心、APEC新闻组工作区四个重点区域设置了专人，进行现场协调。这些协调员得在各个区域不停地巡视，尽力解决各方提出的合理要求，诸如增加饮水机、添置桌椅、配置纸笔等。自中心启用以来，现场协调员来回奔波，每天在室内平均要走二十多公里的路，相当于两天一个“马拉松”，一半人脚底都起了水泡。

二、为穆斯林准备祈祷室

在APEC新闻中心的一角有一间不起眼的小屋子。与中心的繁忙热闹相比，这里显得十分安静。屋子的门口贴着“祈祷室”的字样，一旁的表格上用中文和阿拉伯文写着10月份每一天晨礼、上礼、晡礼、昏礼、宵礼的精确时刻。10平方米大小的屋子里，铺着绿色的地毯，还有两块墨绿色的垫子。据了解，这是2001年APEC中国筹委会为穆斯林特意准备的。上海浦东清真寺的一位阿訇介绍说，拜垫摆放的方向朝着麦加圣地，拜垫上的图案是麦加的天房。

三、忙碌的幕后群体——“82001APEC服务热线”

“82001APEC服务热线”是上海电信公司在会议期间特别推出的信息咨询服务热线，能够提供24小时全天候的会务、新闻、生活等各个方面的信息服务。

用热线服务方式为大型国际会议提供全面服务，在我国尚属首次。热线专门为大会相关代表、组委会、政府官员、记者及有关工作人员设立了

82680秘书服务热线。这条热线在大会期间提供在线翻译、传真收发、重要事件提示、紧急事件通知、预约代办等各种新型的会务服务。如大会秘书处遇有紧急事项需立即通知到有关会议的代表或工作人员，过去是按代表名录逐一打电话通知，现在可通过“秘书服务热线”采用“集群呼叫”方式，迅速地将信息同步通知到所有相关人员。过去咨询项目全部由会议组织者承办，这样大的服务量不仅令主办者难以承受，服务的质量也会打折扣。通过热线服务，许多会务在电话中就能解决，大大提高了会议的效率和组织能力。

四、精美的记者手册

所有的记者都领到了一本精美的记者手册，上面详细地介绍了会议主会场、新闻中心、会议公共服务等资料，甚至还将在上海的电信、商业、医疗服务、银行服务、手机出租等都做了详细介绍。在记者定点宾馆和新闻中心之间，每20分钟有一趟班车发出。

参观考察江南风情

当出席APEC贸易部长会议的代表团转赴水乡周庄继续开会时，部长和代表的夫人则开始了在上海的观光之旅。松江、上海博物馆、新天地、南京路……传统与现代交织在一起的上海，令大家赞叹不已。

饮食安全有特色

一、卫生监督人员“现场坐镇”

当地卫生防疫监督部门的工作人员在饭店餐厅“现场坐镇”，可说是一件新鲜事。他们不但会随时抽查饭店采购进货、烹饪制作等各项流程，而且要求饭店把每天供应的食物留样，保持24小时，以备特别检查。

据了解，上海APEC会议期间所需的农副产品中，80%的蔬菜，五成以上的肉类食品以及禽、蛋、水产、豆制品等都是“定点生产、定点加工”的。

二、酒店服务人员练“走路”

浦东香格里拉大酒店的宴会服务人员都经历过严格的“路线演练”。手持托盘，沿着精心设定的线路，在同时可以容纳1 600多人的宴会厅里一遍遍地穿行——这看似简单的走路练习中，其实蕴藏着不少“巧心思”。

路线的设计，不但严格遵循外交礼仪，还充分考虑到每一位宾客的饮食偏好和特殊要求。APEC会议期间，浦东香格里拉大酒店要接待不少外国贵宾，为了“投其所好”，酒店的工作人员首先向各国使领馆虚心“求教”，细致了解入住贵客的饮食习惯，精心设计宴会服务的路线。

练习上菜，也颇有讲究。一些外国客人有素食、清真饮食习惯，酒店为他们特制了菜肴，而宴会服务人员则必须反复“走位”，记住这些客人的座位，送上的每一道菜都不能与同桌的其他客人混淆。

三、传统特色浓郁的晚宴

金茂凯悦大酒店举行的晚宴，则洋溢着中国传统文化的气息。宴会色调用的是喜庆的红色，主席台天幕是红色的，每一张餐桌上放的绣球花是红色的，服务员穿的中式上装是红色的，主席台上8扇中国传统雕花木门还是红色的。晚宴开始前的序曲由主席台天幕后的四面中国鼓擂响，两大两小，大的鼓面直径超过1米。隐隐见到天幕后四个壮汉正有节奏地挥动鼓槌，两头狮子踩着鼓点，上下翻腾，引得宾客很有兴致。

晚宴的菜单也颇具特色，中英对照文字印在一把把做工精细的中国折扇扇面上，那中文是竖写的毛笔字。不少宾客细细端详，继而轻轻摇曳，并收藏起来。

会议操作：国际惯例

一、会展公司负责整个会议的预结算

承办这次会议，上海积极借鉴国际先进经验，运作采取了市场手段。上海市市长徐匡迪透露，上海没有特意为这次会议大兴土木，科技馆的建设早在规划之中，新闻中心是会议中心的配套设施，只不过是提前使用。截至10月14日，上海市的投入不到3亿元。这些钱大部分投入内部设施的建设，特别是通讯领域，包括光通信、宽带传输等项目。

为了办好今年的APEC会议，上海市专门投资成立了上海会议展览公司，对会议进行市场化运作。上海会展公司将按照国际惯例和市场运作的方式负责APEC会议的场地、设备和车辆的租赁、酒店住宿的安排、各种相关酒会参观活动的组织以及整个会议的预算和结算。客人住、行全部发包给会务公司。上海会展公司按照市场价格把会场准备工作发包给专业的会务公司，由他们布置会场，调试设备，再把车辆调度发包给4家汽车服务公司，由汽车公司组织安排与会代表的用车；与会代表的住宿同样发包给24家4星级以上的酒店，由酒店方面负责与会代表的住宿。

二、所有会务，均由志愿者无偿承担

过去政府承办这样的大型会议，往往要抽调很多工作人员，还是显得人手不够，现在按照市场化来运作，这种情况就得到大大改观。现在，所有会务工作，都由1 000多名能双语服务的志愿者无偿承担，这也是国际惯例。

三、新闻发布、资料发放，都是英语

会议的工作语言是英语，因此，无论是新闻发布会，还是资料的发放、通知的告知，均采用了英语。在记者咨询台，连记者申请采访的表格都是用英语制作的。

四、数字化的信息服务

数字化是上海APEC国际化的另一个特点。除通知以外，大会所有的信息都是通过国际互联网及时发布,为此,大会设立了专门网站。要索取信息,轻点鼠标即可。

五、会议费用新尝试

上海APEC在费用方面做了一个新的尝试。这次接待任务当中,除了政府邀请的客人由政府支付费用外,其他人到上海来开会一律自费,包括记者和一些商务代表团。

阅读提示:

上海APEC会议是一次举世瞩目高规格的国际性会议。上海APEC会议之所以成功举办,与它缜密的安排与布置、高质量的会议服务密切相关。学习上海APEC会议的经验,能使学习者和行政人员得到会议管理方面的诸多启迪。

第十一章　文书处理与档案管理

本章基本问题

文书处理和档案管理是行政人员需要掌握的一门重要的理论和技术。行政人员首先要做好发文和收文。在做好发文和收文的基础上进行文书管理，内容包括对文书的数量管理、质量管理、时效管理、保密管理，以及文书的立卷与归档管理等，使得各种文书既方便查找、调阅，又妥善保管，不遗失、不泄密。随着信息化时代的来临和电子政务的推行，文档一体化为组织高效率、高质量的管理提供了机遇与挑战，行政人员应该学会如何进行文档一体化的管理，特别是对电子档案的保管。

第一节　文书处理概述

文书是人们在日常生活、组织公务活动中广泛使用的书面材料，它具有一定的规则和体式。公文是公务文书的总称，它是组织按照特定的体式，经过一定处理程序制成，并在特定范围内使用的书面材料，是发布政令、传达领导意图、联系公务、指导和商洽工作、传递信息、交流经验、处理组织内部业务工作及记载工作活动的一项工具。简言之，公文就是处理公务、管理事务的一种书面文字工具。

文书处理，主要指行政人员在使用文书、处理日常公务的活动中，围绕着文书的拟制、办理、管理以及立卷归档所进行的一系列衔接有序的工作。

一、文书处理的内容

文书处理工作具有政治性、时限性、机要性和规范性等特点。其内容包括：

1. *发文*

从文书草拟、审核、签发、复核、缮印、用印到登记、分发等一系列处理环节。

2. 收文

从来文的签收、登记、审核、拟办、批办、承办以及催办等一系列处理环节。

3. 管理

主要包括数量管理、质量管理、时效管理和保密管理等环节。

4. 立卷归档

从整理立卷到归档保存的处理环节。

二、公务文书的种类和格式

1. 公务文书的种类

按照2000年国务院发布的《国务院行政机关公文处理办法》的规定，国务院所规定的行政公文共有13类14种：

(1) 命令(令)；(2) 决定；(3) 公告；(4) 通告；(5) 通知；(6) 通报；(7) 议案；(8) 报告；(9) 请示；(10) 批复；(11) 意见；(12) 函；(13) 会议纪要。

2. 公务文书的格式

公文的完全格式包括18项，但多数公文不完全使用格式，如无密级、附件、注释等。

(1) 版头。将发文组织的全称或规范化简称加上“文件”(也可省去)二字，用红色大字居中套印在公文首页上端。

(2) 发文字号。由组织代字、发文年度、发文顺序号组成，发文年度加括号。下方用红线与标题隔开。

(3) 印刷顺序号。即公文份数的顺序号，标注在公文首页左上角。

(4) 密级。分绝密、机密、秘密三级，标注在公文首页左上角，印刷顺序号下方。

(5) 紧急程度。“急”或“特急”，标注在公文左上角，密级下方。

(6) 签发人姓名。标注在发文字号右侧。此项只在报告和请示中出现。

(7) 公文标题。一般由发文组织、事由和公文种类组成。

(8) 主送组织。指收受、办理公文的单位，写在正文之前，标题之下，顶格。

(9) 正文。公文的主体部分，写文章的具体内容。

(10) 附件。正文内容的辅助部分。其标题置于正文之后、发文组织名称之前。

(11) 发文组织。指制作公文的单位，使用组织的全称或规范性简称。

(12) 成文日期。成文日期以公文签发或会议通过日期为准，写于公文末尾，发文组织右下方。

(13) 组织印章。用印位置在发文日期上面,上不压正文,下要骑年盖月。除有特定版头的普发性文件外,正式行文都应加盖组织印章。

(14) 注释。校注于成文日期之下,主题词之上的偏左位置。它是对正文中有关名词术语的注解,用以说明正文中不便于说明的事项。

(15) 阅读(发送)范围。加括号标注在成文日期的左下方。

(16) 主题词。概括地表述公文内容和归档的规范词,标引在公文最后一页的下端,抄报、抄送单位上端。

(17) 抄送单位。包含抄报、抄送、抄发单位。

(18) 印发说明。内容包括公文制发部门、印发日期、印发份数。①

第二节　文书处理程序

公文办理分为发文和收文。按照《国家行政机关公文处理办法》,发文办理指以本机关名义制发公文的过程,包括草拟、审核、签发、复核、缮印、用印、登记、分发等程序;收文办理指对收到的公文的办理过程,包括签收、登记、审核、拟办、批办、承办、催办等程序。

一、发文办理程序

1. 草拟、审核与签发

草拟,是文件承办人根据领导的交拟或批办意见草拟文稿的过程。草拟是公文处理的起始环节,决定着公文质量的好坏高低。行政人员草拟的一般过程为:领导交拟,行政人员领会、吃透领导的意图,收集、组织材料,构思起草,讨论修改,送领导审阅。公文草拟应在按统一标准制作的“发文稿纸”上书写。

审核,是指拟稿人员的上级负责人对初稿的审查和核实。要做到“六查”:

(1) 查是否需要行文,以什么名义行文。

(2) 查文稿内容与法律、法规和政策以及上级组织的有关规定是否一致,与平行组织和本组织已有的规定是否矛盾。

(3) 查要求和措施是否明确具体,切实可行。

(4) 查涉及其他部门或地区职权范围的问题是否协商一致并经过会签。

(5) 查文字表达是否准确、简练、条理清楚,标点使用是否正确,文字书写是否规范。

(6) 查公文格式是否符合规定。

签发是指领导人对文稿进行最后审阅,确认可以发出后,在发文稿纸的

---

① 陆瑜芳主编:《办公室实务》,复旦大学出版社 2003 年版,第 255—257 页。

签发栏写明发文意见并签字。公文一经签发,便由送审稿转化为定稿,具有法律行政效力。

2. 复核与缮印

复核。公文正式印制前,行政人员应当进行复核。重点是:审批、签发手续是否完备,附件材料是否齐全,格式是否统一、规范等。经复核需要对文稿进行实质性修改的,应按程序复审。

缮印,指对已经签发的文件定稿进行誊清、复印或排版印制。缮印要严格按公文标准格式进行,做到清晰、整洁、美观。

3. 用印、登记与分发

用印,是指在完成的文件上加盖组织印章。未经签发或不同意发出的公文不得盖章。用印时要注意以下几点:

(1) 文件用印时,必须以组织领导人签发的文件原稿为依据,经核对无误后始得用印。

(2) 文件用印要端正、清晰,要端正盖在成文日期上方,上不压正文,下要骑年盖月。

(3) 文件用印一定要与制发文件的组织相一致。

(4) 要核实份数,超过份数的不能盖印。

登记。一切发出的文件,均应进行登记,以便于管理、统计和查找。

分发,指对准备发出的文件进行分装和发送。分发时应注意:

(1) 分装之前先要检查发文稿纸注明的发送组织、密级、有无附件等。人封文件要折叠平整,并略短于信封长度。

(2) 邮政编码、地址、名称要在发送文件的信封上写准确。组织的名称要写全称或者通用的简称。

(3) 发文如系密件、急件、亲启件必须分别注明,文件的封口要用糨糊或胶水封实,不要用书钉封口,绝密文件应盖专用密封章或贴密封签。

(4) 文件装封后,应及时发送。重要文件应填写“发文通知单”,并与文件一起递送,以便对方查对。①

二、收文办理程序

1. 签收、登记和审核

签收,是指行政人员收到文件时,在对方的文件投递清单或送文登记簿上签字,以证明文件已经收到。签字时,应同时注明收到日期,急件还应注明几时几分。签收时,要对照文件投递清单或送文登记簿认真清点,做到四个“查清”:

---

① 陆瑜芳编著:《秘书学概论》,复旦大学出版社2004年版,第168—170页。

(1) 查清信封或封筒上的收文组织名称,是否确属本组织的收文,以防错投、错收;

(2) 查清信封号码与递送人在签收登记簿上所登的号码是否一致;

(3) 查清文件封口是否破损,包装是否牢固;

(4) 查清文件的登记件数与实有件数是否相符。

登记。凡收到的重要文件都应登记,文件登记的主要作用为:

(1) 便于管理和保护文件,防止积压和丢失;

(2) 便于检查和检索文件;

(3) 便于文件的统计和催办工作;

(4) 作为核对与交接文件的凭据。

收文登记的形式分为簿册式、联单式和卡片式三种。

审核。收到下级机关上报的需要办理的公文,行政人员应当进行审核。审核的重点是:是否应由本机关办理;是否符合行文规则;内容是否符合国家法律、法规及其他有关规定;涉及其他部门或地区职权的事项是否已协商、会签;文种使用、公文格式是否规范。

2. 拟办与批办

拟办,是指行政人员在仔细研究文件的基础上,提出如何办理文件的初步意见或建议,供领导人批办时参考。涉及重大问题的拟办,应附上有关的材料或上级有关规定,必要时应进行调查,取得第一手材料后,一并提供给领导人,以便领导人全面了解情况,作出正确的判断和批示。

批办,是指领导人对送批的文件如何处理所作的批示,是领导人参与公文处理的重要环节。批办时应注意:

(1) 参阅性公文,批明传达或传阅的范围、方法、时间。

(2) 需办理落实的公文,批明承办部门或承办人员及承办期限和要求,如需两个以上部门会办的,应批明主办单位。

(3) 需本组织贯彻执行的,要提出具体的贯彻措施和步骤。

(4) 批办的语言要准确、清楚,并签上姓名,写明日期。

3. 承办和催办

承办,是指承办部门或承办人员根据领导人批办的意见和文件的内容、要求,具体办理落实。承办是公文处理程序的核心环节,也是公文发挥现实效用的基本保证。承而不办或办而不力,就会使公文处理前功尽弃,延误工作,甚至造成严重的后果。

公文承办大致有三种方式:一是传达承办,即对需向下传达的公文以会议、电话或转发的方法进行传达;二是专案承办,即对须贯彻执行成具体落实的公文,指定专人或成立专门小组(如专案组、调查组)进行专题研究,制定切实可行的措施和办法，加以落实；三是答复承办，即答复对方的来文。答复的方法有电话答复、当面答复和复文答复等。承办的过程往往需要拟制新的文件，因此，承办往往是发文程序的开始。

催办，指必须办理答复的文件，根据承办时限的要求，及时地对文件承办的情况进行督促和检查。公文的催办要注意以下几点：

(1) 组织落实。催办工作是一项经常性的工作。在较大的组织，应设催办机构或专人负责催办工作，一般单位也应当有人兼管催办。

(2) 分工负责。一份文件的承办，往往涉及几个部门和单位。对每一份文件的催办应当分工负责，责任到人，除收文组织的总催办外，各承办部门和单位也应做好催办工作，做到层层催办。

(3) 检查反馈。应定期检查催办工作的情况，做好统计分析，对逾期未办理结束的文件应当重点分析，找出原因，提出解决的办法，向领导人汇报。对内容重要而又屡催不办的文件，可请领导人亲自催办。

第三节　档案管理概述

行政人员在做好发文和收文的基础上，要进行文书管理，内容包括对文书的数量管理、质量管理、时效管理、保密管理，以及文书的立卷与归档管理等，使得各种文书既方便查找、调阅，又妥善归类，不遗失，不泄密。

一、文书管理的内容和要求

1. 文书数量、质量、时效管理

文书数量管理的目标是精简文件、克服文牍主义。数量管理应该注意以下几点：不应发或可发可不发的文件坚决不发；可用电话、面谈或现场办公等方法解决的问题，可做好书记记录，不必另外专门行文；能够综合处理的问题，不零星行文；凡带有普遍性而又不涉及秘密的文件，可在报刊上公布，不必层层下发；在内部刊物上刊登的文件，不再另外行文；只要求少数单位执行的文件，不普遍下发；外组织送来的抄送件，不再转抄。

文书的质量管理要求保证文书在内容上正确、可靠，符合政策和事实；在文字上、格式上准确、规范，不出差错。具体要求如下：公文拟稿除了在主题、材料、结构、语言等方面必须符合要求外，还应当注意字迹端正、用字规范；审核公文要把好政策关、事实关、数字关和文字关；缮印公文要做到格式规范，文面清晰、整洁，防止漏页、多页，避免出现正文与印章、成文日期分别印在两页的情况，未经严格校对，不得付印；审核、修改、校对、签批公文，不得在左侧装订线外书写，以免影响立卷。

文书的时效管理要求尽可能缩短文书处理每一道环节的周期，不延误、

不推诿，及时反馈和办理。具体要求如下：紧急公文必须在拟稿时确定紧急程度，缮印时急件先打先印；紧急公文的拟办和批办应当提出明确的办理时限，承办组织应抓紧办理，不得延误、推诿；对不属于本组织职权范围或者不适宜由本单位办理的公文，应当迅速退回发文的组织，并说明理由；认真做好每道环节的催促工作，如催拟、催签、催发、催阅、催批等，尤其是要加强公文的催办和查办。紧急公文应跟踪催办、查办，及时了解和反馈承办的情况；在确保秘密的前提下，尽可能运用自动化办公设备拟写、修改、传递公文。

2. 文书的保密管理

文书保密管理的内容包括：确定密级和保密期限。应该区分国家秘密、商业秘密、组织内部秘密等；列入保密范围的公文，由制文组织确定密级和保密范围。由于客观形势变化，或从全局衡量公开后更有利于工作的，应及时变更密级、期限和解密。文书保密管理还包括密级和保密期限的标注，密件的缮印和校对，密件的传递，密件的签收、登记和传阅，密件的保管和复制，密件的清退，密件的销毁等环节。

3. 文书立卷与归档

行政人员对已经办理完毕的文书，挑选具有保存价值的，按照某种规律组成案卷即为文书立卷。立卷有利于文书的完整与安全，是进行档案管理的基础，也便于日后对文书的查考和利用。

二、文书立卷归档

已办理完毕的文件，行政人员应该整理立卷，定期归档。

1. 文书立卷的基本原则

(1) 遵循文书材料形成的客观规律。任何一个组织虽然工作头绪很多，但在客观上必然有工作过程的客观规律。在组织内部往往先有工作决定，再有工作计划、工作指示、工作总结；在外部关系上，下级组织的请示、必然产生上级组织的批复，平行组织的公函必然相互往复；如此等等。这些现象说明，文书材料形成的客观规律，反映了组织活动的前因后果、时间顺序、前后衔接等必然联系。在文件立卷时必须遵循这种规律和联系，按一定的线索，理清文件的来龙去脉，不可随心所欲，任意为之。

(2) 反映组织活动的真实面貌。组织文书是组织面貌的反映。组织内部有各种部门，各有不同的性质和职能，不同性质和职能的各部门的文书分门别类立卷。有关综合性的文书，不能归入一个具体部门，则归入办公室立卷，由两个以上部门联合承办的文件，原则上由主办部门立卷，把这些方面总括起来，就能反映组织文书的主体面貌。当然，立卷文书，要反映组织工作中的各项重要问题，反映问题的本质，并非把无关紧要的所有材料，不加选择地全部收入。

(3) 便于文件的保管和检索利用。如果一个案卷的文件数量太多、太厚、太重,既不便于装订、搬动,也不便于使用;而在一个卷内的文件数量太少,形成薄卷、小卷,也会感到管理上的不便。因此,在组卷时要合理划分,对于一项大型活动,例如召开一次大型会议,处理一个复杂案件,如果文件的总量太多,可以适当划分组成几个案卷;若某一活动比较简单,有的只有一两份材料,总共只有几页文件,则可把它归入相近的同类组卷。

为了检索的方便,还要考虑文件的不同密级。不同密级和保管的期限相关,绝密、机密、文电,应与一般文件分别立卷;对于不同形式材料如照片、影片、录音带等,亦须分别整理,以便查找使用。

2. **文书立卷标准**

行政人员把文书按照某些共同特征组合成案卷,称为"立卷特征"。通常可以按照以下几种特征立卷:

(1) 按问题特征立卷。问题,指文件内容所反映的问题或事物。将反映同一问题的文件组合成一个案卷,这种方法能反映对某一方面或某一具体问题的相互联系和处理情况,故而运用最广泛。

(2) 按作者特征立卷。作者,指制发文件的组织或个人。按作者特征立卷,就是将同一作者的某些文件立成一个案卷。由于作者的地位和职能不同,按作者特征立卷,可以让人很快看出文件来源、行文关系和重要程度。

(3) 按文种特征立卷。按照同一文种名称为标准将文书组合成卷。不同的文种具有不同的适用范围和作用,立卷可反映组织的不同活动方式,但有时单独以这种标准分成"会议纪要卷"、"通知卷"等无实际意义,应与其他形式的立卷标准组合使用,如"某某公司的经济合同卷"、"某某公司在云南的销售情况报告卷"等,才会具有实际使用价值和便于查找。

(4) 按时间特征立卷。时间,指文件形成的时间或文件内容针对的时间。按时间特征立卷,就是把同属于某个时期的文件组成一个案卷。按时间特征组卷,可以反映出组织在不同时期的工作特点和不同发展阶段的工作面貌。此种立卷方式针对时间比较明确的文书,类别较广的材料不适合以形成时间立卷。一般公文以成文日期为标准;计划、总结等以内容针对的时间为标准;跨年度办理完毕的公文,以办结时间为标准;跨年度的往来文书,以本单位发文或复文时间为标准;涉及专业性的文书以专门年度为标准。

(5) 按地区特征立卷。以文书的地区、地点和部位因素为标准组合立卷。将涉及同一地区的文件组成案卷,可以反映该地区的工作情况和有关地区问题的处理,如"某公司上海地区销售情况表"。

(6) 按通讯者特征立卷。以本组织与外组织就某些问题的往来文书为标准立卷。如问函与复函,请示与批复等用通讯者特征立卷。如"某合资企业与某国某企业就开展商务活动的往来函件”。按通讯者特征组卷与作者不同，只有两个作者就某共同问题进行工作联系、磋商所形成的往来文件才可以列入，而不包括两个作者各自的其他发文。

立卷的六个特征的运用，是文件之间联系的具体体现。但是，文件之间的联系是多方面的，不可能只采用一种固定的模式组卷。立卷时，应该根据立卷原则的要求，从组织文件的实际情况出发，结合运用文件的特征立卷。可以先找出文件的主要特征，然后根据文件的具体情况，结合运用其他特征立卷。

对不同保存价值的文件分别立卷。由于文件内容的重要程度不同，其保存价值也不同，因此，在立卷时必须把具有不同保存价值的文件分开立卷，具体应该注意如下几点：

首先要根据档案保管期限表，在认真分析文件的基础上，把具有永久、长期和短期保存价值的文件分开立卷。

反映同一问题的一组文件，如果数量比较多，可以按照保存价值分成几卷，如果文件不多，可以把问题概括得“大”一些，把案卷组合得“小”一些。一般可以把同一问题的文件先集中，然后按照文件的数量和保存价值进行立卷。

按照文件的保存价值立卷，应和保持文件之间的联系统一起来。有联系的文件，如果价值相当，而文件数量又不多，就要重点考虑保持文件之间的联系；如果文件之间是一般的联系，而保存价值又相差很远，就要考虑其不同价值分开立卷。如果有些文件在区分价值以后难以再以问题立卷，就要考虑按其他方面的联系进行立卷。

把不同级别的文件分开立卷，实质上是按照文件价值立卷的一种做法。因此，在立卷时对上级、本组织、下级和非隶属组织的文件，除了与本组织密不可分的文件要作为一个“整体”与本组织文件一起立卷外，其他文件应与本组织的文件分开立卷。

3. 立卷类目的编制

立卷类目也叫案卷类目，是指在一年的实际文书尚未形成以前，根据组织各项活动和文件形成的规律，对一年内可能产生的文书按照立卷要求和方法事先编制成的一个立卷规划，事先拟制出来的归卷条目。

立卷类目主要由类名和条款两部分组成：

(1) 类名，即类别，是综合概括归卷文件材料的类属名称，如财贸类、销售类、城建类、生产类、技术类、广告类等。

(2) 条款，即条目，是类名之下按照立卷要求和方法概括出来的一组文件的总标题。

条款顺序排定以后,依次编上顺序号。如第一类第一条为“1-1”、第二类第二条为“2-2”等。

立卷类目的类别和条款的排列呈表格式,是平时文件归卷的“索引表”,指导文件“对号入座”、“定点归宿”。

4. 平时归卷工作

平时归卷是指行政人员依照已经编好的立卷类目,将已经处理完毕的文件,随时按类目上的对应条款归入卷内。平时归卷既有利于平时查阅公文,又可以及时发现公文收集中的问题,采取措施,加以解决。平时归卷工作应注意:

(1) 根据公文立卷归档的范围,做好平时收集工作,及时归卷;

(2) 对已经归卷的文件材料,要进行定期检查和调整;

(3) 事先预编的立卷类目,要注意调整修改;

(4) 可以确定组卷的,也可以提前进行编目装订;

(5) 一些文件不便归卷,可单独设立一个卷夹,注明“待归文件”。

5. 年终组卷

年终组卷是指年终或次年年初对归卷的各个条款内的文件材料进行调整立卷、卷内文件排列和编号以及拟写案卷标题等一系列工作。平时归卷只是粗略地将文件材料按条款归类,不等于立卷,在组合案卷前要作细致的调整。

(1) 调整立卷。指行政人员在平时归卷的基础上,详细检查每一条款中所积累的文件材料,进行适当调整,并且最后确定组合案卷的一项工作。主要内容为:检查公文是否收集齐全,是否有多余或重复的公文,卷内公文是否保持内在联系,是否体现立卷的特征,保存价值是否一致,数量是否适当等。

(2) 卷内文件排列和编号。① 卷内文件排列,指将每个案卷内的文件按照一定的规律和顺序进行系统化排列,可以按时间、问题、重要程度、文号、作者、地 区、通讯者、文种名称等顺序进行排列。② 卷内文件的编号。应当用阿拉伯数字给卷内文件编页号,以固定它们的排列顺序。

(3) 拟写案卷标题。案卷标题是案卷的名称,也称案卷题名,是对卷内全部文件内容的总概括。案卷标题的作用是帮助档案利用者查找具体的文件,并为档案的整理编目、登记及档案检索工作提供依据。拟写案卷标题,要求内容概括、确切,文字精练、准确,结构统一、完整。

① 案卷标题的结构及标法。通常应当标明卷内文件作者、问题、名称三个基本部分,中间用“关于”、“的”来连接,例如“某某市某某局关于物价管理的报告(请示、规定、通知)”。

标明卷内文件的作者，可用通用的简称，如“本局”、“本公司”、“本厂”等。

标明卷内文件的问题是案卷标题的核心，必须使问题概括得全面、准确、简练。

标明卷内文件时间。一般的案卷标题不需标明时间，只有计划、报告、总结、预决算和重要文件以及跨年度文件组成的案卷才需要标明时间，针对的时间要准确，不可随意简化。

标明卷内文件通讯者。可将问题要素插入通讯者之间，并将同一性质的组织概括为总称，例如“某某市航运公司就制止货轮搭客问题与某某线各航运公司的往来文书”。

标明卷内文件涉及的地区。对于同属较大地区范围的若干作者，可以用大的地区概念加以概括，如“某某地区各县关于减轻农民负担情况的报告”；可以列举一两个后加“等”字，如“某某地区行署关于某某、某某等五个县（市）防汛救灾情况的调查报告”。

② 案卷标题拟写应注意的问题。包括：政治方面要保持正确；文字表达要精练通顺，概括准确；案卷标题的基本结构要力求完整，合乎语法，标点符号要正确。[①]

6. **案卷的编目与装订**

编目成卷指在组合案卷的基础上，对卷内文件进行编目、装订，以及案卷的排列、编号等一系列工作。

(1) 案卷的编目。指在卷内文件排列编号的基础上，填写卷内文件目录、备考表和案卷封皮等工作。

(2) 案卷的装订与装盒。一般来说，案卷都需要进行装订，对于某些特殊珍贵的手稿、照片、图纸在不便于进行装订时，也可以采用卷盒、卷袋保管。

案卷装订的要求是：整齐、牢固，不影响阅读。在装订之前，要去掉文件上的金属物，以防年久锈蚀文件。对未留装订线或装订线以外有图文的，以及纸张过小的公文，要用白纸加边托裱；对尺寸过大的纸张，要折叠整齐；对破损的纸张要修裱。注意不要有倒置、脱漏的页张。

(3) 案卷排列与编号。指案卷经过编目装订以后，将一个年度、一个组织机构的案卷进行系统化排列、编号，以固定其顺序。

① 案卷的排列。案卷先按保管期限分开，即按永久、长期、短期分别排列；也可按重要程度、作者、名称、时间、地区等排列，以体现条理化和一定的规律。

② 案卷的编号。编号的顺序如：永久卷 1—50、长期卷 51—100、短期

---

① 陆瑜芳主编：《办公室实务》，复旦大学出版社 2003 年版，第 265—269 页。

卷101—150、副卷151—200。

7. 案卷归档

(1) 案卷目录的编制。案卷目录的项目有“案卷号、立卷类目号、案卷题名、卷内文件起止日期、卷内文件份数、页数、保管期限、备注”等。

编制案卷目录一般有两种方法：一种由各部门的公文立卷人员编制移交目录，然后由档案室汇总编排卷号，编制正式的案卷目录。二是由档案室通盘组织，指导各部门的文书立卷人员统一分类，编排卷号，直接编制案卷目录。

(2) 文件检索工具的编制。文件检索工具指用来查找、利用文件材料的目录、卡片等。其编制内容主要有：

① 文号索引，又叫文件作者目录。设置的项目一般有：文件作者（加标题)、文号、文件日期、所在卷页号。

② 文件分类目录，又叫文件综合分类目录。设置的项目一般有：类别、顺序号、文件作者（加标题)、文号、文件日期、卷页号，并加封面和底页。一年编制一本，编制好后付印装订成册。

(3) 案卷的归档。立好的案卷，必须逐年移交给档案室集中保管，称为“归档”。

① 归档范围即文书立卷的范围，指组织在工作活动中形成和使用的文件以及其他有关的材料（包括照片、图表、录音带等)。

② 归档时限。一般应在第二年上半年向档案部门移交档案。

③ 归档要求。应归档的文件材料必须齐全、完整；文件和电报按其内容的联系，合并整理、立卷；归档的文件材料，要保持它们之间的历史联系，区分保存价值、分类整理、立卷，案卷标题应简明确切。档案室在接收案卷时，应按照以上要求对案卷检查验收。移交目录一式二至三份，一份经签字后留公文处理部门使用，另外一至二份交档案室保存。

三、档案的保管和利用

为方便管理和检索各种信息档案，行政人员需要对其进行鉴定。主要包括档案价值鉴定、文书立档单位鉴定、文书内容鉴定、文书完整程度鉴定、文书责任者鉴定、文书时间鉴定、文书题名鉴定、文书稿本鉴定、文书外在特征鉴定和记录性文书价值鉴定等。

为了完好、长久保存档案，行政人员需要采取一些保护措施，进行妥善管理。如对档案保管期限的确定。文书档案的保管期限分为永久、长期(16至50年)、短期（15年以下）三种。行政人员为了掌握档案的基本情况，还必须对档案进行数量的登记、统计和分析研究，以期更好地提供利用。

档案的利用途径和方式有以下几种：

1. 设置档案室，提供档案原件或复制件，方便借阅或直接阅读。

2. 通过一定的制度和手续，提供档案外借，如借阅证制度、催还续借制度和调离认可制度等。

3. 根据档案原件制发各种复制本，实行档案的有偿交流，提供档案利用率。

4. 利用所藏档案中的有关记载和资料，对申请者提供核实某种事实的书面证据。

5. 以档案为依据，行政人员对查询者的有关问题进行专业性的解答，提供咨询服务。

6. 将档案目录印制成册，分发到有关部门，以交流信息。

7. 举办档案展览，充分发挥档案的作用。

8. 建立档案信息网，方便组织内外信息交流，也利于查询者上网查询。①

第四节　文档一体化

随着信息化时代的来临，各类组织掀起了无纸化办公自动化的高潮，电子文件、电子档案大量出现，传统的文书、档案管理模式面临严峻的挑战。行政人员面对信息化的时代潮流，必须坚持“理论联系实际，一切从实际出发”的观念，客观地分析传统公文处理和档案管理模式，对文档一体化问题有一个科学、全面的理性认识，以求正确理解和把握文档一体化工作。实现文档一体化，行政人员不仅要熟悉文档专业知识，还要拥有现代化管理的相关知识，如：计算机的管理，软、硬件以及系统运行、维护、开发等知识，了解系统工程、网络技术、目标管理等科学管理方法。只有这样，才能适应档案管理现代化的要求。

一、文档一体化的含义与特点

1. 文档一体化的含义

文档一体化是信息化时代的产物。虽然对于文档一体化概念，人们有不同的诠释，但普遍的观点认为，文档一体化是从公文处理和档案管理的连续性和整体性的规律出发，通过计算机技术应用将其有机地联系起来，按照统一的规范和标准，组成一个综合的管理大系统，对公文处理和档案管理信息进行存储、控制、加工、传输，为组织工作提供高效率、高质量的管理。文件与档案管理的一体化是管理方式的改变，这种改变会使文件与档案的管理与具体做法发生相应的变化，但并不会改变文件——档案的原有关系和属性。

① 陆瑜芳主编：《办公室实务》，复旦大学出版社 2003 年版，第 270—272 页。

信息时代的到来，计算机技术的发展，使得文档一体化的趋势成为必然。早在20世纪80年代，这种文件、档案一体化的管理方式已在欧美盛行，并引起世界各国的关注。文档一体化的实质就是“前端控制”。所谓“前端控制”，就是对文件从形成到归档整个过程给予通盘规划，把可能预先设定的管理功能纳入系统之中，并在文件形成和维护阶段进行监督。“前端控制”将文件、档案看成同一事物的前后两个阶段，强调档案工作者要改变以往只注重“后端”的做法，将注意力放到“前端”，以保证电子文件的完整性、可读性和可靠性。

2. 文档一体化的特点

文档一体化管理与传统文档管理相比，具有以下特点：

(1) 整体性。文档一体化将文件的处理(如：文件的登录、传阅、分类、鉴定、组卷、归档等)和档案管理(如：编制案卷目录、查询、统计等)的全过程作为一个整体，运用计算机进行管理，缩短了文件归档的时间，提高了案卷的质量。

(2) 效率性。文档一体化实现了文件、档案管理的全方位自动化，打破了传统的手工操作的旧模式，使行政人员从繁忙的手工劳动中解放出来，提高了工作效率。

(3) 经济性。文档一体化采用计算机进行管理，可以做到一次输入多次输出。如：可以打印出阅办单、总收(发)文目录、卷内目录、催办单、各种统计报表等。通过综合处理可以避免重复劳动，节约了大量的人力、物力、财力。

(4) 前控性。文件是档案的基础，文件处理工作的好坏直接影响到档案的质量。文档一体化管理，可以做到对文件处理的有效控制，实现从文件到档案的有效转换，为档案工作奠定基础。

(5) 规范性。文档一体化要求文件与档案要有统一的规范、标准、格式和要求。利用计算机对文件、档案进行管理，就实现了文件处理、文件立卷和档案管理工作的科学化、标准化、规范化，从而提高了文件、档案的科学管理水平。

(6) 开发性。办公室可以利用归档的机读目录进行编研，根据利用者的需要和查找的方便，编制出各种便于查找的资料，如文号索引目录、专题目录等，变被动服务为主动服务，同时也促进编研工作的开展。

(7) 准确性。只要前期处理工作做得好，输入的信息准确无误，计算机就能准确地、无遗漏地提供所需要的信息和进行统计、编研等工作。查全率、查准率基本上可达到100%。

(8) 时效性。由于系统可以提供多种途径检索，如单项检索、组合检索、模糊检索等各种检索方式，所以能够快速、准确地满足利用者的需要，大大超过了手工查找的速度，提高了时效。

3. 实行文档一体化的现实意义

文档一体化具有十分重要的现实意义。

(1) 实行文档一体化是档案实体数字化的需要。传统档案工作主要以纸质档案为工作基础和客观对象，采取手工操作方式。知识信息时代，计算机、网络技术的广泛应用，要求将馆藏纸质档案转化成数字的形式，即电子档案，这样才能使档案资源进入信息网络并实现资源共享。将现有纸质档案转换成电子档案是实现数字化的核心内容。

(2) 实行文档一体化是档案传递网络化的需要。网络技术作为信息时代的主要特征，具有开放性、高速、快捷的特点，它在办公自动化中的应用，极大提高了工作效率。档案信息的交换必然通过网络进行交换，而且随着电子文件的普及，档案信息的收集、鉴定、整理、保管、利用、销毁等一系列工作也同时在网络上进行。

(3) 实行文档一体化是档案资源利用社会化的需要。档案信息化的根本目的在于让档案更好地为社会服务，使档案信息资源实现共享。我国加入世贸组织之后，开放程度日益扩大，许多方面都必须与国际接轨。档案信息资源除了涉及国家安全和商业秘密的内容外，应当向全社会开放，实现资源共享，获取更大的社会效益和经济效益。

4. 文档一体化建设应该遵循的原则

文档一体化建设是一项涉及组织全局的复杂综合性工程。组织进行文档一体化工作时，必须以实事求是、科学的态度，从组织实际需要和可能出发，严谨地制订工作方案，坚持正确的工作原则，采取必要的措施，提高成功的几率。组织进行文档一体化建设，应遵循以下工作原则：

(1) 将档案信息化纳入组织办公自动化之中的原则。实践证明，要实现组织的档案工作信息化，必须把档案工作信息化纳入组织办公自动化的总格局之中，依靠办公自动化系统的开发部门和文件形成部门的协作，将档案信息化与办公自动化融为一体，同步进行，协调发展。文档一体化是组织办公自动化对组织档案管理提出的必然要求。组织在规划和实施办公自动化时，要将档案管理信息化纳入其中，统筹考虑，统一安排，使两者同步发展。

(2) 电子文件和纸质文件并存保管的原则。根据国家档案局的要求，在目前法律和技术不完善的情况下，重要的文件要实行归档双轨制。尽管电子文件通过网络发下去，但具有重要保存价值的电子文件，一定要有相应内容的纸质文件(有的是红头文件)及时归档保存。同时，电子文件也要按照其记录信息的存在价值进行物理存档，转化为电子档案，并按照规定安全保管。随着技术、法规的逐步完善和整个社会的进步，归档双轨制将经过国家最高档案行政管理部门批准,才可取消。

(3) 确保档案信息安全的原则。档案信息资源不同于其他信息资源,开放利用必须经过严格审查。办公自动化系统,包括组织档案信息化系统,涉及大量的国家机密和商业秘密,必须与互联网等公共信息网实行物理隔离。组织涉密档案信息不得存储在与公共信息网相连的信息设备上。要采取彻底的防范措施,确保组织办公局域网和组织档案信息的安全。一是选用性能可靠的杀毒软件,防止病毒侵害;二是对上网的信息进行加密,内部网上要建防火墙,限制外部网的非法访问;三是对上网的信息要严格按照档案保密和信息上网的有关规定执行。①

二、文档一体化的程序

1. 电子文件的归档

电子文件以其新颖性及与传统管理方法和手段的不一致性,给档案工作带来管理方法上的根本性改变。电子文件与纸质文件有着本质不同的归档方式和特殊归档现象。

(1) 归档模式。由于电子文件的特殊性及现有科技条件和档案管理水平的限制,目前组织一般实施纸、电共存方式,即归档的双轨制。实行双轨制并非是使纸质管理系统和电子管理系统独立地、没有任何联系地运行,而应把电子档案与纸质档案作有机的对应,相互建立准确可靠的标识关系。如:在纸质档案的卷内目录、备考表等内注明相应的电子文件的存放地址、编号等信息;在电子档案后标上相应纸质档案的编号、目录号等信息;当档案的编号或内容等更改时,应注意保证电子档案与相应纸质档案的一致性。当然,这种双轨制只是一种过渡方式,相信随着科技的发展,无纸化办公的实现,档案管理水平的进一步提高,电子文件可以作为唯一的归档方式并得到更好地保存。

(2) 归档范围。由于电子文件产生与利用的环境的特殊性,其归档范围与其他介质档案相比必然有不同的特点。

电子文件归档范围不仅包括文件本身,而且包括产生电子文件的支持文件、数据文件及其他有关文件,大体上可包括以下几类:一是支持性文件,指能够生成、运行文本文件、数据文件、图形文件等文件和各种命令及设备运行所需要的操作系统。二是数据文件,指各种数据材料,由于数据在不断变化、更新,应对原始数据每隔一段时间定期拷贝,并将拷贝文件归档。三是与电子文件有关的各种纸质文件,主要有产生电子文件所使用的设备

① 甘中华:《论信息化时代的文档一体化》,载《西南农业大学学报(社会科学版)》2003年第1卷第4期。

的安装与使用说明、操作手册等;电子文件形成过程中产生的一些纸质文件,如设计任务书、程序框图、技术鉴定材料等;还有重要的保管期限长的电子文件的纸质载体打印件以及文件的不同稿本。

以上归档范围只是一个大致范围标准,不同组织在具体实践中还应结合本组织实际,具体划定适合于本组织的保管与利用的归档范围。

(3) 归档办法。电子文件的传递有介质传递和网络传递两种,从而使电子文件的归档从技术上分为介质归档和网络归档两种方式。所谓介质归档方式,是指各组织将自身形成的电子文件存储在磁带或光盘上保存。所谓网络归档方式,是指在组织内部已经实现网络化、组织的各个部门都成为网上一个节点的条件下,各部门将自身形成的电子文件通过网络传输到档案室,或按照档案室的要求 加工后进入网络规定的地址,供组织各部门查阅。档案馆的接收技术和归档一样,也有介质接收和网络接收两种系统。

为了确保电子文件的可靠性,在目前的技术条件和管理水平下,最好采用介质归档方式。

介质移交是在纸质档案移交的同时,向档案室移交电子文件磁带或光盘,并移交电子文件移交目录及有关说明,主要内容有盘号、电子文件名、电子文件机读名、发文号、计算机型号、操作系统名称及版本号、应用软件名称版本号等。

(4) 归档要求。归档电子文件的质量关系到以后电子文件的保管与利用,因此行政人员应采取措施,保证电子文件归档的质量要求,具体如下:

① 归档电子文件必须真实有效。要运用各种技术手段保障电子文件的真实性,严格审定归档电子文件的版本。文本文件应以最后定稿归档。图形文件如经更改,须将与当时技术状态一致的版本归档。

② 归档电子文件必须完整、准确、系统、安全、视听正常、无病毒、无机械损伤。

③ 归档电子文件必须按照统一要求转换为标准的文本文件格式,保证日后能够顺利读出。外来文件还要具有系统兼容性。

④ 归档电子文件必须经过演示和检测及一定的整理和编辑,划分保管期限,保证其内容与文件正本相一致和利用的方便。

⑤ 禁止重复归档,杜绝信息垃圾,保障系统自动管理的实现。对归档的电子文件做出备份,一份封存,一份供利用。

⑥ 行政人员应对归档的电子文件编制归档说明,需简要说明磁带、光盘中存储文件的内容,运行的软硬件环境、版本号、文件的完整性和准确性等。

2. 电子档案的保管

电子档案有许多不同于传统纸质档案的特性,决定了其在保管与维护方面的特殊性。电子档案保管其实就是如何保护所存信息能被长久或永远地安全利用,这是一项经常性、系统性的工作,也是一项技术性工作,必须采取综合措施。由于电子文件的特殊性,载体损害、设备故障、操作失误、病毒入侵、黑客攻击、网上篡改、技术淘汰都可能对电子档案的完整安全造成威胁。

(1) 电子档案载体的物理保护。电子文件载体多为磁盘和光盘,这类介质对外界环境要求很高,极易受到各种内外因素的影响,使其寿命缩短或使信息破坏,因此必须首先对储存信息的载体进行科学管理与保护,以确保承载信息的安全。

① 严格控制温湿度。保存电子档案的库房温度为15℃—27℃,相对湿度控制在40%—60%,最佳环境温度为18℃,相对湿度为40%。选择一组温湿度值后,要保持相对稳定,否则就有可能使载体变形、变质或产生静电,使信息读错率增加。

② 净化外部环境,防止空气污染。工业区空气中的氟化氢和氯化氢气体、氨气等都可能对光盘等带来影响。所以应该千方百计减少空气中的灰尘含量及有害气体,并保持档案室良好的通风性;防止强光照射、特别是紫外线的直接照射;适时清除所用设备上的积尘。

③ 防磁防震。电子文件在保存和使用时,一定要远离磁场,磁性载体与磁场源之间不得少于76 mm。最好库房建有抗磁性的围护结构,否则会使磁性载体上的信息丢失。设备应放置平稳固定。硬盘驱动器执行读写时,不要移动或碰撞工作台,以免磁头划伤盘片。

④ 防止机械损伤。载体应直立排放,避免挤压、折叠或弯曲;严禁随意擦拭或清洗盘片,如有必要,则可用干净药棉蘸高纯度酒精擦洗裸露部分,然后放于清洁环境中,待干后再使用;不可用笔在软盘保护套上直接标记,如需标记可使用标签贴在封套上;不能用手直接触摸光盘信息部位、读写窗口等;使用时使用场所的温湿度与库房温湿度相差范围应分别在±3℃、±5%;使用过程中严格操作,避免因操作失误造成载体信息破坏。

⑤ 定期进行检测与拷贝。由于电子档案材料载体和信息易损伤及寿命的有限性,定期进行检测与拷贝是十分必要的。检测时先检测外观有无损坏或变形、是否清洁;然后进行逻辑检测,利用检测软件对信息进行读写校验,发现问题及时补救。定期拷贝是保证磁性载体可靠性的一种行之有效的方法,具体周期由各单位根据具体保管条件而定。

(2) 电子档案信息的安全维护。电子文件自身的特性决定了其信息安全问题的复杂性与重要性。在网络环境中,信息安全问题更加突出。确保电子档案信息安全,除做好上述保护载体不受损伤外,还应采取一系列技术手段:

① 采取备份和镜像技术,防止文件信息的丢失。制作备份是保障电子文件安全最根本的措施之一。它是指为电子文件制作一份或几份拷贝,将拷贝保留在一个安全的地方,以防原件因载体损坏或设备故障等原因而丢失信息。现行文件生成后必须及时备份。

镜像技术是对实时要求极为严格的动态数据库文件所采取的安全备份措施。它实际上是为某一动态系统建立完全对等的孪生系统,两个系统同时执行完全相同的工作,若其中一个系统出现故障,另一系统仍可继续工作,以防止文件信息的丢失。

② 加密技术。加密技术旨在防止文件信息的泄密。加密的基本过程是:将称为明文的可读文件进行编码转换成不可读形式的密码;利用时,再通过解密运算将密文还原为明文。由于加密方法对非授权者是保密的,因此可防止非法用户截获并破解文件内容。目前多使用"公开/私有密钥"法加密。下面介绍一下密钥法:公开密钥法是指任一发文者都使用相互关联的一对密钥(加密、解密运算的方法),一个公开给所有人,另一个发文者秘密拥有。用秘密钥匙加密的文件只有公共密钥才能解开,且公开密钥与秘密密钥是不对称的,即不可能用公开密钥推导出秘密密钥。发文者发文时,用秘密密钥对文件作加密运算,形成密文;收文者则用发文者给的公开密钥对密文作解密运算,恢复明文。一旦明文得以恢复,至少说明两点:该文件是发文者发出的;该文件未有任何改动。否则,只能产生乱码,不可能恢复明文。这样第三者很难从截获的密文中解出原文来。这对于传输中的电子文件有很好的保护效果。

③ 访问控制。访问控制旨在杜绝电子文件信息的非法利用和蓄意破坏,包括身份验证、防火墙等。

身份验证是指为防止未授权者进入系统对文件或数据访问,在用户登录或实施某项操作之前,系统将对某身份进行验证,并根据事先的设定来决定是否许可。最常用的方法是给每个合法用户一个由数字、字母或特定符号组成的通行字,代表用户身份,一般有口令、磁卡等。当用户要求进入系统访问时,首先输入自己的通行字,计算机自动将这个通行字与存储在机器中有关该用户的其他资料进行比较验证,如果验明身份合法,可接受他进入系统对相关的业务访问,否则就被拒之门外。

防火墙是建立在组织的内部网络和外界网络之间的保护墙,阻止对组织信息资源的非法访问,也可以阻止机要信息、专利信息从该机构的网络上非法输出,起到监测并过滤来往信息流的作用。

④ 防治病毒。病毒入侵是威胁电子文件信息安全的因素之一。防治病毒,一是预防,二是杀毒。防毒是根本,可在系统安装专门的防毒软件或

使用防病毒卡硬件。杀毒主要用杀毒软件。防治病毒是一项技术性工作，应组织专业人员建立起完善有效的防治体系。

⑤ 安装补丁程序，用以弥补程序缺陷。程序缺陷可能引起信息泄密或破坏。发现程序缺陷后，及时安装各种安全补丁程序，以免被非法者利用。系统程序的安全漏洞，因发现后传播极快，更应及时修正，否则后果难料。①

【知识要点】

1. 公文是公务文书的总称，它是组织按照特定的体式，经过一定处理程序制成，并在特定范围内使用的书面材料，是发布政令、传达领导意图、联系公务、指导和商洽工作、传递信息、交流经验、处理组织内部业务工作及记载工作活动的一项工具。

2. 文书处理，主要指行政人员在使用文书、处理日常公务的活动中，围绕着文书的拟制、办理、管理以及立卷归档所进行的一系列衔接有序的工作。

3. 文书处理工作具有政治性、时限性、机要性和规范性等特点，其内容主要有发文、收文、管理、立卷归档。

4. 发文办理指以本机关名义制发公文的过程，包括草拟、审核、签发、复核、缮印、用印、登记、分发等程序；收文办理指对收到的公文的办理过程，包括签收、登记、审核、拟办、批办、承办、催办等程序。

5. 文书管理的内容包括对文书的数量管理、质量管理、时效管理、保密管理，以及文书的立卷与归档管理等。

6. 文书立卷的基本原则：(1) 遵循文书材料形成的客观规律；(2) 反映组织活动的真实面貌；(3) 便于文件的保管和检索利用。

7. 行政人员把文书按照某些共同特征组合成案卷，称为“立卷特征”，通常可以按照以下几种特征立卷：(1) 按问题特征立卷；(2) 按作者特征立卷；(3) 按文种特征立卷；(4) 按时间特征立卷；(5) 按地区特征立卷；(6) 按通讯者特征立卷。

8. 文档一体化是从公文处理和档案管理的连续性和整体性的规律出发，通过计算机技术应用将其有机地联系起来，按照统一的规范和标准，组成一个综合的管理大系统，对公文处理和档案管理信息进行存储、控制、加工、传输，为组织工作提供高效率、高质量的管理。

9. 文档一体化管理具有以下特点：(1) 整体性；(2) 效率性；(3) 经济性；(4) 前控性；(5) 规范性；(6) 开发性；(7) 准确性；(8) 时效性。

10. 实行文档一体化的现实意义：(1) 档案实体数字化的需要；(2) 档

---

① 王云庆等编著：《现代档案管理学》，青岛出版社2002年版，第286—292页。

案传递网络化的需要;(3) 档案资源利用社会化的需要。

11. 文档一体化建设应遵循的工作原则:(1) 将档案信息化纳入组织办公自动化之中的原则;(2) 电子文件和纸质文件并存保管的原则;(3) 确保档案信息安全的原则。

【案例及思考】

E集团档案管理的重要作用①

E集团公司是一家以羊绒衫厂为龙头的大型集团公司,下有羊绒制品、建材、热电、电子元件等30多个企业,在美国、德国、中国香港特区等10多个国家和地区设有办事处。"E"牌羊绒衫是驰名商标。E集团公司的快速发展得益于1995年该公司发行了B股,融集资金10亿元人民币。

1995年,E集团公司为发行B股,进行了一系列前期准备工作。第一项工作是进行清产核资、资产评估。E羊绒衫厂占地面积7.6万平方米,主要设备2 000多台(套)。1991年E集团公司成立后,羊绒衫厂的土地使用权、房产权划归了集团公司,一些固定资产却没有严格的区分,此次资产评估必须重新明确产权划分,进行资产剥离。负责评估的中华会计师事务所查阅了大量的土地使用证、房产证、房地产协议、合同书等档案资料。第二项工作是对集团公司进行财务审计。境内外的审计师查阅了1992年至1994年所有的会计报表、会计账簿、会计凭证,共1 200多卷册。他们还查阅了几个关联企业的档案资料,审查了一些企业借贷担保合同等。第三项工作是对B股上市进行法律认证。境内外的律师事务所查阅了E羊绒衫厂在国内46个城市开设的56个专卖店的营业执照、营销合同、"E"商标注册等档案材料200多页。

1995年10月,E集团的B股顺利上市,大大提高了E集团公司的竞争实力。

此次B股上市过程中,E集团公司档案室提供各类企业档案共计3 300多卷册,录像档案20多盒,照片档案100多张,各种获奖证书30多件。完整齐全的档案资料提高了B股上市前期准备工作的效率,缩短了B股上市的周期,为公司节省了大笔费用。集团公司领导说:"如果没有这么齐备的档案,我们的前期准备工作的难度真难想像!"

分析提示:

在完成了文书处理程序后,文书现行作用逐渐消失,这个时候就要将其

① 胡鸿杰主编:《办公室事务管理》,中国人民大学出版社2004年版。

中的对日后实际工作和科学研究活动有一定查考价值的文件，按照一定的规律集中保存起来，文件也就转化为档案，从而具有了凭证价值和情报价值。我们从案例中可以看出，E集团正是因为意识到了档案的特殊价值，所以在前期准备工作阶段，就非常重视档案管理和利用工作。事实证明，档案为E集团快速发展和壮大、占据市场起到了至关重要的作用。

【思考题】

1. “文山会海”一直是困扰目前各级组织的一个问题，特别是很多组织中文件多、简报多和办理不及时等问题比较突出。你认为该采取什么措施来精简文件，切实提高公文处理的质量和效率？

2. 有人说信息化时代档案保存只要有电子文档就可以了，完全不需要纸质档案了。你的看法如何？

【拓展阅读】

完善文件保管制度①

公司如果缺乏有效的文件保管制度，或者制度本身设计欠佳，其重要数据，包括涉及知识产权的内容和专有信息就有可能丢失，或者遭到意外损坏。此外，缺乏适当的监督与制约将为品行不端的雇员盗取公司重要信息大开方便之门。本文建议企业根据五个要点构建自己的文件保管制度，夯实一个牢固的技术基础。

将文档保存视为重要性最低的一项工作的时代已经一去不复返，今天的公司已无法承担这样“奢侈”的行为。

知名国际律师事务所 Fulbright & Jaworski, L. L. P. 奥斯汀(德州首府)办事处高级顾问，兼企业文档管理解决方案的创始人之一布朗利(Charlene Brownlee)说：“对多数公司而言，文档管理已经成为首要任务，而不再是一件可做可不做的事情。”

尽管文件保管工作已经迫在眉睫，American Document Management 公司总裁，文件保管政策、项目及流程专家昂格尔(Karen Unger)说：“许多公司依然缺乏成熟的文件保管制度。”为什么会出现这样的断层？昂格尔说：“问题在于归档。人们通常在争夺和服务客户，以及与同事打交道方面花费大量时间和精力，因此无暇顾及缺乏乐趣的任务。在处理文档问题上，他们通常的做法就是不加选择地保存下所有的文件，直到某一天突然遇到麻烦。”

---

① 本文摘自世界经理人网站 http://www.ceconline.com/it/ma/8800046790/01/，有删改。

文件保管问题就像一只暗中潜伏的巨兽，伺机而发，最后给企业以沉重打击。有两个著名的例子：第一个是纽约证券交易所对瑞士联合银行(UBS AB)处以 210 万美元的罚款，原因是该银行没有妥善保存电子文档信息以及管理失误。交易所称，这家机构在过去 3 年里非但没有将记录保存完好，也没有对员工实施正确的监管，违背了相关的规定。在第二个例子中，德意志银行、高盛集团、摩根斯坦利、所罗门美邦(Salomon Smith Barney)以及合众银行(USBancorp)总共支付了 825 万美元的罚金，起因也是它们违反了纽约证券交易所和另外两个机构关于妥善保存电子邮件记录的规定。

无论企业大小，这个问题已是刻不容缓，必须立即采取行动。

1. 一个专家齐备的团队

文件保存及管理制度的开发和实施是一项非常复杂和耗时的工作，需要各部门的专家通力协作才能完成。根据布朗利的建议，这样一个团队至少应包含以下人等：

(1) 公司主要业务领域的资深人士，他们很清楚企业接收和建立的文档类型。

(2) 有经验的文件保管专家，他们懂流程管理。

(3) IT 专家，他们既了解电子文档的类型，也清楚自己企业的技术能力，此外他们还对技术的最新发展了如指掌。

(4) 律师及监管方面的专业人士，他们熟悉有关文件保管的法律要求。

这个团队的任务是，制定简单明了的政策，规定文档的序列、类型、保存期限，以及制定这些要求背后的原因。

2. 一份明确的要求列表

首先你要弄清楚在法律上有哪些具体要求。基本问题包括：法律对某一份特定文件有哪些要求？保存某一文件有何意义？将来又有哪些作用？如果文件丢失，会导致严重后果吗？

你要确定企业在日常运作中创建和接收了哪些文件。“通过询问那些负责创建和接收文件的人员，团队可以确定哪些人是文件的所有者或控制者，这些文件都保存在哪里，并决定如何存储和处理电子讯息等。然后，团队方可确认企业究竟是出于运营、财务还是历史记录方面的原因，需要保管某种类型的文件。”布朗利补充道。文件的类别一旦确定，便可在公司范围内作出统一的决定，例如文档的保存期限等。

3. 优先考虑安全存储问题

文件保管制度中的另一个关键是存储。很多公司把重要资料保存在远离办公室的地方。另外还要考虑到，哪些安全措施是必要的；是否要设定某些文档的访问权限,要求密码验证,或者使用加密技术?

千万不要小觑电子邮件。电子邮件已经引发了许多令人后怕的故事。

布朗利提醒说:“人们处理电子邮件时通常不太小心。例如,有个人在做市场宣传的时候,本来没有任何数据支持,却说某种产品存在缺陷。于是,原告的律师就把这个材料提交给了陪审团,宣称这封邮件表明该公司明知产品有缺陷,却未尽到提醒消费者的责任。律师们有责任了解客户的电子文件保存方式,以及他们是如何保管有潜在相关性的文档的。你也应该意识到这一点,并弄清楚自己客户的文件保管情况。”

交流至关重要。一旦制订好了计划,就该付诸讨论,相关的信息需要自上而下传递给全体员工。每个人都必须清楚哪些事情可以做,哪些不可以做。如果没有进行整体的培训,制度的实施将是不完整的。企业应投入时间和金钱,以确保每一名员工都了解公司文档保存的方针和流程。

4. *走数字化管理之路*

ECS是一家提供注册会计师和项目组合管理的金融服务机构,其税务合伙人达尔(Jay Dahl)介绍说,他们已经开始实施文件保管制度。公司把文件扫描进了电脑,从而减少了纸质文档的数量。按达尔的说法,IT部在技术研讨会后承担了文件保管任务。他们面临的最大挑战是设定有关的参数,也就是说,“如何保存文件,用什么样的规则给文件命名,采用什么逻辑顺序比较方便大家查找信息,这些都花了很多时间才确定下来。”

文档存储的数字化将为企业节省大量金钱,而实际存储空间的消失使得人力成本也相应减少。另外,人们可以从查找文件的体力活中解放出来,投入核心业务,由此促进员工生产效率的提高以及企业整体利润的增长。

5. *贯彻执行保管制度*

如果说还有什么要点的话,那就是企业应该以书面形式确立制度,并持续、有力地执行下去。昂格尔强调说:“否则,你一定会遇到麻烦。如果计划上说,某个文件应该保留6个月零3天,但你却在5个月零3天的时候把它删除了,那就等着接受惩罚吧。”

布朗利补充道:“我们的工作前提是,贯彻执行文件保管制度,全体员工都要接受培训,同时建立一个内容管理系统,这一切都至关重要。如果你没有保存好应该保存的文件,就再也制定不出相同的文件了。”

无论企业的规模如何,文件保管都是最起码的要求。布朗利说:“历史上一直就有文件保存的传统,这并不新鲜。但随着压力的加剧、公众关注的激增,以及有关的法律和财务监管方面的要求,使得现今的文件保管问题显得格外不同了。”

阅读提示：

在信息化的时代，档案管理不是一个无关紧要的、低层次的工作，而是关系组织发展甚至生死存亡的重要工作内容。没有妥善保存电子文档信息以及管理失误，都会给组织的发展带来巨大的打击。组织必须意识到档案管理的重要性，积极推进文件保存及管理制度的开发和实施，这不仅有助于促进员工的工作效率，也将有利于组织的高速发展。

第十二章　行政督查和信访工作

本章基本问题

本章主要探讨了行政督查工作和信访工作。行政人员应该明晰督查工作的含义、范围和原则，能够按照督查工作的程序、方式和制度协助领导将已经布置却拖延不办或办理不力的工作自上而下地督促、检查，使之落实、完善。信访工作是否处理得好，关系到组织的声誉和形象，关系到组织的生命力和综合竞争力。行政人员首先要了解信访工作的要素和作用，严格遵循信访工作的原则。信访工作具有一定的规律性，行政人员应该掌握信访工作的程序和方法，严格遵照制度办事，认真负责地做好信访工作。

第一节　督查工作的含义、范围和原则

督查工作作为推动组织决策落实的主要手段，是行政人员所承担的重要职责之一。行政人员要切实搞好督查工作，应该明晰督查工作的范围，理解督查工作的意义，始终坚持督查的基本原则。

一、督查的含义

督查，是督促检查的简称。行政督查是指行政人员协助领导将已经布置却拖延不办或办理不力的工作自上而下地督促、检查，使之落实、完善。

督查是领导行为之一，是领导的一项重要组织管理职能。领导的主要任务，一是制定决策，二是抓决策的落实。要使决策得到贯彻落实，领导要做好多方面的工作，其中最重要的是抓好督促检查。如果只有决策而没有贯彻落实，那决策就成了一纸空文。在推进决策贯彻落实的各项纷繁复杂工作中，由于种种原因的限制，领导者很难做到对每项决策贯彻落实的督促检查都抓得很紧，这就在客观上要求作为领导参谋和助手的行政人员为领

导者提供服务，使督查工作落到实处。

二、督查工作的范围

督查工作的范围，大体上包括以下几个方面：

1. 督查工作要按照党中央、国务院的要求，紧紧围绕党的中心工作，重点是党和国家的路线、方针、政策、法律、法规和重大决策、重要工作部署以及各级组织的中心任务的贯彻落实情况；

2. 上级组织或业务主管组织交办的要求汇报执行情况和办理结果的事项；

3. 本组织、组织领导批示、交办的事项以及重要会议决定的事项；

4. 本组织制发的文件贯彻落实情况，下级的请示、报告办理情况及基层组织要求帮助解决的有关事项；

5. 新闻单位披露的或人民群众反映的有关本组织工作上的问题或要求核查的问题；

6. 人大代表、政协委员等提出的需要由本组织答复的有关提案、议案的办理情况；

7. 行政人员从各种信息渠道了解、掌握的本组织的有关问题，经领导同意需要办理的事项；

8. 组织领导认为必须督查的其他重要事项。

三、督查工作的基本原则

行政人员要切实搞好督查工作，必须始终坚持督查的基本原则，这是做好督查工作的保证。督查工作的基本原则是：

1. 坚持领导负责、行政人员协办的原则

督查是领导行为，必须由领导负责。领导负责是指领导要直接参与督查，将督查工作作为一项重要职责纳入领导工作目标和管理体系，狠抓落实，使督查更具有权威性，有利于排除障碍，保证督查工作的顺利进行。行政人员对督查工作始终处于协办的地位，要坚持以了解情况、反映情况为主，不能以“二首长”自居，未经领导授权不得处理任何问题，一定要防止角色错位。行政人员要为领导的督查做好查前、查中、查后的全程服务，为领导督查创造良好的条件，同时充分发挥主动性和创造性，要善于捕捉领导意图，充实和完善领导意图，准确地贯彻和落实领导意图。

2. 坚持分级负责原则

无论是政府机关，或是大中型企事业单位，督查工作都是一个重要的系统工程。正如温家宝同志所言：“督促检查工作是办公厅根据中央和中央领导同志的指示进行的，是领导授权进行的工作，要严格工作制度和工作程序。比如，要健全分级责任制度，哪些事项由哪一部门、哪一级负责督促检

查，要分清责任，既不能推诿扯皮、无人负责，也不要越权。中央办公厅要充分依靠和尊重地方和部门，涉及地方和部门的工作，首先要由有关地方和部门进行督促检查，中办要做好情况汇总。中央办公厅进行督促检查工作，以了解情况为主，不直接处理问题，不代替地方和部门的工作。”[①]督查工作只能一级促一级，一级抓一级，形成自上而下逐级落实，都抓落实的正常机制。也就是说，行政人员必须严格按管理层次来开展督查工作。

3. 坚持实事求是的原则

实事求是是督查工作的基础和依据。开展督查工作，必须自始至终坚持实事求是的原则。行政人员在全面收集各方面情况的基础上，对决策在贯彻落实中进展到何种程度、取得了哪些成果、还存在什么问题、原因是什么，作出正确的分析判断，然后再向上作出信息反馈，从而达到推动决策贯彻落实的目的。能否了解、掌握下面的真实情况和如实地向领导汇报，这是督查工作是否坚持实事求是原则的集中体现。在向上反映时，要真实客观，秉公直言，如实反映，有喜报喜，有忧报忧。

4. 坚持不直接办案的原则

在通常情况下，行政人员不直接参加具体办案，主要依靠下级组织和部门。凡涉及纪律和法律的案件，要由纪检和司法部门处理。如这类案件是原已查办过的，则应将处理结果上报有关领导人。督查工作中的监督，也不同于纪检、行政方面的监察和司法、审计方面的监督。它是对工作执行情况和决策实施情况的监督，不能独立行使职权，不具有党纪处分权、行政处分权、独立审判权和审计权。因此，行政人员的主要精力应放在了解情况、研究问题、督促解决问题上，而不能超越权限，越俎代庖。

5. 坚持全面督查和重点查办相结合的原则

上面列举的督查的范围，属于全面督查的内容，行政人员平日应认真负责地做好上面各方面的督查工作。在督查中发现的重大问题，则要根据立案标准立案查办，做到有查必办，有办必果。在查办问题很多的情况下，必须抓住重点，根据中央的政策和部署，围绕中心工作，抓住典型案例，重点查处，以指导和促进全局工作。尤其要注重查处那些影响较大、性质严重而又久拖不决或无人过问的问题。

6. 讲求时效原则

行政人员督查的内容往往是旷日持久未办的，或办而未果的。这更需要行政人员以只争朝夕、锲而不舍的精神和作风去办理，按时按质办理，不

---

① 温家宝：《切实改进作风，进一步做好办公厅工作——在省、自治区、直辖市党委秘书长座谈会上的发言》(1990年1月8日)，载《秘书工作文萃》，中国大百科全书出版社1992年版。

能走过场，要真抓实干，切不可再拖延或半途而废。实在解决不了的问题，行政人员也应及时汇报领导，由领导另想办法。

四、督查工作的作用

行政人员督查工作的地位和作用主要表现在以下几个方面：

1. 有助于中央政令畅通和各项方针、政策的贯彻落实

长期以来，各级组织不同程度地存在“布置多、检查少”和“会议开了、报告作了、文件发了，就是难落实”的问题。有的组织中曾流传这样一副对联：上联是“今天开会明天开会天天开会”，下联是“你也讲话我也讲话层层讲话”，横批是“谁去落实?”，这是对某些领导者只顾发号施令而不顾落实执行的极大的讽刺。

督查工作的开展，能够推动决策和工作部署的贯彻落实，具有明显的推动作用。现实生活中，一个决策的贯彻往往会因各种主客观原因而出现“中梗阻”的现象。特别是有的组织将自己管辖的地方变成“针插不进、水泼不进”的独立王国，当上级领导的决策触及他所在组织和个人的利益时，就顶着不办，阳奉阴违，各取所需，甚至采取“上有政策，下有对策”的错误做法，这就影响了组织的决策的落实。而强有力的督促检查，是消除“中梗阻”的有力手段，并使“有令不行、有禁不止”的问题得到查处，从而有助于组织决策的贯彻落实。

2. 有助于领导决策的不断完善和决策目标的实现

督查是促进领导决策正确、科学的必要环节。任何决策的正确科学与否，只有通过实践来检验。而实践的不力，不仅只造成虚假的反馈，进而造成领导再决策的错误发展，其后果不堪设想。一个正确的决策往往不是一次就能完成的。在决策实施过程中，通过有效的督查工作，能及时发现决策与客观现实之间存在的差异和矛盾，发现决策不够完善的地方，发现在决策实施过程中可能出现的偏离目标的现象。在此基础上，广泛听取各级人员对决策的意见和建议，及时向领导和有关组织反馈信息，从而采取切实有效的措施，对决策加以调整、补充、修订和完善，使领导决策更加民主化和科学化。

3. 有助于改进工作作风，提高工作效率

督查是改变各级领导和干部工作作风、克服官僚主义的有效手段。有些组织工作作风不好，做事敷衍塞责、推诿扯皮、办事拖拉、议而不决、决而不行、行而不果，工作效率低下，官僚主义严重。经常地、认真地、实事求是地进行督促检查，就能及时发现问题，堵塞漏洞，并对玩忽职守者给以严肃处理，对贪赃枉法者给以法律制裁，从而有助于克服官僚主义的弊病，使工作作风得以改进，工作效率得以提高。

4. **有助行政人员提高自身水平,充分发挥参谋、助手作用**

督查工作是确保领导决策得以贯彻执行的重要措施,也是领导赋予行政人员的一项职责。各级领导是对决策贯彻落实进行督查的主体。行政人员是为领导的督查提供辅助和服务的,他们可以及时将了解到的情况向领导汇报,提出建议给领导参考。行政人员按照领导指示和意图查处某些重大问题,协助领导有针对性地加强制度建设,强化工作规范和工作监督,由被动服务转变为主动服务,充分发挥参谋、助手作用,大大减轻了领导的工作量。通过督查实践的锻炼,行政人员的思想修养、政策水平、工作作风和实际能力不断得到提高,使行政人员的自身水平得到不断的加强。

第二节　督查工作的程序、方式和制度

督查工作是考验行政人员能力的重要方式。要使督查工作顺利进行,行政人员应该熟悉督查工作的程序,掌握督查工作的具体方式,建立和健全督查工作制度。

一、督查工作的程序

行政人员开展督查工作,除建立正常运行机制、有与之相适应的工作体系以外,还必须有一个合理的工作程序。实践证明,督查工作的程序大体上为确定项目、检查催办、情况审理、结果反馈四个环节。在整个督查工作中,确定项目是督查工作的前提,检查催办是督查工作的手段,情况审理是督查工作的关键,结果反馈是督查工作的终结。每个环节各有其独立的内涵和特点,组成为一个完整的工作链条。一个环节完结了,另一个环节刚开始或尚在进行中,以此不断循环往复,推动着督查工作向前发展。

1. **确定项目**

确定查办项目必须做到“立之有据,立则必办,办则必果”。一般说来,凡有关大政方针、重大决策、重要工作部署和各项政策、法律、法规的执行情况,上级组织有明确要求和本级组织明确指示进行督查的事项,都要列入督查的项目之中,但对下级组织及社会各界反映的问题,是否列入督查项目,需进行核查审理,必要时还要深入现场进行调查研究,报经有关领导批准,方可列入督查项目。确定督查项目,行政人员只能提出意见或建议,供领导参考,不能擅自做主。凡确定的项目,要定项目内容、定承办单位、定完成时限、定具体负责人等,填写《督促检查登记单》,并逐一编号。《督促检查登记单》格式如下表12-1所示。

表 12－1　督促检查登记单

年　月　日　　　　　　　　　　　　催字　号

催办项目			
承办单位(人)		发出时间	
领导批示			
催办记录			
处理结果			

2. **检查催办**

项目确定之后,就进入了检查催办的环节。检查催办的方法灵活多样,可以面对面进行,也可以用电话、电传、口头传达和发通知单(表 12－2)的方式进行。对于重点项目,行政人员可以通过制发文件、召开会议以及与承办组织共同办理等方式,协调各方面的关系,掌握进展情况,帮助承办组织解决困难,使之能顺利地完成督查任务。对一次检查催办不能奏效的,还应进行多次催办,并提出时限要求,以防故意拖延或顶着不办。

表 12－2　××催(交)办通知

催文字　号

由你组织主办,请将办理情况于　　日内反映给我们。 ××办公室 年　月　日
办理结果 主办组织负责人: 年　月　日

(阅办后连同附件退回)　　　　　　　　　　联系电话:

3. 情况审理

情况审理是整个督查工作的中心环节。如果是由组织督查的项目，督查的实质是对决策贯彻落实情况的审查。对交办的督查项目，待承办组织或承办人将办理结果报来后，要坚持"四看"：看事实是否准确无误、看处理是否符合有关政策、看问题是否解决落实、看行文是否规范。审理的方法，既要对照有关政策规定，必要时还要找相关组织证实，或到现场察看、验证。对于处理不妥的，该改进的要改进，该重办的要重办，确保检查催办工作达到质量要求。

4. 结果反馈

一项具体的督查工作完成后，应当及时向领导报告督查结果。反馈督查结果的具体做法有三种：一是对上级组织交办的事项要写出专题报告，正式行文上报；二是对涉及面广、内容比较重要的督查项目可编写简报，印送有关领导和部门；三是对领导批示的项目，用"领导同志批示件办理情况"(表12-3)，并附上原批示件和必要的材料，直接报送给原批示的领导。同时，还要注意分析综合检查催办的结果，针对发现的新问题或带有倾向性和普遍性的问题，向领导提出建议。①

表12-3　领导同志批示件办理情况

催文字　号

<table>
<tr><td>您于　月　日在　　　　　　上所指示的意见，已由　　　办理，现将落实情况送上，请阅示。</td><td rowspan="3">领导指示</td></tr>
<tr><td>查办结果摘要：</td></tr>
<tr><td>拟办意见：</td></tr>
</table>

年　月　日

二、督查工作的方式

督查工作的具体方式，主要有以下几种：

1. 催办

督促检查登记单发出后，要及时了解督查事件的办理情况，并适时加以

① 欧阳周等编著：《现代秘书学——原理与实务》，中南大学出版社2000年版，第309—312页。

催办。催办的方式可以灵活多样，可以用口头、电话和发通知单的方式进行，对办理过程中出现的矛盾和问题，要做好相应的协调工作或提出解决的办法，并建议领导出面督促，帮助解决一些互相推诿、久拖不决的老大难问题。

2. 日常督查

在上级组织和本组织决定事项和领导同志批示办理通知发出后的相应时间里，要向各承办组织了解办理情况，进行督促检查。对领导同志批示和交办的事项，要督促承办组织和承办人抓紧贯彻落实，做到事事有回音。

3. 直接查办

一般的、大量的问题，可交由下级组织及有关部门办即可。但是，有些问题则需经请示领导同意后，可由行政人员直接查办，包括：督查承办组织领导分歧太大，无法查处的；督查问题涉及其他组织，承办组织不便办理的；下面抵触情绪太大，久拖不决的；不尽快解决可能产生严重后果的；情况错综复杂的；等等，这就需要直接查办。行政人员应亲自下去调查研究，目的在于弄清情况，掌握第一手材料，但不宜当场表态，应回来向领导汇报后再向下面转达领导的指示。

4. 点面结合

点面结合是指点上的核查与面上的推动相结合。前者是在决策下达后选择一些有代表性的地方或单位，组织力量深入下去调查研究，了解决策是否真正落到了实处，或是针对一些地区或组织所反映的具有典型性的问题，到实地去调查研究。后者就是用正反两方面的典型，通过文件或简报等形式发下去，推动面上决策的贯彻落实。点面必须结合起来，“面上的推动”以“点上的核查”为基础，“点上的核查”成果又可运用到“面上的推动”上来，这是一般号召与个别指导相结合的方法在督查工作中的具体运用。

5. 分析反馈

充分利用各种渠道和信息网络，及时收集和反馈中央、省、市、县决定和领导决策的贯彻落实情况。对各地区、各单位上呈的报告、简报、工作总结和相关材料，进行汇总、整理、研究和综合，写出专题报告或综合报告，力求做到有情况、有分析、有建议，为今后领导决策提供依据。

三、督查工作制度

为使督查工作收到成效，必须建立和健全督查工作制度。这些制度主要有：

1. 目标责任制

目标责任制是在岗位责任制的基础上，运用目标管理的理论和方法，对督查工作进行目标管理，强调激励机制，是一种动态的、多层次的管理体制。目标责任制强调将督查任务以责任制形式，落实到组织，落实到个人。做到工作到位，责任到人，事事有人承办，件件有人负责；共同承办的事项，要明确牵头组织和具体负责人。对目标责任制还要制定出相应的考核要求和考核分数，便于对照执行。

2. 查办审批制度

凡列为查办的案件，均须经过领导审批。如上级组织的领导批给本组织和组织领导，在这种情况下，本组织和组织领导的批示是确定是否列为查办件的标志。另外，行政人员主动查办的案件，应经主管查办工作的领导批示同意后方可进行。办结报告在上转之前，也应经主管查办工作的领导审批，否则不能上报。承担查办的组织必须在审批前将材料准备齐全，将应办的手续办理完毕。

3. 请示报告制度

参与督查工作的行政人员应及时向上级和本组织、组织领导请示、报告，承办组织或承办人要及时向指令发出机关请示、汇报。有的地方规定，承办组织接到督查任务后，10 日内要报告办理结果或进展情况，一般事件当月办结，较大的事件两个月办结，并要及时报告办理结果。根据实际工作需要，可更具体地规定哪些事项需要请示、报告，哪些事情可斟酌办理。

4. 工作检查制度

对重大决定、重要决策、重大工作部署的贯彻落实，各组织都应制订督查方案，根据实施的进度，分阶段有侧重地加以检查。正在落实的查进度，已经落实的查效果，没有落实的查原因，把检查落实贯穿于实施的全过程。还要对承办组织、承办人的查办质量实行严格把关，认真考查，并记录在案，作为年终考核的依据。

5. 工作联系制度

督查工作要注意纵向和横向联系，即要创造条件建立沟通上下、联络左右的督查工作网络，适时召开督查工作联络会、经验交流会等，以加强联系、交流经验、协调关系、化解矛盾、开拓思路、取长补短，提高督查业务水平，推动督查工作的顺利进行。完善的督查工作联系制度和网络建设可使整体效能得到更好的发挥。

6. 保密归档制度

凡属查办的案件，应分别情况，定期将查办材料立卷归档。平日收集到的各方面的查办材料，应分类设立专夹专柜，案卷装订整齐，目录清晰，便于查阅，并防止丢失，以保证档案材料的齐全完整。这项工作一般应由专人管理，以保持工作的连续性。查办工作结束后，要求对不同的查办件划分密级，控制传播范围，不要向不需知道的人泄露。查办件应按保密件由机要渠道传递。对查办件的管理必须按行政人员工作的保密规定办理，凡违反保密规定者,轻则受纪律处分,重则受法律惩处。①

第三节 信访工作概述

信访工作是行政人员的重要工作之一,行政人员应该认识组织面临的新形势,增强责任感和紧迫感,不断创新工作方法和理念,高度重视并切实做好信访工作。

一、信访工作的含义和要素

1. 信访和信访工作的含义

信访,群众来信来访的简称,是指公民、法人或者其他组织采用书信、电子邮件、传真、电话、走访等形式,向党和各级组织(包括政府机关、企事业单位②)反映情况,提出建议、意见或者投诉请求,依法由有关行政机关或各级组织处理的活动。信访工作,则是指处理群众来信和接待处理群众来访的工作。

新中国成立以来,我国信访工作有了很大的发展。信访者不仅有国内民众,而且有基层组织、港澳同胞甚至外国人士;信访对象不仅是各级党政机关与首长,而且有新闻单位、事业单位、工商企业和社会团体;信访内容也扩大至政治、经济、文化及社会生活各个领域;信访工作也起着越来越大的参政、监督、反馈和了解社情民意等作用。

2. 信访工作的要素

信访工作由信访者、信访受理者、信访内容、信访形式和信访处理五个要素构成。

(1) 信访者。信访者是指信访的发起人。它可以是个人,也可以是集体和基层组织。信访者有权利以写信、电子邮件、电话、电报、传真、上访等形式,向各级党和组织、新闻单位、社会团体反映情况,申述困难或冤屈,对社会不良现象、不法行为提出批评,对官员和干部的违法行为、不正之风进行检举、揭发,对精神文明、市政建设等关心的问题提出意见或建议等。

(2) 信访受理者。信访受理者是指接待和处理来信来访者。它可以是机关、单位、社团等社会组织,也可以是代表这些组织的首长或负责人。高中级党政机关在办公厅以下,或独立设置信访部门,如中央设信访局、地方设信访办公室,由秘书长、办公厅(室)主任或地方首长直接领导。信访部门

① 欧阳周等编著:《现代秘书学——原理与实务》,中南大学 2000 年版,第 306—316 页。

② 企业信访工作的内容要比政府信访工作单纯得多,主要内容是处理消费者及客户对产品质量、经营作风、服务态度等的投诉、批评和意见等工作。

内配置专职人员。大中型企业和新闻单位或设信访办公室、信访组，或称群众工作部(组)，或由公关部门负责。基层单位由行政人员承担。

(3) 信访内容。信访内容是信访者具体表达的意见。其内容涉及面十分广泛，如政治、经济、科技、教育、文化、卫生以至人民群众的日常生活各个方面。从信访内容的性质来看，有建议、批评、要求、表扬、检举、揭发、申诉、投诉等。

(4) 信访形式。信访形式是指信访者反映意见的途径和方式。从表达意见的途径看，除了写信和走访两种形式外，还包括由这两种形式派生出来的电话、电报、电邮等形式。从表达意见的方式看，有署名和匿名(包括化名)两种。在我国，提倡用真实姓名写信或打电话反映问题，但对匿名的来信来电予以同等重视。

(5) 信访处理。信访受理者按照一定的原则、制度，进行受理、登记、立案、报批、承办、交办、转办、调查、催办、回告、审查、结案、答复、督查、总结、综合研究等，这一系列过程就是信访处理。

二、信访工作的作用

1. 参政议政作用

信访是人民群众参政、议政的重要方式之一，是人民群众享有的一种民主权利。人民群众关心国家大事，关心党的方针政策，关心政府的法令、法规和各项工作，关心政治、经济、社会、文化、教育等各方面的发展。他们有意见、有建议，通过信访的形式反映出来，可以也应该被党和各级组织所重视、所采纳或参考，从而作为制定决策、改进工作的依据之一。每当一项决策执行或重大活动开展后，往往会迅速引起人民群众的反响和社会上的议论，群众把问题和情况“送货上门”，使得信息能够迅速反馈到组织中来。一切方针、政策、法令、法规和行政措施的正确与否，只有通过执行(实践)这唯一途径加以检验。群众来信来访，对各项工作中的问题、情况的反映是实践的最直接、最真实的反馈之一，它也自然是检验真理的重要途径之一。

虽然信访是要求解决各种问题的，但这从另一个角度也说明了人民群众对党政机关和各级组织的信任。做好信访工作，就是维护人民群众当家作主的权利，对发扬社会主义民主，贯彻执行党和国家的方针政策都有重要意义。

2. 监督控制作用

我国《宪法》规定:“中华人民共和国公民对于任何国家机关和国家工作人员，有提出批评和建议的权利;对于任何国家机关和国家机关工作人员的违法失职行为，有向有关国家机关提出申诉、控告或检举的权利。”《宪法》还规定：一切国家机关工作人员必须“倾听人民的意见和建议，接受人民的监督，努力为人民服务”。人民的民主权利、人民的监督作用不仅仅记载在宪法上，政府还以各种组织、制度和措施来保证人民群众行使自己的权利，信访工作就是其中之一。人民群众对国家机关工作人员违法、失职行为的控告或检举，有助于各级机关克服官僚主义、打击违法乱纪；有助于端正党风和纠正各种不正之风；有助于提高行政效率；也有助于人民群众维护自身的权利和利益。

3. 安定团结作用

通过信访工作，及时帮助群众排忧解难，同时也起到息讼止争，促进安定团结的作用。信访内容中有大量的是人民群众反映和申诉自己的疾苦、困难、冤屈，或是相互之间的矛盾、纠纷，或是受到的侵害。他们向组织反映和申诉，这本身就出于对信访受理者的一种信任。及时化解矛盾，可以防止矛盾的进一步激化，防患于未然，有效地保护人民的安全和利益，也是对人民负责的一种表现。

4. 公关形象作用

组织做好信访工作，还可以起到“内求团结、外求发展”、“双向沟通”的公共关系作用。在一个竞争日益激烈的社会中，特别是工商企业，信访工作变得日益重要。企业信访主要表现为消费者及客户对产品质量、经营作风、服务态度等的投诉，或对企业各项工作的批评、意见和建议。明智的企业家应该认识到这些都是关系到企业的声誉和形象，关系到企业是否能占领市场，也就是企业是否具有强壮生命力和综合竞争力的重要因素。有效的信访工作可以促进组织与广大顾客关系、社区关系；可以增进与政府间的关系、与新闻媒介的关系；可以提高自身的知名度和美誉度；可以树立组织的良好形象；可以使自己在激烈的竞争中立于不败之地。

三、信访工作的原则

1. “属地管理、分级负责，谁主管、谁负责”的原则

“属地管理、分级负责”的优先原则，强调了地方各级政府在处理跨地区和越级信访时的主导作用，强调发挥政府的职能作用。组织各有各的职权范围，各自解决所能解决的问题。人民群众写信、上访，不一定都知道他们所反映的问题应该属于哪一级组织才能解决，有些人甚至以为层级越高越能解决问题，动辄就写信给市长、省长。信访工作要注意，基层能解决的问题，不要事事都推到上级组织去。

“谁主管、谁负责”，就是在明确信访事项归哪一级组织部门负责后，主管这项工作的组织部门应当承担具体的责任，不能把矛盾再推给其他组织。“谁主管、谁负责”旨在防止部门之间互相推诿和塞责，强调各个部门要依法履行本部门的职责。

2. 依法、及时、就地解决问题与疏导教育相结合的原则

"依法"原则是指行政人员要依照法律、法规、规章和有关政策的规定,解决信访人提出的投诉请求。法律、法规、规章和政策,是判断是非、衡量各种要求是否合理的准绳,也是统一各方思想的依据。解决问题,纠正错误,都必须依法办事。对于投诉事实清楚,符合法律、法规、规章或者有关政策规定的信访事项,要认真负责地予以解决;对于既缺乏事实依据又不合法的信访事项,要讲清道理,坚持原则,决不能"小闹小解决、大闹大解决"。"及时、就地解决问题",强调的是要提高处理信访问题的效率,依法迅速、快捷地在当地解决群众信访反映的问题,不能让小事酿成大事,小矛盾酿成大矛盾。"疏导教育",就是要做好说服、解释和思想政治工作,疏导群众情绪,并对群众进行法制宣传、教育,引导其知法、守法,依法信访,以理性、合法方式表达利益诉求。

依法、及时、就地解决问题与疏导教育是一个有机统一的整体,不能只强调一个方面,需要综合运用。

3. 治标与治本相结合的原则

治标,就是采取认真负责的态度,及时解决已经发生的信访问题,化解已经产生的矛盾和纠纷。治本,就是从源头上减少和防止侵害群众利益行为发生。治标与治本相结合,重在治本。组织应当科学决策、民主决策,依法履行职责,从源头上预防导致信访事项的矛盾和纠纷。组织可以采取建立统一领导、部门协调、统筹兼顾、标本兼治、各负其责、齐抓共管的信访工作格局。通过联席会议,建立排查调处机制,建立信访督查工作制度等方式,及时化解矛盾和纠纷。

4. 责任原则

责任原则,是指处理人民来信来访是各级政府和各级组织的法定职责,如果不积极履行职责,认真处理信访事项,造成后果的,要承担相应的法律责任。责任原则的核心是通过强化责任,建立"事要解决"的长效机制。

组织应当建立健全信访工作责任制,对信访工作中的失职、渎职行为,严格依照有关法律、行政法规和内部规章的规定,追究有关责任人员的责任,并在一定范围内通报;组织应当将信访工作绩效纳入人事考核体系;在信访事项的受理、办理、督办等环节中,强化有关组织和负责人的责任。

第四节　信访工作的程序与方法

信访工作具有一定的规律性,行政人员应该掌握信访工作的程序和方法,严格遵照制度办事,认真负责地做好信访工作。

信访工作的程序和方法如下：

一、受理、登记

1. 受理

根据信访工作的原则，政府与企事业组织只受理本地区、本系统或本单位管辖之内的信访件，新闻单位则不受此限制。因此，信访工作的第一步就是对信访件进行区别与分流，该受理的即受理，不该受理的也应负责地转到有关组织与部门去。

对于来信，应小心拆封，沿信封边线剪开，不能剪断信笺和邮票邮戳，如有附件应全部取出。信笺按页码顺序整理好连同附件放在信封上面一起装订，并在信封上或信笺第一页右上方加盖收信日戳。不属于受理范围者，也不可将信退回，而应在登记后将信附以简明函件转到对口单位，并回信给写信人告知已转至什么单位处理。对属于受理范围的来信，包括电子邮件、电话等也都要都应予以登记，妥加保存，及时进入下一步处理程序。

接待信访者时，行政人员首先应热情、礼貌地招呼、接待，然后问明来意。如果来访者所谈之事不属于受理范围，应向来访者说明，并尽可能地介绍到对口的单位去。如果属于受理范围，应请来访者先填写登记表，然后进行详细接谈。行政人员一定要耐心倾听，让来访者把话讲完，不要轻易打断或任意中止。对于来访者的陈述，有听不清的地方，特别是关键性问题和重要情节，要通过提问的方式，引导他讲清楚。行政人员要冷静、客观，不要自以为是，轻率下结论，不要过早表态，也不能感情用事，先入为主，偏听偏信。行政人员在谈话过程中还要善于了解对方的心理，作些引导和启发，要善于稳定对方的情绪，尽可能掌握事情真相。听完后要把主要情节、主要矛盾加以归纳，复述给来访者，然后交待准备处理的方法、程序，让上访人放心、满意。

2. 登记

信访登记要抓住重点，言简意赅。登记内容大体分四部分：一是来信来访者的姓名、性别、年龄、民族、工作单位、职业、通讯地址、电话号码、信访次数等基本情况；二是信访的内容摘要，即事情的时间、地点、当事人、起因、过程、结果、性质、人证、物证、信访人的要求或建议，有关部门的意见，等等；三是领导批示、处理意见；四是处理结果、答复情况、接待人、接待时间等。来信中已写明白的，前两部分即可按原信登记，某些未写明的还得去信或去人问清。对来访者，先请本人填写第一部分，待详细接谈后由行政人员填写第二部分，领导批示后及处理结束时才填写第三、四部分。

登记往往不是一次一时完成的，表格中应留些空白，准备信访者多次来信来访进行再登记。而且，处理总有个过程，要等处理结束，登记才算全部完成。

二、立案、呈批

如果信访件内容比较简单，性质程度较微，如亲属、邻里之间的非原则性纠纷、一般的建议或批评，询问有关政策、法规等，行政人员可按照有关规定自行处理，如进行劝说、调解、答复等，不必另行具文上报。凡是重要的信访件，信访工作人员都要加以初步核实，将原件内容加上初步核实情况，提出拟办意见，写成报告，正式立案，并将立案报告呈上级主管批示后再作办理。

呈批的重要信访件主要包括：

(1) 涉及对党和国家方针、政策的意见；

(2) 对本组织工作的重要批评和建议；

(3) 反映下级组织严重违法乱纪的；

(4) 反映人民群众生产、工作、生活中重大问题的；

(5) 反映经济体制和政治体制以及社会主义精神文明建设的重要情况和动态的；

(6) 反映群众正当要求，而基层顶着或拖着不办，或长期得不到解决的；

(7) 有关社会秩序和治安秩序等重大问题；

(8) 民主党派、少数民族和各界有影响的上层知名人士及港澳台同胞、海外侨胞和外国人士的来信来访。

三、承办、交办、转办

主管领导对重要信访件的批示主要是解决两个问题：一是由谁办理；二是怎样办理。

经批示后的信访件，由原经办的行政工作人员按“分级”和“属地”原则进行分流，即区别为承办、交办、转办三种情况。

1. 承办

承办，即有些信访件原来就属于本级信访部门办理的层级、范围，自然应由原信访部门(即第一受理部门)直接办理。承办信访案件必须落实责任，落实责任有三种办法：① 领导人亲自包案，即由领导人亲自包干部分重要的信访案件，这是加快办案进度，提高办案质量的重要方法。② 成立专案调查组。如果问题涉及两个以上的部门或组织，可采取联合办案的方法，联合办案应当确定主办与协办。③ 指定专人具体承办。承办部门组织人力进行调查取证后，提出处理意见，经领导批准后将处理结果直接答复信访人。

2. 交办

交办，即有些信访件属于第一受理部门的下级或基层组织职责范围之内。原受理部门本着尽量把问题解决在基层的原则，将这些信访件交给下属组织或部门处理。

交办信访应有交办函，函内应简要地写明该信访件的主要内容、性质及办理要求，但原件（原信及登记表）不可一并交出。凡交办的信访件，应根据案件的复杂程度、处理难易、缓急不同等情况，要求办案组织在一定期限内办完，并上报处理结果。如到期没有完成的，应说明原因，并提出上报期限。交办的案件要编号，要掌握工作进程，及时催办。

3．转办

转办，即某些信访件不属于第一受理单位的职责范围，则按照“属地管理、分级负责，谁主管、谁负责”的原则，将这些信访件转至对口的单位或部门去办理。转办也必须具函，并要把原信一起转去，这是与交办的不同点之一。重要的、突出的信访件单独转，同类的信访件可分批转。转办的信访件可以要求“回告”，如同交办件的处理方式；也可不要求“回告”，而由被转办单位直接答复信访人，这些要视信访内容的性质和重要程度以及原受理单位的职权而定。

行政人员需要注意的是，承办、交办、转办，只是信访件合理分流的方式。任何组织和部门都可能既是承办者，同时又是交办者和转办者。接到交办、转办任务的组织、部门，也是转化为承办者，并无绝对的区分。应该强调的是，任何组织、部门对信访件处理的原则、标准要求都应该是一样的。

四、调查、处理

调查、处理是信访工作的中间阶段，也是最关键的阶段。行政人员应该认真对待，严格遵循原则，严格遵照制度办事。

1．调查

查清事实是信访处理的前提，行政人员应按照原件提供的线索和上级批示的意见，根据有关线索调查取证，认真听取各方面的意见。调查方式很多，如实地观察，访问当事人和知情人，查阅文献资料等，查明事实真相。调查人员必须客观、公正、耐心，要排除一切干扰。调查重要的事实必须做笔录，要有证据。有些调查，行政人员还必须会同有关部门，取得多方面的支持才能完成。

2．处理

行政人员将来信来访来电反映的情况与调查得到的情况相互比较、判断、分析、鉴定，根据法律、法规、政策以及客观条件，提出处理这一问题的具体意见并形成书面报告。行政人员应遵循“区别情况，实事求是”的原则，既要考虑到合法性、合理性，也要考虑到合情性、可能性。比如有些历史造成的问题，既要理解当时的背景、环境和特定条件，又要考虑到现状和现行政策，才能提出既合情又合理的处理意见。

五、催办、回告

1．催办

行政人员将信访材料转交给主管部门后，要及时检查、催办，了解工作进展到何种程度，结果怎么样，对来信来访者是否已给予答复等情况，目的在于监督有关部门能及时而适当地处理问题。

催办的形式可以是通过电话，可以发文，也可以直接派人去询问。形式和时间均以信访件的重要和缓急程度而定，务必在规定的时间(如一般信访案的限期为三个月)之内催出结果来。

2. 回告

承办组织接到上级交办信访件后，应在限期之内将信访件调查结果和处理意见回告给上级，而不能推诿或拖延。凡是收到转办信访件的承办组织，则应按转来组织的意见或要求，或回告原受理组织，或直接答复信访人，或留作参考。

六、审查、结案

1. 审查

承办组织将信访材料及处理意见回告原受理组织，原受理组织应进行认真审查。审查的要点包括：

(1) 事实是否清楚；

(2) 证据是否确凿；

(3) 定性是否正确，结论是否恰当；

(4) 处理意见是否符合政策、法律、法规；

(5) 手续是否完备，即有关材料、记录、文件是否齐全；

(6) 信访当事人是否接受处理意见，意见怎样。

2. 结案

以上六点审查过后，重要信访件便可终结。终结的方式是由经办人写出结案报告。结案报告应呈报主管部门并抄送有关组织、部门，以通报情况。

七、答复、督查

1. 答复

答复是指受理组织将信访结果告诉信访者。答复是对信访者合法权利的尊重。受理组织对每一项合法的来信来访来电，都应当予以答复。答复的方式有书面答复、电话答复和当面答复。答复要根据不同的对象、不同的信访要求和处理结果各有侧重。对属于认识上的问题，要进行宣传、解释；对已经采纳的批评、建议，应将落实情况告诉信访人并予以鼓励表扬。对不能满足信访人的要求或条件不成熟暂时不能采纳或解决的意见或问题，应当说明有关政策或者具体情况，以取得信访人的理解；对要求过分或者无理取闹的信访人，除做好政策解释工作外，该批评的应批评。如果是书面的复信答复则要写明时间、加盖公章、留存底稿。电话或当面答复应做好记录，以备查考。

2. 督查

为了保证信访“事事有结果,件件有着落”,督查是其过程中必不可少的一个环节。督查,是指对信访工作办理过程和处理结果的督促和检查。督查的几个基本要点是:一是时间督查,即督促检查信访件是否得到及时的处理;二是质量督查,就是督促检查信访处理是否保证了质量;三是落实督查,即督促检查信访处理结果是否真正落实。督查的重点在于:一是逾期不报的积案;二是报而不结的要案;三是久办不决的难案;四是结而不服的老案。

督查的方法:一是加强催办;二是定期回访。加强催办是为了保证信访问题及案件解决的时间性;定期回访则是检查信访件解决的彻底性和落实的程度。督查既能防止某些机关单位对信访工作的不负责任,拖延不办;也防止只做表面文章,敷衍塞责的不良作风。

八、总结、综合研究

信访工作应及时总结经验教训,以求不断改进和提高。重大信访件应进行个案总结,一般信访件可定期进行综合性总结。总结应写成书面报告,向上级机关汇报,也可编入信访简报,进行横向交流。

在总结的基础上,行政人员还应该进行综合研究。总结、研究不是仅仅就事论事,而要发现带普遍性、倾向性的问题,看出政治、经济和社会发展的趋势,这就需要进行概括性的、本质性的、规律性的研究。信访综合研究包括两方面:一方面是对信访内容的综合研究,以了解不同时期,不同地区的信访动态。这是一种重要的信息反馈,可以起到让上层领导真正体察民情、掌握社会脉搏的作用,有利于制定新政策或修订决策。另一方面是对信访工作本身的综合研究。这又有利于不断完善信访工作制度,不断提高信访工作的水平与效率,使信访工作起到它应有的多种作用。

九、立卷

信访工作中产生的多种文字材料,既有原始材料,如信件、来访登记表与记录、电话记录、电报稿、各种单据、照片、图纸等;又有办理过程中形成的文字材料,如立案报告、转办与交办单、调查记录、结案报告;还有综合性材料,如总结报告、信访简报、分析研究报告、大事记、统计表等、这些材料总称为信访文书。信访文书是一种特殊的文书,其中既有私人文书,但更重要的是公务文书。行政人员应选择其中重要的、有查考价值的文书、进行系统的分类、整理,立卷归档。①

① 陆瑜芳:《秘书学概论》,复旦大学出版社 2004 年版,第 212—219 页。

【知识要点】

1. 行政督查是指行政人员协助领导将已经布置却拖延不办或办理不力的工作自上而下地督促、检查，使之落实、妥善。

2. 督查工作的基本原则：坚持领导负责、行政人员协办的原则；坚持分级负责原则；坚持实事求是的原则；坚持不直接办案的原则；坚持全面督查和重点查办相结合的原则；讲求时效原则。

3. 督查工作的程序大体上为确定项目、检查催办、情况审理、结果反馈四个环节。

4. 督查工作的方式：催办；日常督查；直接查办；点面结合；分析反馈。

5. 督查工作制度：目标责任制；查办审批制度；请示报告制度；工作检查制度；工作联系制度；保密归档制度。

6. 信访工作，全称为"群众来信来访工作"，是指公民、法人或者其他组织采用书信、电子邮件、传真、电话、走访等形式，向党和各级组织(包括政府机关、企事业单位)反映情况，提出建议、意见或者投诉请求，依法由有关行政机关或各级组织处理的活动。

7. 信访工作由信访者、信访受理者、信访内容、信访关系、信访处理五个要素构成。

8. 信访主要有人民群众参政议政、监督控制、安定团结、公关形象四大作用。

9. 信访工作的原则："属地管理、分级负责，谁主管、谁负责"的原则；依法、及时、就地解决问题与疏导教育相结合的原则；治标与治本相结合的原则；责任原则。

【案例及思考】

信访督查专员的一天①

"能做好信访工作，做好群众工作，那就当什么干部都没问题了。"一位信访工作人员这样说。

2004年11月，浙江省首批信访督查专员上岗，负责接待群众来访，协调督办重大信访案件。据介绍，为提高新提拔领导干部处理群众信访工作的能力，浙江省委组织部、省信访局联合下发有关《办法》，规定从2004年起，凡是省直机关新提拔的副厅级领导干部，如果没有在市县主要领导岗位

① 案例来源：林晗：《浙江省信访督查专员下乡办案记》，新浪网新闻中心 http://news.sina.com.cn/c/2004-11-25/09004342276s.shtml，有删减。

上锻炼过，都要分期分批到省信访局担任省信访监督专员3个月，旨在锻炼领导干部的群众工作能力，了解民生疾苦。

省卫生厅副厅长、刚刚走马上任不久的信访督查专员张平说："上访的老百姓绝大多数是出于无奈，信访是老百姓最后一个说话、寻出路的地方，所以这条渠道一定要保持畅通。"

"自从到信访局报到之后，每天晚上回家以后看的都是《信访的十大问题》等，恶补相关资料"，省卫生厅的新任副厅长张平说。白天忙着督办信访工作，使他不得不利用晚上的休息时间学习相关文件。

2004年11月23日，周二，张平开始了这个星期马不停蹄地奔忙在浙江各地的督查工作。上午8时30分，张平从杭州出发。因为大雾封道，汽车行得有些缓慢。一个半小时后，车才到达桐乡市府办公楼。

在这里，张平要督查的是10月份省委副书记乔传秀、省政协副主席李青来桐乡下访调研时所约访的10多件信访案件的落实情况。桐乡市崇福镇店街塘村顾家门组的上访群众要求调整生活补助费用，濮院镇新港村的上访群众要求立项建设申嘉湖高速公路出口至濮院镇公路连接线……

在一份访件处置责任分解表上，上访人、上访事由、工作要求、责任单位等一一在列，作为督查专员，张平所要做的，就是督查落实情况，他敏锐地指出，"工作要求是明确了，工作结果怎么样呢?"为此，他详细询问了每一起案子的落实情况，群众满不满意是他的关心重点。

上访人要求调整生活补助这一案例的处理结果是根据实际情况将其纳入低保，每月享受低保户津贴，张平特意问："什么时候开始实施?"当得知上访人从2005年1月1日起就可以享受低保待遇时，督查专员才表示了对督查结果的满意。而身为一直在卫生系统工作的专业干部，张平还从专业角度询问了其中两起涉及医疗保障的上访案件的落实情况。

上午11时30分，张平一一掌握了共计13起信访案件的落实情况，才算是完成了桐乡站的信访督查工作。午饭过后，督查专员又赶往了督查的下一站——海宁。

下午3:00，在海宁宾馆的会议室，另一名信访督查专员——省级机关事物管理局副局长傅训淳从杭州赶来，海宁市副市长、海宁市信访局局长齐齐出列，首先介绍了海宁市信访工作的情况。接着，信访督查专员又赶到海宁市马桥街道，了解一起由征地而引发的相关群众上访的情况。

因为其中牵涉到水田灌溉系统修复等工作，张平着重指出要弥补对农业生产的影响，要一个一个地解决具体问题。

一直到下午5点半，天已经完全黑下来了，而督查工作还在进行着。

分析提示：

虽然并不是每个行政人员都会从事专门的信访督查工作，但督查和信访工作是行政人员必须掌握的一项重要理论和技能。督查和信访工作内容复杂艰巨，从案例中我们发现，要做好督查信访工作，不仅要了解有关信访的基本理论知识和相关法律文件，另一方面要在工作中要贯彻实事求是的原则，要深入现场调查，严格把关，认真考查，并记录在案。

【思考题】

1. 督查工作是确保政令畅通的重要手段，然而在实际工作中，常会存在“三多三少”：即表面情况多、深层情况少，正面东西多、负面东西少，抽象问题多、具体问题少的结果。督查权威难以落实，督查结果难以落实。行政人员如何做到在督查工作中保证督查结果能够反映现实问题？

2. 信访工作的接待过程中常遇到情绪激动的来访群众，行政人员该如何接待此类信访者？

【拓展阅读】

接待信访者的语言艺术①

由于接待人员的某些语言不当，往往导致来访人员尤其是一些心情急躁者对接待人员产生反感或做出一些过激、出格的事情，影响了信访工作的正常进行和社会的和谐、稳定。这就要求接待人员在工作中要切实讲究语言艺术。

要说“热”话，不要说“凉”话。俗话说：“一句良言三冬暖，一句恶语六月寒。”在来访人员到来时，只有态度和蔼，问寒问暖，说“热”话而不是“凉”话，才有利于营造出一种融洽、和谐的交谈气氛，来访人员才会感到亲切、温暖和对自己的尊重，从而滋生出对接待人员的信任感，接受和服从接待人员对所提问题的处理，即使是自己的要求不能得到满足，也不会产生抵触情绪和怨言。哪怕是心情急躁、带着怒气而来的来访者，在接待人员充满热情的话语中也会消解“火”气，将急躁的心情平缓下来，而不至于发生“顶牛”等不愉快的事情。否则，如果来访人员尚未开口就叫他“快点说”，“开场白”还没有讲完就叫他“简单点，别啰唆”，说的全是冰冷、噎人的话，其结果是可想而知的。

要做到这点，关键是要理解来访人员的心境。应当看到，来访人员所

① 摘自马大鸿：“接待信访人员要讲究语言艺术”，《秘书之友》2006 年第 6 期。

以来访，绝大多数都是带着确需解决的问题、抱着对党和政府的信任来的，有的还是不得不放下手头的事情、乘车坐船、花了不少费用而来的。只有认识到这一点，才会对他们产生深深的理解，进而热情接待、好言相慰；即使是对于心情比较急躁、说话有点不好听的来访者，也不应计较和嫌弃他们。

要说有“底”话，不要说“活”话。从实际情况看，许多来访人员在诉说了要求解决的问题以后，一般都要当面向接待人员讨出个“底”来。对此，除一些必须研究和向领导请示的事项以外，对于权限范围内的问题，接待人员都应当予以答复，将能否解决、怎样解决、可以解决到什么程度、有哪些程序等给予说明。如果不能解决，也要把理由解释清楚，使来访人员心中有数。反之，如果尽说“活”话，如“等调查研究、商量之后再说”等，就会使来访人员如坠五里雾中，感到白跑一趟，从而对接待人员产生反感；有的心情急躁者还会因此而与接待人员发生口角，甚至冲突起来。

解决这一问题，接待人员必须去除“怕表错态犯错误”和“怕表态以后难以落实，造成被动”等思想顾虑。应该肯定，信访接待工作有着很强的政策性，是不能轻易表态的。如果表错了态，的确会导致不良后果。但是，如果因此就不敢表态，任何问题既不答复，又不解决，也是不能允许的。因此，必须丢掉患得患失的心理，把敢于表态与正确表态统一起来。这就要求接待人员要认真学好党和政府的有关政策、规定，不断提高政策水平和快速反应能力，对于来访人员提出的问题，能够及时地作出准确的判断，满足来访人员的“讨底”要求。至于“怕表的态难以落实，造成被动”的想法也是应当消除的。诚然，表了态后，由于某些特殊情况，有的问题也是有可能难以彻底解决的。在这种情况下，只要将有关情况向来访人员解释清楚，相信他们也是会通情达理、予以谅解的。应当看到，有的来访人员更加看重的是自身的名声，而并不特别在乎金钱。反之，如果怕“造成被动”，总是向来访人员说“活”话，结果引起来访人员的不满，甚至发生一些不愉快的事情，那才真正是陷入被动。

要说劝慰话，不要说“狠”话。对于提出的问题不在党和政府的政策与规定的范围之内、企图通过“闹”来解决问题的来访人员，接待人员除在其已有某些过火行动、且有进一步发作之势时要予以警告和制止外，一般不要“针尖对麦芒”、一味地说“狠”话。这样容易导致来访人员滋生“腿粗不怕被蛇咬——总是一肿”的逆反心理，将闹事的想法变成闹事的行动。接待人员在一般情况下要多说劝慰话，即用入情入理的话语指出这样做是不可能解决问题的，而且还会因“闹”而受到严肃处理。还可以用这方面的例子、教训来规劝和教育来访人员，要求他们用政策、法纪来规范自己的来访行为。这样,也就有可能使他们幡然醒悟,打消“闹”的念头,接受接待人员对他们所提问题的处理。

说劝慰话,一是要在来访人员讲完话、出尽气、心情平静下来的情况下进行。如果是在来访人员的“气头上”说劝慰话,即使是金玉良言,他们也是难以听进去的。二是要有足够的耐心。有的来访人员由于文化程度不高和表达能力不强,加上心情急躁,在说话、“出气”时也就难以将要解决的问题表达清楚。在此种情况下,如果不耐心地听,将事情的来龙去脉弄个明白无误,要有针对性地说好劝慰话是不可能的。三是要有诚心。从实践中看,绝大多数来访人员所提出的要求都是应该满足或有一定的道理的。对于这样的来访人员,接待人员一定要真诚地为他们说话、做主。要按照党和政府的有关政策、规定,对该解决的问题明确表态,给予合情合理的解决。如果丢掉了诚信,当面一套,背后一套,将来访人员劝哄出门了事,待真相大白、水落石出后就会激起他们更大的不满以至愤怒,成为一些严重事件的“导火索”。四是要有宽阔的胸怀。有的来访人员由于心情急躁,来了以后免不了要发一些脾气、说一些“气”话,甚至骂骂咧咧。对此,接待人员应保持冷静、不予计较。

要说“区别”话,不要说“一律”话。在接待来访人员时,要因人制宜,区别对待,说一些适合来访人员身份、素质和特点的话。如对待知识分子,就可以围绕其陈述的问题和要求,讲一些知识性政策性较强、有理论深度的话。这样,他们就会对接待人员产生好感、佩服与尊敬,从而接受接待人员对自己所提问题的处理。对于在家务农的农民,不妨谈谈庄稼活,将一些深刻的道理寓于其中,使他们能够听得懂和愿意听,并感到接待人员和他们“谈得来”、“挺对劲”,这样才会有利于沟通。如果不论对什么人都讲“一律”话,尽管你讲的可能百分之百地符合党和政府的有关政策、规定,有的人也会不爱听或者听不懂,以至出现对接待人员“翻白眼”,不满意。

为此,接待人员要加强与人民群众的接触,深入了解不同领域、不同阶层人们的生活状况。只有这样,才能在接待来访人员中做到见什么人说什么话、用什么“钥匙”开什么“锁”,从而增强语言的魅力与效果,把接待来访人员的工作做得更好。

阅读提示:

行政人员在接待来访人员时,在掌握信访工作原则的前提下,要把握信访工作的艺术。此阅读参考告诉我们,行政人员一方面要认真学好组织的有关政策、规定,不断提高政策水平和快速反应能力,才能够对于来访人员提出的问题,及时地作出准确的判断和回应;另一方面,行政人员必须充分理解来访人员的心境,态度和蔼,耐心真诚,只有这样,行政人员才能将信访工作做得更好。

参考书目

1. 张坤、李嘉明、周和生编著:《风险管理与内部审计》,化学工业出版社2004年版。
2. 魏娜主编:《公共管理的方法与技术》,中国人民大学出版社2004年版。
3. 陆瑜芳:《秘书学概论》,复旦大学出版社2004年版。
4. 陆瑜芳:《办公室实务》,复旦大学出版社2004年版。
5. 陆瑜芳编著:《行政人员学概论》,复旦大学出版社2004年版。
6. 杨蓓蕾编著:《现代秘书工作导引》,同济大学出版社2004年版。
7. 傅琼等编:《实用公关与礼仪》,中国人民大学出版社2004年版。
8. 居延安:《公共关系学》,复旦大学出版社2004年版。
9. 胡鸿杰等编:《办公室事务管理》,中国人民大学出版社2004年版。
10. 宇正香:《秘书理论与实务》,浙江大学出版社2004年版。
11. 马林主编:《六西格玛管理》,中国人民大学出版社2004年版。
12. 安鸿章主编:《现代企业人力资源管理》,中国劳动社会保障出版社2003年版。
13. 陶晓春等:《实用文书与档案管理学》,上海交通大学出版社2003年版。
14. 王云庆等:《现代档案管理学》,青岛出版社2002年版。
15. 朱勤军主编:《公共行政学》,上海教育出版社2002年版。
16. 熊筱燕、罗建玉、王殿龙编著:《会计控制论》,新华出版社2002年版。
17. 陈锷、原二军主编:《人力资源经理MBA强化教程》,中国经济出版社2002年版。
18. 金正昆著:《外事礼仪》,首都经济贸易出版社2002年版。
19. 陆予圻、郭莉编著:《秘书礼仪》,复旦大学出版社2002年版。
20. 汪卫东著:《人力资源管理理论与方法》,经济管理出版社2002年版。
21. 何修猛编著:《现代公共关系学——理论与技巧》,复旦大学出版社2002年版。
22. 陆予圻等编著:《秘书礼仪》,复旦大学出版社2002年版。
23. 谢承志:《公关谈判艺术》,同济大学出版社2001年版。

24. 赵晓兰等主编:《最新公共关系学教程》,经济管理出版社 2001 年版。
25. 孙荣、徐红编著:《行政学原理》,复旦大学出版社 2001 年版。
26. 栗玉香:《公共关系》,东北财经大学出版社 2001 年版。
27. 胡鸿杰等编著:《办公室管理》(学生用书),中国人民大学出版社 2001 年版。
28. 欧阳周等编著:《现代秘书学——原理与实务》,中南大学出版社 2000 年版。
29. 甘华鸣主编:《人事经理工作手册》(上、下册),中国国际广播出版社 2000 年版。
30. 房质文主编:《办公室管理》,辽宁大学出版社 2000 年版。
31. 汤谷良、王化成主编:《企业财务管理学》,经济科学出版社 2000 年版。
32. 郑石桥、周永麟、刘华编著:《现代企业内部控制系统》,立信会计出版社 2000 年版。
33. 孙荣主编:《办公室管理》,复旦大学出版社 1999 年版。
34. 张国庆主编:《行政管理学概论》,北京大学出版社 1997 年版。
35. 杨洪兰主编:《现代实用管理学》,复旦大学出版社 1996 年版。
36. 胡祖光主编:《市场调研预测学——原理、方法和应用》,浙江大学出版社 1993 年版。
37. 傅家骥主编:《工业技术经济学》,清华大学出版社 1991 年版。
38. 奚洁人等编著:《简明人际关系学》,华东师范大学出版社 1991 年版。
39. 鲍学曾主编:《工业企业管理》,东北财经大学出版社 1989 年版。
40. 周用榜、阎敬东主编:《现代化管理方法基础》,甘肃人民出版社 1985 年版。

后　记

我们生活在一个快速变化的学习时代。在这个时代,学习不再只是一种形式,也不仅仅是关乎职业的需要。学习,已经成为这个时代所特有的价值取向,成为每个人的生存方式。正是在这一背景下,为了帮助高等学校学生、政府机关公务员及其他行政管理工作者学习、了解现代行政管理知识,根据上海市紧缺人才培训项目与上海市教委重点学科(行政管理)建设项目的需要,同济大学经济与管理学院公共管理系承担了"现代行政管理培训丛书"的系列培训教材之一《现代行政管理：工艺与实务》的编写任务。

作为上海市教委重点学科(行政管理)的教材建设项目之一,本书初版于 2005 年。这次修订,仍由孙荣教授任主编,杨蓓蕾副教授任副主编,共同负责全书的总体框架、思路及内容设计,与许洁、邹珊珊两位一起编写了各个章节的写作提纲。全书是 4 位作者的集体智慧和辛勤劳动的结晶。具体承担各个章节写作任务的人员分工是：孙荣(第一、二、三章),许洁(第四、五、七章),杨蓓蕾(第八、九、十章),邹珊珊(第六、十一、十二章)。在执笔人完成初稿后,由孙荣审读和统稿,经过修改、删节、调整、补充,最终定稿。

在本书的第 3 版修订过程中,得到了丛书执行主编、上海市社联党组副书记、复旦大学教授桑玉成的具体指导和帮助,得到了上海师范大学教授何精华、上海电视大学教授刘文富、复旦大学副教授孙君明等专家的支持和帮助。上海社会科学院出版社陈军编审为本书的出版付出了辛勤的劳动,在此,一并表示感谢。

本书在撰写和修订过程中,我们参阅了中外学者的大量的著作和教材,吸收和借鉴了他们的研究成果和有关资料。由于我们的学识有限和能力所限,书中难免粗浅错漏之处,真诚希望广大读者批评指正,帮助我们改善和提高水平。

孙　荣

2011 年 7 月 26 日

图书在版编目(CIP)数据

现代行政管理 ：工艺与实务 / 孙荣主编 .— 修订本 .— 上海 ：上海社会科学院出版社，2010

(现代行政管理培训丛书)

ISBN 978－7－80681－761－2

Ⅰ. ①现… Ⅱ. ①孙… Ⅲ. ①行政管理 Ⅳ. ①D035

中国版本图书馆 CIP 数据核字(2010)第 082393 号

现代行政管理：工艺与实务(第 3 版)

主　　编：孙　荣
责任编辑：陈　军
封面设计：闵　敏
出版发行：上海社会科学院出版社
　　　　　上海顺昌路 622 号　邮编 200025
　　　　　电话总机 021－63315947　销售热线 021－53063735
　　　　　http://www.sassp.cn　E mail:sassp@sassp.cn
照　　排：南京展望文化发展有限公司
印　　刷：上海颛辉印刷厂有限公司
开　　本：710 毫米×1010 毫米　1/16
印　　张：19.5
插　　页：2
字　　数：360 千字
版　　次：2011 年 8 月第 3 版　2024 年 2 月第 24 次印刷

ISBN 978－7－80681－761－2/D·068　　定价：28.00 元